卷首语
Prologue

《华建筑》2016年6月专辑主题为"中国式娱乐-主题乐园变身记",关注当下热门建筑设计类型——主题乐园建筑。伴随我国娱乐产业的高速发展和消费者休闲需求的井喷,中国休闲娱乐产业发展的如火如荼。从改革开放初期深圳中华锦绣园开始,国内主题乐园不断发展成熟,涌现了一大批各具特色、印刻时代特征和消费习惯的乐园。近期,随着迪士尼乐园、环球影城的先后落户中国,中国本土主题乐园建筑进入发展高潮期。在上海迪士尼乐园开园之际,《华建筑》聚焦主题乐园建筑发展,探索答案。

主题文章部分,从主题娱乐产业发展、对城市经济和空间格局的改变、以迪士尼为代表的洋品牌成功奥秘到本土以欢乐谷、海洋公园等为代表的一大批主题乐园,全面、多角度展现当下主题乐园产业的发展现状和未来趋势。匡晓明的"主题城市-城市与主题乐园的递归发展"阐述了主题乐园对城市空间格局影响,关欣的"从闭门到突破性飞跃"展现深耕此领域的建筑师对本土乐园发展的全面梳理,应博华的"迪士尼与中国主题乐园产业的发展"从迪士尼角度反观中国乐园产业发展,胡骁杰的"环境心理学在主题乐园设计中的应用"则从以人为本角度出发梳理乐园设计要素。此外,杂技团"流动剧场"、"上海大世界"、"华侨"之路都读来有趣。"主题采访"部分,邀请前上海迪士尼设计总监陈敏先生和华建集团迪士尼项目总负责人周静瑜女士就其迪士尼项目工作进行讨论。此外受邀采访对象包括:海昌海洋公园有限公司首席运营官刘家斌、万达文化旅游规划研究院常务副院长梅咏、AECOM全球休闲总监吉井贵思、Adirondack工作室执行副总裁路易斯-艾伦、华建集团资深总建筑师邢同和、同济大学建筑设计研究院副总建筑师陈继良。

"主题项目"汇聚了近年来优秀的主题乐园设计项目。有海洋主题的蔚蓝世界,如上海海昌极地海洋公园、珠海长隆国际海洋度假区;有影视主题的光影载体,如武汉电影飞起和互动剧场、南昌万达电影乐园;有地域风情的文化呈现,如西双版纳国际旅游度假区主题公园、无锡万达文化旅游城室外主题公园;有与城市商业的紧密结合,如武汉世茂嘉年华;有扎根城市历史地区的文化聚集地,如上海梦中心B地块、长沙矿坑生态修复利用工程冰雪世界;有大跨度的室内场馆,如青岛海上嘉年华、天津欢乐谷。

"热点"对上海迪士尼乐园先睹为快,并邀请参与者聊聊心得。"人物"专访中国建筑学会理事长修龙先生,讲述中国城市在未来如何进行科学发展。"聚光灯"解读"适用、经济、绿色、美观"八字方针,采访郑时龄、汪孝安、曹嘉明、庄惟敏、金广君,对其进行多维度剖析。"空间创作"刊登了一批富有创意、具有较高完成度的项目,包括中国工程物理研究院成都科技创新基地科研综合楼、四川中国艺库、苏州高新区文体中心、上海大悦城、郑州空港新城中央公园群众文化艺术中心。"设计研究"对水闸建筑设计的创作过程进行介绍和点评。"跨界"介绍了新兴数字技术在珠宝首饰设计中的应用。"书评"介绍了《中国近代建筑纲要(1840-1949年)》一书,反映了一种有意识地统合史料以研究中国近代建筑的新趋向。

华东建筑集团股份有限公司副总裁
《H+A 华建筑》执行主编
沈立东

The theme of Hua Architecture's June 2016 issue is 'Chinese entertainment- transformation of theme park', which focuses on the present popular architectural design type——theme park architecture. With the high-speed development of China's entertainment industry and the blowout of consumer s' leisure demand, China's entertainment industry development is in full swing. From the Jinxiu garden in the early stages of reform and opening up in shenzhen, the domestic theme park development has gradually become maturity, producing a large number of different characteristic theme park, with time feature and consumption habits. Recently, with the Disneyland, universal studios has settled successively in China, the development of Chinese domestic theme park construction has come into a climax period. During the openness of Disneyland in Shanghai, Hua Architecture focuses on the development of theme park architecture to explore the answer.
From the entertainment industry development, the influence of urban economy and spatial pattern, the success secrets of foreign brands represented by Disney and the native theme park represented by the happy valley and Ocean Park etc., which reflect a large number of theme parks, the Theme Articles display the present theme park industry development and future trend in an all-round and multi-angle. 'Theme city - the recursive development of city and theme park' by KUANG Xiaoming expounds the impact on the urban spatial pattern of theme park. 'From behind closed doors to a breakthrough leap' by GUAN Xin reviewed the development of the local park comprehensively. 'Disney and the development of the Chinese theme park industry' by YING Bohua reflected Chinese theme park industry development from the perspective of Disney. 'Environmental Psychology Application in Design of Theme Park' by HU Xiaojie reviewed the theme park design elements from the humanist perspective. In addition, the acrobatic troupe's 'flow theater', 'Shanghai big world', and 'Road of Overseas Chinese Town' are also interesting to read. Theme Interview invited the former Shanghai Disney design director Mr. CHEN Min and the Disney project manager Mrs.ZHOU Jingyu to discuss the Disney project. In addition, other interviewees included LIU Jiabin, chief operating officer of Haichang Ocean Park co., LTD. MEI Yong, the executive vice president of Wanda cultural tourism planning institute. Luis Allen, executive vice President of AECOM and Adirondack studio. XING Tonghe, senior chief architect of Huajian Group. CHEN Jiliang, deputy chief architect of architectural design and research institute of tongji university.
PROJECT brings together outstanding theme park design projects in recent years. There is ocean theme of the blue world, such as Shanghai polar Ocean Park, Zhuhai chime-long international ocean resort; there is a light carrier of film and television theme, such as Wuhan flyover and interactive theater, Nanchang wanda paradise; there is a cultural present with the local flavor, such as the Xishuangbanna international tourist resort theme park, Wuxi wanda cultural tourism city outdoor theme park; there is a close combination of city and commercial, such as Wuhan shimao carnival; there is cultural enclaves of urban historical areas, such as Shanghai dream center block B, Changsha mine ecological restoration engineering of ice and snow world; there is a large span of indoor venues, such as Qingdao sea carnival, Tianjin happy valley.
HOT SPOTS introduces Shanghai Disneyland by inviting the participants. PEOPLE interviewed Mr. Xiulong, chairman of China Architectural Society on how to carry out scientific development of Chinese cities in the future. SPOTLIGHT interpreted eight guidelines of "applicable, economic, green, beautiful" by interviewing ZHEN Shilin, WANG Xiao'an, CAO Jiaming, ZHUANG WeiMin, JIN Guang jun with multi-dimensional analysis. ARCHITECTURAL DESIGN published a number of creative, highly completed projects, including the Chinese academy of engineering physics, Chengdu science and technology innovation base of scientific research buildings, the art library, Suzhou high-tech zone in sichuan China center, Shanghai Joy City mass culture and art center, Zhengzhou airport new town central park. DESIGN RESEARCH introduces and comments on the creation of the dam architectural design process. CROSSOVER introduces the emerging digital technology application in jewelry design. BOOK REVIEW introduces The outline of Chinese modern building (1840-1949), reflecting a new trend of studying the modern Chinese architecture through consciously integrating the historical material.

Vice President of East China Construction Group Co., LTD.
Executive Editor of Hua Architeture
SHEN Lidong

目录 CONTENTS

01 / 卷首语 | Prologue

热点 Hot Issue

06 / 揭秘上海迪士尼乐园
Discovery: Shanghai Disneyland

主题：主题乐园变身记 Transformation of Theme Park

20 / 中国主题乐园地图
Map of Chinese Theme Park

22 / 米兰动物之城——非人类中心主义的城市远景 / 阿族拉·穆重尼格罗（文），胥一波（编译）
Milano Animal City—Visions for a non-anthropocentric city / Azzurra Muzzonigro, Translated by YiboXu

24 / 主题城市——城市与主题公园的递归发展 / 匡晓明
Theme City—Recursive Development of City and Theme Park / KUANG Xiaoming

28 / 万人狂欢——向康尼岛学习 / 唐凌洁
Orchestrated Chaos—Learning from Coney Island / TANG Lingjie

32 / 从摸索、学习到突破性飞跃——中国主题乐园设计的发展回顾和未来趋势 / 关欣，周静瑜
BREAK-THROUGH & SOARING-OVERP—Retrospect and Future Trend of Chinese Theme Park Design / GUAN Xin, ZHOU Jingyu

36 / 迪士尼与中国主题公园产业的发展 / 应博华
Disney and Development of Chinese Theme Park Industry / YING Bohua

40 / "迪士尼化"在传播 / 药乃奇
'Disneyization' is Spreading / YAO Naiqi

43 / 中国主题公园"新时代"——一场流行化的娱乐热潮 / 王洁，姚雪婵
'New Era' of Chinese Theme Park—A Popularized Trend of Entertainment / WANG Jie, YAO Xuechan

46 / 中国杂技走向世界舞台——初探上海杂技团"流动剧场" / 袁伟明（受访），徐洁（采访）
Chinese Acrobatics on the World Stage—Visit to 'Mobile Theatre' of Shanghai Acrobatic Troupe / YUAN Weiming (Interviewee), XU Jie (Interviewer)

50 / 环境行为心理学在主题乐园设计项目中的重要性 / 胡骁杰
The Importance of Environment and Behavior Psychology in Theme Park Projects / HU Xiaojie

52 / 百年游乐场的前世今生——上海大世界历史建筑保护与改造研究 / 邢同和，花炳灿，金鹏，于军峰
History of a Centurial Playground—Shanghai Great World Historical Building Protection and Modification Research / XING Tonghe, HUA Bingcan, JIN Peng, YU Junfeng

54 / "华侨城"之路——中国主题公园发展历程 / 许新月
Road of 'Overseas Chinese Town'—Evolution of Chinese Theme Park / XU Xinyue

专访 Interview

58 / 奇幻工程迪士尼 / 陈敏、周静瑜（受访），董艺（采访），杨聪婷（整理）
Fantasy Project of Disney / CHEN Min & ZHOU Jingyu (Interviewee), DONG Yi (Interviewer), YANG Congting (Editor)

62 / 全方位一体化主题乐园设计——专访AECOM经济规划全球总监、休闲服务全球总监、设计规划及经济亚洲负责人吉井贵思 / 王潇俊（译）
Omni-directional Theme Park Design Services—Interview with Chris Yoshii, AECOM Global Director of Economics + Planning, Global Director for Leisure and DP+E, Asia / Translated by WANG Xiaojun

66 / 在中国打造海洋公园"迪士尼"——专访海昌海洋公园控股有限公司首席运营官刘家斌
Building Ocean Park Disney in China—Interview with LIU Jiabin, Chief Operating Officer of Haichang Ocean Park Holdings Ltd.

70 / 应对大游乐时代的"万达"策略——专访万达文化旅游规划研究院有限公司常务副院长梅咏
'Wanda' Strategy Responding to the Big Recreational Time—Interview with MEI Yong, Executive Vice-President of Wanda cultural tourism planning and Research Institute Co., Ltd.

72 / 主题公园是人类体验的盛宴——访Adirondack工作室执行副总裁路易斯·艾伦
Theme Park is a banquet of Human Experience—Interview with Louis Allen, Executive Vice President of Adirondack Studio

74 / 不可盲目"短、平、快"——专访华建集团资深总建筑师邢同和
Do Not Blindly to be 'Short, Fair, and Fast'—Interview of XING Tonghe, Chief Architect of Huajian Group

77 / 中国主题乐园的发展需要运营检验——专访同济大学建筑设计研究院（集团）有限公司副总建筑师陈继良
Chinese Theme Park Development needs Operational Tes—Interview of CHEN Jiliang, Vice Chief Architect of Tongji Architectural Design (Group) Co., Ltd.

主题项目 Project

80 / 上海海昌极地海洋公园——创建海洋文化新体验 / 刘威
Sidelights on Shanghai Haichang Polar Ocean Park Design—Creating New Experience of Ocean Culture / LIU Wei

86 / 武汉电影飞越和互动剧场——穿越西游斗魔去 / 沈洪林，詹扬文
Analysis of Overflying and Interactive Theatre in Wuhan Film Paradise—Going Back to the Westward Journey / SHEN Honglin, ZHAN Yangwen

92 / 西双版纳国际旅游度假区主题公园——万达首个室外主题乐园设计探索 / 琳达·洪
Theme Park of Xishuangbanna International Tourism Resort—Design Exploration of Wanda First Outdoor Theme Park / Linda Hung

94 / 西双版纳国际旅游度假区主题公园景观设计——彰显地域文化 / 刘丽，应博华
Landscape Design of Xishuangbanna International Tourism Resort—Embody of the Local Culture / LIU Li, YING Bohua

98 / 珠海长隆国际海洋度假区——享海天一色的休闲王国 / 马震聪、张伟安
Zhuhai Chime-long International Ocean Resort —The Kingdom of Leisure Enjoying Sky and Sea / MA Zhencong, ZHANG Wei'an

102 / 冰与"火"主题乐园——巨型矿坑华丽蜕变 / 汪涛
Ice and 'Fire' Theme Park—A Great Transformation of Enormous Pit / WANG Tao

108 / 武汉世茂嘉年华主题乐园——启航扬帆，屹立武汉 / 王翔
Wuhan Shimao Carnival Theme Park—Setting Sail and Standing in Wuhan / WANG Xiang

112 / 无锡万达文化旅游城室外主题公园——愈发自信的中国式主题乐园 / 尹航，高一鹏，陈继良
Outdoor Theme Park of Wanda Cultural Tourism City in Wuxi—The More Assertive Chinese Theme Park / YIN Hang, GAO Yipeng, CHEN Jiliang

116 / 上海梦中心 B 地块——永不落幕的文化聚集地 / 杨琳
Shanghai Dream Centre B Block—Unending Cultural Gathering Place / YANG Lin

120 / 三亚海棠湾亚特兰蒂斯酒店（一期）及水上乐园——海水包围的一整块陆地 / 黄溯
Sanya Haitang bay Atlantis Hotel (First Phase) and Water Park—A Single Piece of Land Surrounded by Water / HUANG Su

126 / 天津欢乐谷项目——北方全天候旅游的有益探索 / 伍翼
Tianjin Happy Valley Project—Exploration on All-weather Tourism in North / WU Yi

130 / 青岛海上嘉年华主题乐园——大型室内主题乐园的消防与结构设计策略 / 陈奕，尹航，陈继良
Qingdao Rio Carnival Theme Park—Fire Control and Structure Design Strategy in Large Indoor Theme Park/CHEN Yi, YIN Hang, CHEN Jiliang

134 / 南昌万达电影乐园飞行影院——飞越江西，瓷梦之旅 / 梅咏
Nanchang Wanda Film Paradise Flying Theatre—Overflying Jiangxi, Porcelain Dream Journey / MEI Yong

P33

人物 / People

136 / 传承发展，引领未来——中国建筑学会理事长修龙先生专访 / 修龙（受访），董艺（采访），高静（整理）
Inheritance and Development Leads Future—Interview with XIU Long, Chairman of The Architectural Society of China/ XIU Long(Interviewee), DONG Yi(Interviewer), GAO Jing(Editor)

聚光灯 / Focus

140 / 解读"适用、经济、绿色、美观"建筑方针（一）/ 赵杰（栏目主持）
Interpretation of "Applicable, Economic, Green and Beautiful" Architecture Principle / ZHAO Jie

140 / 建筑"美观"是价值取向 / 郑时龄
Building Appearance is Value Orientation / ZHEN Shiling

142 / 反思"奇怪"建筑的温床 / 汪孝安
Reflection on the Seminary of Strange Buildings / WANG Xiao'an

142 / 八字方针反映建筑本质 / 曹嘉明
Policy of Readjustment Reflects Architecture Essence / CAO Jiaming

144 / 建筑最基本的灵魂 / 庄惟敏
The Basic Soul of Architecture / ZHUANG Weimin

145 / 以城市设计为出发点 / 金广君
Start with Urban Design / JIN Guangjun

空间创作 / Architectural Design

146 / "九院"——中国工程物理研究院成都科技创新基地科研综合楼项目设计 / 郑勇，汪宇
'Ninth Institute'—Complex Building Design of China Academy of Engineering Physics Chengdu Science and Technology Innovation Base / ZHEN Yong, WANG Yu

150 /	文化的植入——四川中国艺库 / 董屹 Culture Implant—China Art Library in Sichuan / DONG Yi
154 /	云形水石：一个城市公共文化聚落——苏州高新区文体中心项目 / 天华建筑 Clouds Shaped Water Stone: A Public Cultural Settlements in City—Suzhou High-tech Zone Culture and Sports Center project / Tianhua Architecture Planning & Engineering Co., Ltd.
158 /	探究新型都市商业综合体——全国第一个屋顶摩天轮商场"上海大悦城"建成开业 / 戎武杰，洪油然，唐琼 Exploration on New Type of Urban Commercial Complex—The First Roof Ferris Wheel Mall "Shanghai Joy City" was Built for the Opening/RONG Wujie, HONG Youran, TANG Qiong
162 /	漂浮的地平线——郑州空港新城中央公园群众文化艺术中心 / 宋皓 Floating Horizon—Zhengzhou Airport New Town Central Park People Culture and Art Centr / SONG Hao

设计研究　　　　　　　　　　　　　　　　　　　　Crossover Design

166 /	水闸建筑学——记一个水闸建筑设计的概念方案 / 李南 Water Gate Architecture—Conceptual Design of a Water Gate Building / LI Nan
171 /	专家点评 / 支文军，曾群，李麟学 Experts Comments / ZHI Wenjun, ZENG Qun, LI Linxue

跨界　　　　　　　　　　　　　　　　　　　　　　Crossover Design

172 /	数字首饰到明天——"数字"首饰的明天 / 郁新安（文），罗之颖（栏目主持） A Digital tomorrow for jewelry—Tomorrow of 'Digital' Jewelry / YU Xin'an, ZHANG Yinan, LUO Zhiying

书评　　　　　　　　　　　　　　　　　　　　　　Book Review

178 /	谱系叙事之可能——评黄元炤《中国近代建筑纲要（1840-1949年）》 / 段建强 Possibility of Narrative Pedigree—Review on Outline of Chinese Architecture of Modern Times by HUANG Yuanshao/DUAN Jianqiang / DUAN Jianqiang

动态　　　　　　　　　　　　　　　　　　　　　　Information

182 /	姚仁喜大师讲堂：建筑是人类情感的容器 Master's Lecture—Taiwai Famous Architect YAO Renxi
182 /	"2016上海市重大文化设施国际建筑师设计竞赛活动"持续引发各界关注 2016 Shanghai City Major Cultural Facilities International Young Architects Design Competition Continue to Trigger a Wider Concern
182 /	合肥医院建设大会华建集团强势来袭 Huajian Group Strong Settled in Hefei Hospital Construction Conference
183 /	动态 News

P122

[主编]
华东建筑集团股份有限公司

[编委会]
编委会主任：沈立东
编委：支文军、匡晓明、李振宇、李武英、刘千伟、伍江、朱小地、庄惟敏、陈礼明、张洛先、张颀、修龙、姜国祥、祝波善、顾建平、曹嘉明、傅志强、韩冬青（按照姓氏笔划排列）

[执行主编]
沈立东

[副主编]
胡俊泽

[主编助理]
董艺、隋郁

[编辑]
官文琴、赵杰

[策划]
华东建筑集团股份有限公司
时代建筑

[时代建筑编辑]
高静、杨聪婷、罗之颖、丁晓莉

[装帧设计]
杨勇

[校译]
陈淳、李凌燕、杨聪婷、姜冰

征稿启事：欢迎广大读者来信来稿：
1. 来稿务求主题明确，观点新颖，论据可靠，数据准确，语言精练、生动、可读性强。稿件篇幅一般不超过4000字。
2. 要求照片清晰、色彩饱和，尺寸一般不小于15cm×20cm；线条图一般以A4幅面为宜；图片电子文件分辨率应不小于350dpi。
3. 所有文稿请附中、英文文题、摘要（300字以内）和关键词（3~8个）；注明作者单位、地址、邮编及联系电话，职称、职务，注明基金项目名称及编号。
4. 来稿无论选用与否，收稿后3月内均将函告作者。在此期间，切勿一稿多投。
5. 作者作品被选用后，其信息网络传播权将一并授予本出版单位。
6. 投稿邮箱：yi_dong@xd-ad.com.cn

购书热线：021-52524567＊62130

自2016年6月16日起,您将可以探索一个前所未有的神奇世界,每个人都能在这里点亮心中奇梦。这就是上海迪士尼乐园,充满创造力、冒险精神与无穷精彩的快乐天地。您可在此游览全球最大的迪士尼城堡——奇幻童话城堡,探索别具一格又令人难忘的六大主题园区——米奇大街、奇想花园、梦幻世界、探险岛、宝藏湾和明日世界。

探险岛片区位于上海迪士尼乐园东部,西接主入口中心花园,北通宝藏湾,是乐园五大游乐片区之一。

"探险岛"片区
ADVENTURE ISLE

探险岛犹如一个深嵌在南美丛林中心的小岛。她展现了许多巨型古生物和异国景色的迷人奇观,吸引着早期博物学者和化石爱好者来到这里安营扎寨。探险岛还孕育着一个充满神话和故事传说的未知文明。雄伟的高山耸立在茂密的森林之上,一条天使飞瀑从天而降,成为这个异国情调小岛的重大标志。探险岛提供了一个游客可以体验多种惊险、浪漫和刺激的乐园。探险岛以高山为界划分为两个主题园区:丛林村庄和探险营地。

丛林村庄

坐落在充满动植物的森林深处,丛林村庄是一个神秘和繁荣部落的家园。进入村庄,旅行者立刻沉浸在当地土著人一年一度的传统英雄庆祝活动中。与众不同的建筑风格,活力四射的文化和热情洋溢的好客招待汇聚成一个满足游客好奇心、食欲和想象力的丰富盛宴。丛林村庄中的游乐场馆包括:探险岛餐厅、雷鸣山漂流、探险岛商店和小卖部。

探险营地

从1920年代早期起,探险营地吸引了许多世界各地不同地方的探险者。他们来到这里寻找大量的化石遗迹,以及周围的美景和挑战。追随着前任考古学家的足迹,游客们集合在一起,加入到穿越"丛林挑战"前往探索新大陆的大胆冒险行列。在"迷航剧院",旅行者受邀加入到庆祝传说和狂欢娱乐的享受之中。在"飞越"影院参与俯瞰地球、飞越大地的翱翔体验。在会面亭的迷人建筑中,孩子们可以与他们最喜爱的迪士尼人物会面。

"梦幻世界"片区
FANTASYLAND

"梦幻世界"是主题乐园内规模最大的一处游乐片区，既是乐园的标志性景观，也是乐园的核心区域。"梦幻世界"以中部水面为核心，周边设有环形步道，各类游乐设施及服务设施环绕布置，游客可由南侧、东南及西南进入片区。

"梦幻世界"的包括"晶彩奇航"和"爱丽丝梦游仙境迷宫"两个相对独立的区域，以及服务于整个片区的道路、广场、花坛、座椅、栏杆、铺地、指示牌、景观灯柱及广播音箱等。

"晶彩奇航"位于城堡北面，是园区中心的一片蜿蜒的游船河道。游客乘坐固定轨道的游船在童话故事场景之间穿行，并钻入"奇幻童话城堡"地下，体验一段神奇的探秘之旅。所有场景都有互动的舞台布景、美仑美奂的灯光和逼真的音效，以及交相呼应的建筑小品和园艺造景，由迪士尼娱乐表演团队和设计团队共同打造。"爱丽丝梦游仙境迷宫"位于城堡东侧，形成一个集蜿蜒的花园小道、植物造型、高塔、城墙，以及许多"深藏不露"的奇趣为一体的雅致布局。

服务于全园区的道路结合消防车道设置，为加入了砾石、石块效果的彩色混凝土路面。道路通往各个单体入口处设置了排队区以引导客流。城堡周边广场和通道作为片区内主要的紧急疏散场所，在场地设计中充分考虑人群的大量集散，设置为大片硬质铺地的广场。

迪士尼小镇
DISNEY TOWN

设计充分考虑中国游客的喜好，完美融合了迪士尼传统与中国元素，上海传统的石库门建筑风格得到充分运用，表达了迪士尼的敬意。

欢乐的游园体验以乐园主广场与两个圆形主题商店（迪士尼世界商店和糖果店）为开篇，米色仿石立面与绿色圆形屋顶表达着美国式的欢乐喜悦。进入宽阔气派的百老汇大街，一侧是砖石拱廊的高尚零售店，一侧是石库门老上海里弄印象，还耸立着此地"最古老"的瞭望塔。百老汇大街的林荫坡道通向华特迪士尼大剧院广场，这座 Art Deco 风格的 1200 座百老汇剧场。四个主题餐厅和荟萃各国美食的百食香街围绕着广场和百老汇大街，进而返回到小镇集市，竹林、小径、屋顶平台让人在探索之余能够停下休憩。"小镇湖畔"位于中心湖畔，黄白蓝三色的二层船坞建筑映衬于草坪、湖水、蓝天之下，令人心旷神怡。

地块约有 2/3 的区域面积采取人工造坡，将服务隧道、服务走廊、人防车库及大量的辅助空间，像手指一样插入各商业组团下部，设计、施工、协调的难度陡增。最终，平地上营造的起伏的坡地游逛体验与庞杂、高标准的后场系统，得到创造性的完美结合与惊艳呈现。

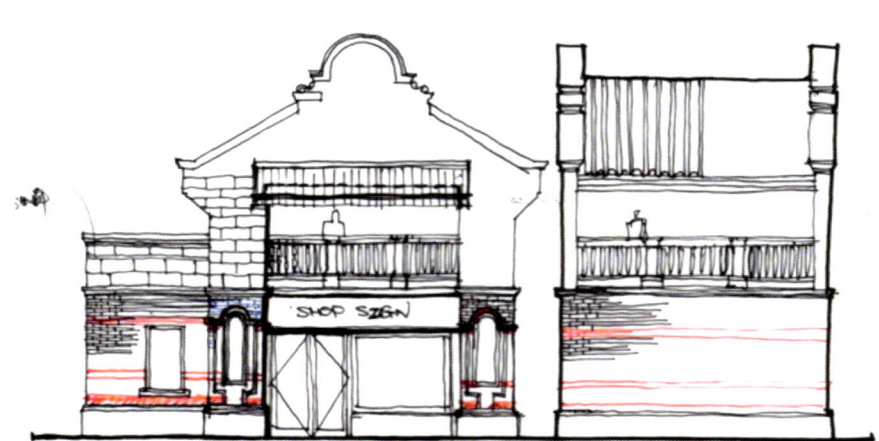

迪士尼酒店
DISNEY HOTEL

上海迪士尼乐园酒店平面布局呈展开双臂迎接宾客的姿态，热情好客；玩具总动员酒店平面布局呈"无穷尽"的形式，乐趣无穷。

上海迪士尼乐园酒店采用新艺术主义风格的建筑立面，融汇了大量由铁器工艺制作的有机线条作为装饰，蜿蜒伸展在石材外墙，梦幻浪漫。酒店造型由外延客房侧厅逐渐上升至酒店中心的塔楼。屋顶观景台的钢构穹顶，竖向犹如丝带般造型的结构体，形成飘逸优雅的天际线。夜晚被灯光照射着的顶篷与塔楼，形成闪耀的中央皇冠和侧排灯笼的效果，而灯笼代表着中国的传统形象。

酒店室内充满着迪士尼半个多世纪以来的梦幻记忆。大楼梯上暗藏的水晶鞋，让人仿佛行走在灰姑娘的梦中。装饰成美人鱼海底之家的泳池，使你宛如畅游在童年的海洋。还有个性的花园、各种卡通造型的植物、米奇图案的观察口等。每个细节都是生动的故事。

玩具总动员酒店乐趣无穷，房间造型和建筑风格奇妙有趣，带领您"飞向无穷无尽的太空"。抵达酒店，外墙的巨幅彩绘映入眼帘，清新活泼的蓝天白云图案，走进酒店，就如同置身于迪士尼·皮克斯的同名经典动画系列中，所有的玩具都获得了生命，每一个角落都充满了奇遇。

考虑到对岸主题乐园的景观视线，建筑物的高度也受到严格的控制。各种服务设施分布在适当的位置，以满足使用需求；广场设置与周边环境相关联；施行人车分流的设计理念，消防车道、自行车道、人行道自成体系互不干扰，自然、柔和地穿行于景观之中；东西两座悬索桥，既是观赏主题乐园焰火表演的绝佳场所，又成为湖泊边缘一道独特的风景。

植物品种丰富但不杂乱，为主题乐园营造出大气简洁自然的绿色背景。设计模拟自然，以类同的植物群植形成不同特色林带，如杉树林、樱花林、色叶林等。道路和活动场地穿插萦绕于不同的植物组团中，植物、地形、水体相结合，营造出不同疏密、明暗、虚实、浓淡的空间。

星愿公园
WISHING STAR PARK

世界最大弧度单边悬索景观桥

　　还未走进上海迪士尼乐园的大门，游客就可望见一池碧波，是面积达 40 万 m^2 的人工湖。从空中俯瞰，景观桥呈一个巨大的 C 字形，在这个 C 字形的环抱里，游客可以与位于对岸、史上最高的迪士尼城堡隔湖相望。迪士尼设计的独到之处体现于每一处细节：桥面只有一边有悬索，却承以万吨重量；有上下两个不同平面作为主副桥面。其中，主、副桥由半径不同的同心圆构成，主、副桥之间又由 8 级踏步连接；桥面的材质也不同，主桥面中有供骑行的黄色自行车道，副桥面则是玻璃桥面，与张家界大峡谷中的相似，足够安全也足够刺激。

故事体验与场景营造

H+A：这个大型主题乐园会给游客带来怎样的旅游体验？与其品牌下的其他乐园相比，与众不同的地方是什么？

陈凌，TJAD 高级项目经理，工程师，国家一级注册建筑师

陈凌：我们们承担了其中的小镇项目，该项目中的室外风情街是我所参与过的商业项目中建筑风格最丰富、游客体验最丰富、后勤标准最高的一个。人造的大坡地、地下货运隧道和迷宫般的服务走道都使这个两三层的商业街区变得异常复杂。而该主题乐园品牌对故事场景品质的执着，乃至用户的很高期望值也是一般项目无法比拟的。同济大学建筑设计研究院（集团）有限公司（以下简称"TJAD"）在外方构思概念的基础上，设计了许多重要建筑片段的不同风格立面，为这个独一无二的"小镇"添上了浓墨重彩的一笔。

H+A：您最喜欢该主题乐园六大主题园区（米奇大街、奇想花园、梦幻世界、探险岛、宝藏湾和明日世界）的哪一个，理由为何？

周瑛，TJAD 项目运营部副主任，国家一级注册结构工程师，国家注册咨询工程师（投资），英国皇家特许注册结构工程师

周瑛：从 2010 年 4 月该主题乐园团队第一次拜访 TJAD 起，我就与其结下了不解之缘，至今已为此奋战了 6 个年头。最喜欢的是梦幻世界，原因很简单，这是我参与到该乐园建设后的第一个项目，看着童话书中的城堡、村庄和森林变成现实，对梦幻世界充满了感情。

龚海宁：我最喜欢梦幻世界。这是我们团队与美方合作设计的一个主题园区，将近 4 年的设计过程，看到童话书中的世界通过自己的工作变成现实，我们对她充满了感情。梦幻世界的主题是该主题乐园的经典动画形象，拥有城堡、小飞侠、七个小矮人和白雪公主、维尼小熊等最具代表性的元素，每个人在这里都可以找到自己心目中的童话世界。

龚海宁，TJAD 副主任工程师，高级工程师，国家注册公用设备工程师

张心刚：梦幻世界。原因很简单，因为是自己一心一意全情投入的工程，从 2011 年至今，无数个日夜都在为她变得更好而努力。另外一个私人原因是，我女儿刚好也是 2011 年出生，这个园区正好适合她，为女儿努力做一个游乐园难道不是一件很美好的事吗？

H+A：规划与设计过程中，是否有回到了儿时的憧憬与梦幻？这对于您的工作起到怎样的作用？

张涛，TJAD 建筑设计三院结构所 副所长，高级工程师

张涛：毫无疑问。以我参与设计的小飞侠天空奇遇游乐设施为例，"小飞侠"是该乐园经典游乐项目，取材于英国作家詹姆斯·巴利的作品。游客将搭乘"飞船"翱翔在伦敦上空，向着梦幻岛出发。"飞船"属于室内悬挂式缆车系统，有着复杂的轨道和检修系统，这些给设计带来极大挑战。然而正是因为项目背后的故事打动着我们，有着满满的儿时回忆和憧憬，设计工作虽然艰辛繁重，却也变得并不枯燥乏味，那些屋顶上"张牙舞爪"的钢结构空间支撑也变得趣味盎然。

H+A：在您参与的设计过程中，有没有印象深刻的故事可以和我们分享？

谢文黎：印象最深的是该主题乐园的设计师对建筑精益求精的态度，例如，规范要求在屋面设置避雷带，而且要高出屋面 150mm，按常规设计，会严重影响整个屋面的造型，他们专门从美国请来创意建筑师和我们一块重新定方案，经过两个月的辛勤工作，通过了防雷办审查。过程中，美方建筑师思维非常活跃，经常是一遍又一遍地改方案，很值得我们学习。

陈凌：该乐园中的小镇项目是最晚开始设计，却是第一个结构封顶、第一个竣工验收、第一个交付运营的项目。要说印象深刻的故事，关于 TJAD"小镇"项目组，有着以下这些"事实"：完全在 IDF 的方案图纸基础上，独立搭建 DD 架构、独立吹图、独立搭建全套 DD 和 CD 图纸；从起初试探性地仅就无法实现的细部进行优化和修改，经过半年多时间磨合，逐渐获得 WDI 的信任与认可，继而在某些重要建筑片段，进行从概念、风格、设计到细部发展的全面工作；独立完成自身部分的建模、出图及与整个乐园模型的总包；团队全体自 2012 年 6 月到 2013 年 5 月，夜以继日、连续奋战……

李佳毅：印象最深的是在该主题乐园总部工作的一周时间。他们设计部门的办公室由一个旧保龄球馆改建，建筑室内外都非常朴素，没有任何多余的装饰，每个工作区都井然有序，高效而舒适；与之形成对比的是令人叹为观止的材料展示区和美丽绚烂的花园。从每个普通设计师到设计总监都各司其职，非常忙碌；而每天的午餐时间，当我们路过创意部门的办公室时，都会看到创意设计师们正在玩各种游戏，不按常理且绝不重样，设计部的美国同事羡慕地告诉我，这是创意部门的特权，也许只有这样才能让他们脑洞常开，创意无限吧。

合作中的碰撞

H+A：整个合作过程中，您觉得该主题乐园在运营方面最成功的地方是什么？

周瑛：国内主题公园盈利的主要收入来自门票，其他商品经营占比较小，盈利模式过于单一。该品牌主题乐园的各个主题公园规模宏大，游乐设施、商店、餐饮等配比相当，门票收入只是日常维护费用的弥补，餐饮、纪念品消费及酒店收入占很大比重。该品牌主题乐园在运营方面最成功的地方是从电视、电影到乐园，再从乐园到衍生消费品的多种娱乐服务业态的融合。

高一鹏，TJAD 设计主管，工程师，国家一级注册建筑师

高一鹏：印象最深的是该品牌主题乐园对安全最为重视。例如，该乐园围栏的设计标准中规避了相关尺寸，避免夹住顾客的头部及手指，顾客可以非常安全舒适地游玩。同时该乐园也很重视从事运营维护工作人员的安全，屋顶检修必须做双侧的固定栏杆，以保护员工不会高空坠落。

H+A：设计中与外方的合作多么？通过与他们的合作，您觉得哪些地方是我们国内的建筑机构、运营机构可以借鉴的？

张心刚，TJAD 高级工程师，国家注册公用设备工程师（暖通空调与动力）

张心刚：最近几年有很多与外方的合作项目，他们对工程细节方面的把握、对施工质量不懈的追求、对工程的荣誉感是我们国内需要借鉴的，他们对整个工程的规范管理也有可学习之处。

张涛：由于语言、文化、设计习惯等各方面固有的巨大差异，与外方业主管理团队确实有不少"冲突与矛盾"。然而回首过往，那些已完全淡忘，留在心中的是和业主团队每个成员并肩作战形成的深厚友谊，以及从他们身上学到的东西，明白了什么是精益求精，什么是精雕细琢，也体会到该品牌主题乐园的持久成功绝非偶然。我觉得国内的建筑机构和运营机构从中应该意识到，所谓"多快好省"是不可能的，精品不可能快，也不可能省。

陆秀丽，TJAD 结构专业负责人，教授级工程师，国家一级注册结构工程师，英国皇家特许注册结构工程师，上海市超限高层抗震审查委员会专家

陆秀丽：该主题乐园特别重视文件、文档的管理。有别于国内的设计流程，他们的出图节点有多个，常规如中

国的初步设计、施工图设计，但中间增加了很多的环节，如30%、50%、90%、100%、IFC等施工图完成度节点，设计文件均需归档上传。这样既保证了各专业在设计过程中同步推进，让甲方及管理团队有充分监管的时间与空间，出现问题可以及时沟通、解决，发现滞后因素，及时协调各专业设计，同时也留下设计痕迹，减少争议。

李佳毅，华建集团建筑装饰环境设计研究院有限公司园林景观设计分院 副院长，副总师，高级工程师

李佳毅：项目设计过程中和外方合作很多，感觉外方设计师专业而敬业，严谨而务实。他们尊重并不吝赞美我方工作中令他们欣赏的地方，同时对不如人意的问题也毫不留情；他们懂得享受生活，很少加班，重视家庭，度假的时候绝对不谈工作，但工作的时候也百分百投入，决不懈怠；他们很重视运营和现场管理，有非常详尽的运维手册，而且"运营优先"法则始终贯穿设计全过程；对他们来说，完成图纸只是设计工作中的一部分，设计总监级的人物都会经常亲自到现场关注非常细节的问题，把控设计效果。

曹阳，华建集团上海建筑设计研究院第二建筑事业部，副主任建筑师，项目经理

曹阳：在合作过程中，外方建筑师的普遍观念是：每个项目中，建筑师拥有绝对的权威性，各合作方、承包商应据此展开工作，配合完成建筑师的指令，类似当下热议的"建筑师负责制"。然而就该乐园中的酒店项目而言，中方建筑师往往被认为受制于结构机电等方面的判断而缺乏自己的话语权，有时造成中外双方无法协同配合。简单分析原因如下：其一，年轻建筑师的确缺乏工程知识的广度与深度，以至于一些简单问题都在等待其他专业人员的支持，"这不是我的工作范围"成了口头禅，与外方建筑师的工作方式形成明显反差。事实证明，年轻建筑师第一时间给出的合理的综合分析，外方也很认可。其二，文化差异。西方建筑师成长在成熟稳定的建筑环境中，深厚的建筑文化底蕴培养了他们的"精品精神"，相对于国内的情况，有时会产生一些矛盾。我们习惯注意建筑表皮的表现力而忽略图面上的细节把握，习惯在快速推进的施工进度下淹没细节问题。冰冻三尺非一日之寒，希望我们自己的文化沃土培养出的建筑师，同样能比肩世界，超越世界！

金峻，华建集团上海建筑设计研究院建筑二院建筑所 所长，高级工程师

金峻：最大的感受是不同的设计工作方法。我参与的项目，建筑方案由外方完成，有相当的设计深度。我们负责扩初和施工图设计，安排的时间进度相对曾经历的国内其他项目来说比较充裕。进度上有四个节点很关键：30%的扩初设计阶段、60%的扩初设计阶段和30%施工图设计阶段、60%的施工图，这是外方严控的点，并需进行这些节点的成果检查。届时参与设计的所有专业、业主方设计和运营的管理人员都悉数到会，充分检查图纸，讨论解决问题。因此，各专业间的配合比较深入和充分，大部分问题在设计阶段都能得到解决，这样尽可能减少了施工时的设计变更。

中国主题乐园产业的发展

H+A：您认为该乐园项目最成功的地方在哪里？它会带动上海的产业转型吗？

关欣，华建集团上海建筑设计研究院第一建筑分院 副总建筑师，国家一级注册建筑师，高级工程师，高级室内设计师

关欣：该乐园最成功之处是她"讲故事"的特点。它以其特有的原汁原味的主题游乐方式与中国元素融合，给我们完整地呈现了从故事创意、总体规划、单体设计到运营服务的实践过程和经典成果。这种精神势必冲击上海乃至全国的主题乐园产业，不但会带动，而且可以说是刺激产业转型，促使中国主题乐园界在各方面向其学习，摒弃浮躁的模仿和肤浅的山寨，避免主题乐园沦为没有故事的"标题"乐园，探索和创造真正媲美该乐园且又有自己特色的主题乐园。

H+A：在长三角主题乐园众多的地区，您觉得其他同类项目应该怎样应对该品牌主题乐园这个国际"大鳄"的全面入侵？

高一鹏：随着我国经济的发展，人民生活水平的提高，对主题公园类的文化旅游需求巨大，特别是人口众多的长三角地区。该品牌主题乐园有着强大的品牌效应，会成为不少主题公园游客的第一选择，但主题公园消费不应该是一次性的，其他项目可以与之错位竞争，比如同在上海的海昌极地海洋公园，我本人还是比较期待的。

龚海宁：我觉得该品牌主题乐园进入中国市场对中国的主题乐园产业是一件好事。在引入竞争的同时，也引入了先进的经营理念、管理模式、运营机制，同时也为中国市场培养了主题乐园的设计团队、施工团队，未来还会培养出一批管理团队、运营维护团队。该品牌主题乐园带来了美式卡通文化，我们可以学习它的先进模式，营造自己的特色主题，带给游客不同的文化体验，避免低端的同质化竞争。

H+A：从海外经验来看，该品牌主题乐园都发挥了强有力的带动作用，您如何看待该主题乐园在上海开园后所带来的辐射效应？

陆秀丽：美国文化的进入，必然与本土文化产生竞争，但两者的关系还包括互补。该品牌主题乐园将美国文化带入中国，带来仙幻及挑战的体验，相信会吸引很多游客。这也将激发中国的文化旅游产业去更多地思索、开发带有主题线索的乐园，如具有独特中国文化与历史元素的乐园，借鉴该品牌主题乐园的打造理念，利用现代科技手段，让游客在娱乐的同时，了解中国丰富的文化与历史。中国已进入文化繁荣阶段，目前各大城市多在寻找产业热点，开发主题乐园已进入实质性启动阶段。

H+A：该品牌主题乐园在上海的开园，对整个中国的主题乐园设计将带来什么样的影响？

谢文黎，TJAD 设计部主任，高级工程师，国家注册电气工程师

谢文黎：主要体现在以下方面：首先，该品牌主题乐园进驻中国，使得国内的竞争加剧，有了对照样本，整体提升了主题乐园的建造标准；其次，该乐园提供的优质服务和游玩体验，反过来会要求国内的主题乐园提升自身的服务水平和游乐设备的主题性表现；第三，通过如此众多参与该乐园设计施工的人员，提高了国内相关从业人员的设计建造水平。

曹阳：无疑是品质。尤其是细节所带来的品质感，更体现了该品牌主题乐园的深厚文化积淀。不管是主题乐园抑或是其他大型综合建筑，我们缺的，就是深入骨髓的品质追求。我们正处在发展的高速路上，在普遍追求大概念、大形象的情况下，需要静下心来反省，对新主题做深度探索，这个过程就是文化积淀，而品质本来就是文化的物质性表现。

陆秀丽：影响主要在人性化优质服务、安全运营、系统管理上。但独特性、创新性更重要。

关欣：可以说，上海某大型主题乐园项目是第一次向国内呈现一个经典乐园的策划、创意、规划和设计的全过程。中外参与者的创新精神和创新成果对中国主题乐园设计具有里程碑式的影响。概括该乐园设计的影响主要有四个方面：创意优先的创新精神、重视运营的人性理念、合法合规的科学态度和尽善尽美的完美追求。

从这一乐园项目中，我们看到并了解了世界顶级乐园的规划设计水平，清楚了我们的差距和软肋，更使我们初步掌握了设计世界顶级主题乐园的基本原则和方法，极大地提高了我国乐园设计的能力、水平和信心。

1959		2003		2013	
哈尔滨游乐园	22.8万 m²	世纪欢乐园	44万 m²	天津华侨城欢乐谷	35万 m²
1971		桂林海洋世界	1万 m²	天山米立方海世界室内游乐场	8.6万 m²
苏州乐园欢乐世界	54万 m²	郑州海洋园	2万 m²	天津欢乐海魔方	66.6万 m²
1977		2005		永川乐和乐都主题公园	33万 m²
香港海洋公园	68.7万 m²	凤凰山海港公园	80万 m²	冒险岛水世界	20万 m²
1980		香港迪士尼乐园	126万 m²	狼牙山龙门湖水上世界	25万 m²
野柳海洋世界	3.8 m²	台州海洋世界	1万 m²	乌金山狂欢谷	53.3万 m²
1981		曲江海洋世界	6万 m²	克拉嗨谷主题公园	45万 m²
大庆儿童公园	23万 m²	2006		志高神州欢乐园	100万 m²
1984		北京欢乐谷	56万 m²	厦门方特梦幻王国	88万 m²
南湖游乐园	26万 m²	大连发现王国	47万 m²	贵安欢乐世界	66万 m²
1985		皇家海洋主题乐园	53万 m²	2014	
锦江乐园	11.3万 m²	南昌之星游乐园	40万 m²	天津方特欢乐世界	39万 m²
1986		广州长隆欢乐世界	133万 m²	Hello Kitty主题乐园	60万 m²
石景山游乐园	35万 m²	成都温江国色天香乐园	40万 m²	杭州浪浪浪水公园	10万 m²
1991		宁波海洋世界	1万 m²	石家庄辛玛王国主题乐园	18万 m²
重庆游乐园	32.3万 m²	青岛极地海洋世界	21万 m²	吉林五虎岛游乐园	81.8万 m²
1992		2007		九江大千世界游乐园	73万 m²
富华游乐园	20万 m²	大连老虎滩极地馆	188万 m²	济南澄波湖水上世界	15万 m²
1993		2008		汕头方特欢乐世界	70万 m²
东山游乐园	13.7万 m²	芜湖方特欢乐世界	124.7万 m²	三亚凤凰梦幻水世界	53万 m²
1994		苏州摩天轮	37.7万 m²	珠海长隆海洋王国	132万 m²
六福村主题游乐园	73万 m²	杭州极地海洋公园	2.3万 m²		
1995		义乌海洋世界	5千 m²		
苏州乐园水上世界	8万 m²	2009			
西安未央湖游乐园	32万 m²	上海华侨城欢乐谷	90万 m²		
大连圣亚海洋世界	5万 m²	热带风暴水上乐园	8.6万 m²		
1996		重庆龙门阵魔幻山主题乐园	53.3万 m²		
西部欢乐园	20万 m²	重庆欢乐水魔方	33.3万 m²		
1997		重庆加勒比海水世界	69万 m²		
富国海底世界	8千 m²	杭州乐园	16.6万 m²		
广州海洋馆	1.5万 m²	南湖梦幻岛	26万 m²		
亚龙湾海底世界	9km²	成都欢乐谷	50.7万 m²		
1998		2010			
深圳华侨城欢乐谷	35万 m²	白鹿温泉加勒比海滩	40万 m²		
太平洋海底世界	8千 m²	泰安方特欢乐世界	40万 m²		
新澳海底世界	2万 m²	贵阳欢乐世界	46万 m²		
厦门海底世界	17.5万 m²	天津极地海洋世界	19.3万 m²		
1999		成都极地海洋世界	40万 m²		
长风海洋世界	1万 m²	2011			
石狮海洋世界	1.7万 m²	合肥欢乐岛	13万 m²		
青岛海底世界	7千 m²	沈阳方特欢乐世界	30万 m²		
深圳海洋世界	20万 m²	环球动漫嬉戏谷	74.13万 m²		
2000		青岛方特梦幻王国	70万 m²		
常州中华恐龙园	40万 m²	株洲方特欢乐世界	60万 m²		
桂林乐满地主题乐园	60万 m²	闽海欢乐岛	28万 m²		
海南热带海洋世界	5.6万 m²	武汉海昌极地海洋世界	6万 m²		
南京海底世界	3万 m²	2012			
长沙海底世界	6.7万 m²	欢乐水魔方水上乐园	33.3万 m²		
2002		凯旋王国主题乐园	86.6万 m²		
东湖海洋世界	3万 m²	花鼓灯嘉年华	55万 m²		
上海海洋水族馆	2万 m²	淮南志高神州欢乐园	80万 m²		
		中国水城欢乐岛	23万 m²		
		南京欢乐水魔方水上主题乐园	35万 m²		
		厦门观音山梦幻世界	80万 m²		
		北纬30度主题乐园	45万 m²		
		郑州方特欢乐世界	70万 m²		
		武汉华侨城欢乐谷	211万 m²		

中国主题乐园地图

主题乐园起源于荷兰，后来兴盛于美国。中国最早的主题乐园可追溯到哈尔滨游乐园。进入到21世纪，在游客需求和技术机会的作用下，中国的主题公园已经跃上了一个全面创新的发展平台。

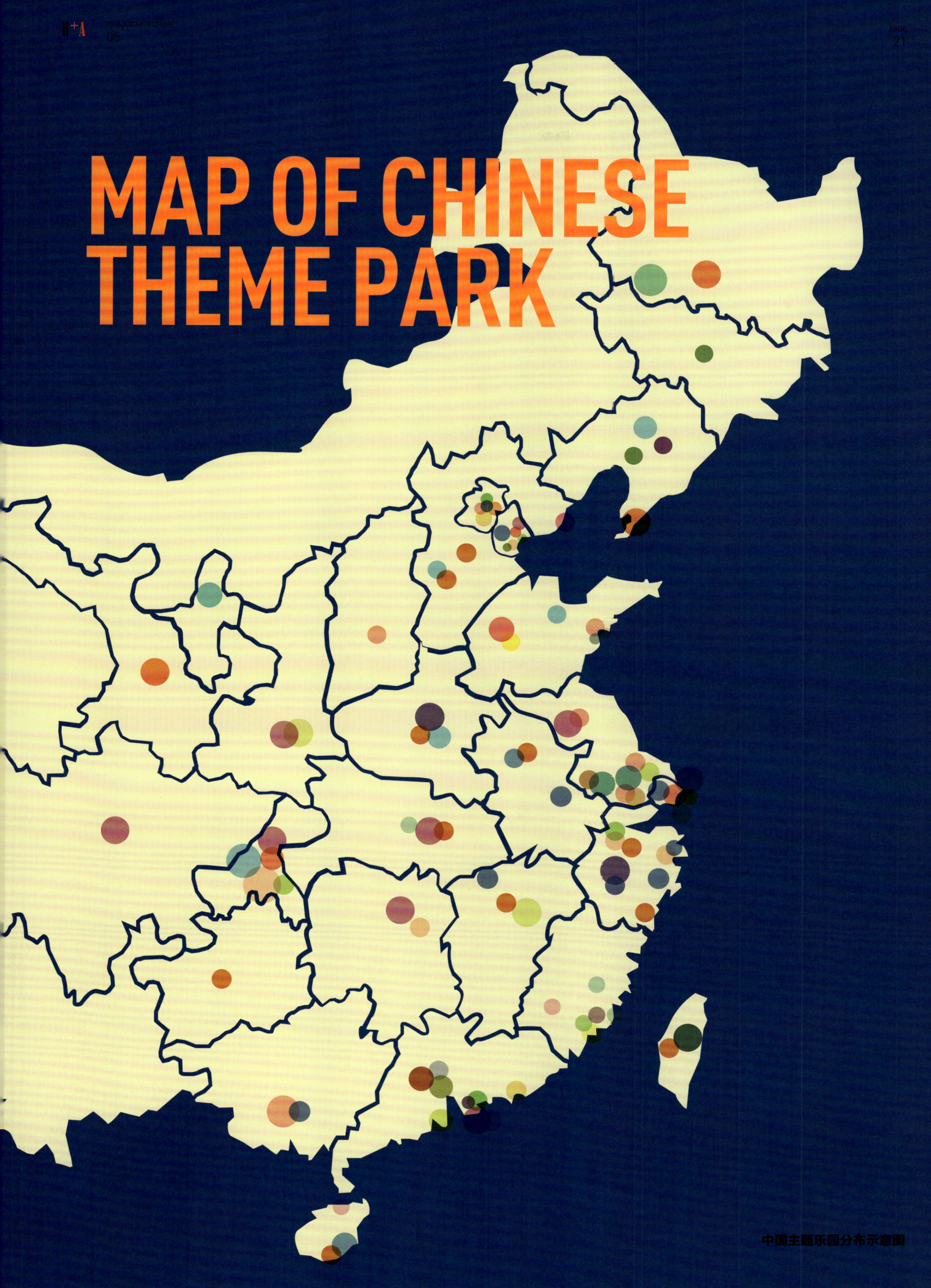

1~3. 轰炸桑比奥尼公园（图片制作由马宁、梅阿齐、奥皮米蒂和罗刚蒂尼完成）
4.5. 肉城（图片制作由池、马克林、帕米来丽、裴郎吉雅完成）
6~9. 根茎（图片制作由丹尼尔、香枚沃、萨尔诺、海德完成）
10~12. 米兰之巢（图片制作由贝尔加米尼、德马克、哈雷尔、佛雷完成）

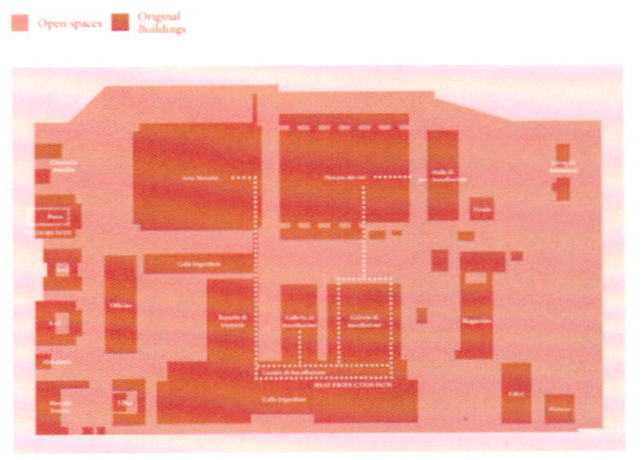

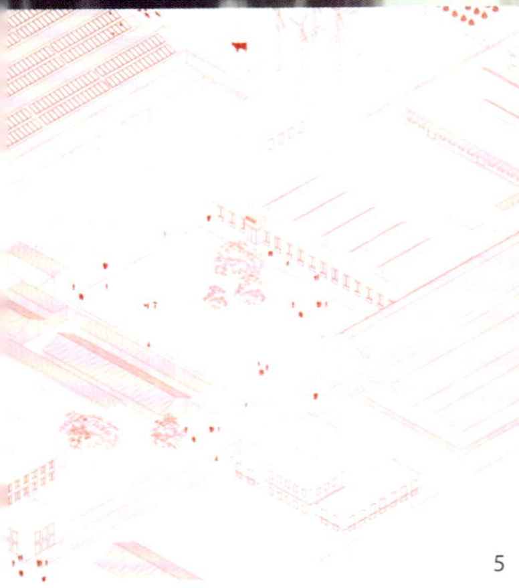

米兰动物之城
非人类中心主义的城市远景

[意]阿族拉·穆重尼格罗 / 文　胥一波 / 编译
Azzurra Muzzonigro　Translated by YiboXu

MILANO ANIMAL CITY
Visions for a non-anthropocentric city

作者简介

阿族拉·穆重尼格罗，女，罗马第三大学城市研究学博士，意大利米兰理工博埃里教授学术研究助理

胥一波，男，博埃里事务所（中国）总监、合伙人，米兰理工大学城市学教授，国家一级注册建筑师

　　我们所生活的城市空间在蝙蝠、老鼠和金丝雀的眼中是怎样的景象？它们又是怎么看待我们日常居住之地？2016年2月20日，在米兰中欧创新中心举办的米兰动物展上，来自米兰理工大学城市化实验室的斯坦法诺·博埃里和米歇尔·布鲁乃洛提出了一项提议，建议人类从其他动物的视角看待我们的城市，深入探究对它们而言栖息处的意义。我很荣幸曾与这二位提议者合作，并得到了贝内代多、付马加里、派萨帕内、沙米尔和藏格郎迪等人的很大帮助。诚然，我们无法真正化身成蝙蝠、老鼠或金丝雀去注视这个城市，但这项提议仍然意义重大——因为尝试努力去做就意味着我们承认，人类看待世界的角度只是万千物种视角中的一种，我们不是唯一的观察者。

How would the spaces of the city where we live if viewed by a bat, a rat, a canary? And what does their gaze add to the way we understand the places of our daily lives?
Looking at our city through the eyes of other animals that inhabit in it is the fertile slip behind the research/exhibition Milano Animal City, which was presented on February 20th, 2016 at the Sino-European Innovation Center in Milan, and that was developed within the Urbanism laboratory by Stefano Boeri and Michele Brunello at the Politecnico di Milano, that I had the pleasure to coordinate, with the invaluable help of Francesca Benedetto, CaterinaFumagalli, SaverioPesapane, Livia Shamir and George Zangrandi.
This slip of the eye is acrucial operation because, although it should be obvious that we can never really watchthe way a bat, a rat, a canary watch, however, to strive to do so means first of all to admit that ours is but one among the possible looks yet not the only one.

为了理解米兰动物之城的意义，我们首先要理解的是未来社会将越来越城市化：正如联合国在关于全球城市化问题的报道中所指出的，2012年全球的城市人口已经超过了农村人口，未来十年两者之间的差距会不断拉大。照此趋势，如果我们编纂一部城市的地方志，会记录下野生动物对城市的入侵——因为它们原本生活的乡野早已被"城市化"所侵蚀。想象一下穿梭于伦敦地下铁中的狐狸、坐在博尔扎诺中心酒吧里的驯鹿，你会明白未来的城市设计需要从更宏观、更包容的视角出发，需要考虑其他物种的感受，而不仅仅是只围绕"人"来做。

关键是从其他动物的角度去看待我们所居住的城市，这对于更好地为人类构想最好的城市是非常重要的。

未来的城市规划不应当集中于现代人完全缺乏控制的形式——不是去想象一个没有我们的世界，也不是另外一个极端，想象一个人类物种主导的世界——反面假想国的电影中的彭西莫就像是人类或伽特卡的孩子。未来城市规划应当关注如何创造条件，让不同植物和动物在城市环境下共存。

米兰动物之城就是在这些前提下启动的。这个项目让学生去想象人类城市可以重新集群的空间。

然而，要这么做，我们就不能轻易地陷入和平共处及没有矛盾的诱惑当中。因为，这是与都林大学菲拉利斯的研究室非常珍贵的合作，菲拉利斯的座谈会，将人类与城市空间内其他形式的生命体之间的关系从各个角度进行了问题化。从伦理、艺术、建筑、技术等角度进行了分析。如果人类不是唯一的生命体，非人类中心的城市是一个包容性的城市，并将生物多样性作为生命物种的中心。

从思想与空间之间的这段富有意义的对话中产生的项目，比真正的城市转型的要求更为注重未来愿景。有时候，提出问题比给出答案更有用。最有意思的是那些可以在愿想与逼真食物之间维持较好平衡的人，他们能给人一种，这种转型会真实发生的感觉。

这些人通过轰炸桑比奥尼公园，推动了非人类中心主义的自相矛盾，从而让这点很明确人类为其物种提供空间所做的事情，还是为了人类本身，所以，去想象人类真正放弃了自己在宇宙中的中心地位是很伪善的。因而也就有了极端愤世嫉俗的项目，想象着去轰炸米兰的桑比奥尼公园，将这个作为是完全驯化自然的例子，通过和平和隐秘的形式让它成为不仅仅是人类的城市。将自然驯化会带来不可预测的结果，人类会置于危险之中（甚至会为此付出代价！），那将与动物园的情形完全相反？

有些人在肉类生产流程中工作，并在科学基础上对之前米兰的屠宰场从功能上和道德上进行改造。因此，肉城也就由此得名：当前的肉类生产系统，对其动物物种而言是人类为中心的暴力行为，这对于这个星球而言并不是一个非常可持续的系统，因为它消耗了过多的自然资源。我们曾经用于屠宰动物的地方大多数是脱离大众视线的偏僻处，然后变成了肉类生产的实验室，以及对城市开发的教育和展示空间内。动物还是在这种建筑里呈现，但是，它们的出现脱离了"拆解动物身体"的链条，并成为细胞捐献者：那些死的动物被转到了生产实验室做成人工肉，作为对其它动物生命的尊重。

有很多项目都致力于为促进城市里生物多样性创造条件。你看，比如说，从根茎项目，我们可以想象，沿着纳维利水域的漂浮岛的水生植物的生物多样性。或者是绿水长流项目对生物多样性的想象，重新对真正的走廊的水域的利润进行思考。这个绿水长流项目沿着已停止经营项目的铁路系统——比如，米兰之巢就想象着用一个可以适用于多种动植物休憩的模块来包围这个铁路，或者像自然连接器项目那样，将铁路废弃装置通过蜜蜂等生物多样性的自然携带者，将其转变成名副其实的花开盛放的河流。

这些只不过是米兰动物之城开发的项目之中的几个事例（想要获得这些作品的完整信息，请访问网址 https://milanoanimalcity.wordpress.com/ page），并作为开始演示明日城市空间的一小步。将自己作为中心的城市将成为这个星球上的幸存者。

（注：图纸、图片由作者提供）

To understand the meaning of Milano Animal City we must first of all, put ourselves in the perspective that the future will be more and more an urban future: as stated in the UN report on urbanization worldwide, in 2012 the urban population exceeded the rural population of the world and this gap is expected to grow in the coming decades. If the future is an urban future and if we look at the cases, of which today local chronicles are full, in which species of wild animals invade the cities because their habitats are slowly being eroded by urbanity–we think to foxes in London subways, deers that invade the tables of bars in the center of Bolzano- it is evident that the city of tomorrow will have to be designed from a broader vision that takes into account the habitats not only of the human species.

The key is to understand that looking at the city in which we live through the eyes of other animals is a useful operation for conceiving better cities also for humans.

The urban planning of the future should not focus so much on imagining the forms that would arise from a complete lack of control by the homo sapiens sapiens-it is not indeed about imagining the World Without Us, nor, at the other extreme, forms of hyper control exasperated in forms of domain of the human species –we think to dystopian films like The Children of Men or Gattaca. The urban planning of the future should be concerned to create the conditions for the coexistence of different plant and animal species in the urban context.

Milano Animal City started from these premises, asking students to imagine spaces that allow the recolonisation by the nature of the city of man.

In doing this, however, we must not fall into the easy temptation of thinking coexistence as an always peaceful condition and without contradictions. For this reason the collaboration with Labont -Laboratory Ontology of the University of Torino directed by Maurizio Ferraris- it has been was invaluable: through a series of seminars entitled The paradoxes of non-anthropocentrism curated by Leonardo Caffo-has problematized the various aspects of the relationship between the human species and other forms of life in the urban space, from an ethical, artistic, architectural, technological and so on point of view. If the man is no longer alone on the pedestal of life, a non-anthropocentric city is an inclusive city, which puts the biodiversity of the living at the center of its own becoming.

Projects that were born from this fertile dialogue between thought and space, more than strict prescriptions of urban transformation, are visions, sometimes provocations, useful in many cases to ask questions rather than to give answers. The most interesting cases are certainly those who are able to maintain a fine balance between vision and verisimilitude, leaving the impression that this transformation might actually really happen.

Some projects such as Bombing Parco Sempione pushed the accelerator on the paradox inherent in the non-anthropocentrism, making it clear that whatever man does to make space for other species it is still the work of man himself, and it would be hypocritical to think that he really gives up its centrality in the universe. The result is an extremely cynical project that imagines to bomb the Sempione Park in Milan, taken as an example of completely domesticated and peaceful nature, depurated of the unpredictability that makes it 'other' to the city of man. To bomb the domesticated nature in order to artificially introduce a wild, unpredictable one, in which man can enter at his own risk (and even paying an entrance fee!), as a kind of inverse zoo where man is tourist in a foreign land.

Another project worked on the production of meat in the food chain, imagining to functionally and ethically reprogramming, on a scientific basis, the former slaughterhouse of Milan in Via Molise. Thus Meat City was born: the current meat production system, besides being a strongly anthropocentric practice and violent towards other animal species, is a not very sustainable system for the planet as it consumes a disproportionate amount of natural resources. The structures that were once dedicated to the slaughter of animals, mostly separated and hidden from the public view, are rethought becoming laboratories for in vitro meat production along with educational and exhibition spaces open to the city. The animals continue to be present in the building, but their presence escapes the chain of 'disassembly of animal bodies' to take on the role of cell donors: those that once were the halls of death are transformed into laboratories for production of artificial meat, respectful of the lives of other animals.

There are also a number of projects that worked on creating the conditions to facilitate the access of biodiversity in cities, both through waterways, -we think, for example, to the floating islands of biodiversity along the waters of the Navigli imagined by the Rhizome project, or the rethinking of the margins of the water basins in terms of real corridors for biodiversity imagined by Green Flows–and along the railway systems that are now being dismissed -for example Nesting Milan imagines to wrap the railways with a modular megastructure adaptable to accommodate the needs of diverse animal and plant species, or Nature Connector that envisions to transform the dismissed railways into flowering rivers through the action of bees, natural carriers of biodiversity.

These are just a few examples of projects developed by Milano Animal City, (for a complete overview of the works please consult the webpage https://milanoanimalcity.wordpress.com) and as a whole a small step to start displaying the spaces of the cities of tomorrow. Cities that put at the center of their own becoming the survival of the planet.

主题城市：
城市与主题公园的递归发展

匡晓明 / 文　KUANG Xiaoming

1. 主题公园是现世关系的乌托邦版本
2. 每个主题公园都是对所在城市基础设施最集中的考验

THEME CITY
Recursive Development of City and Theme Park

在"硅基时代"里，人们的生存活动从物质空间向虚拟空间转移，我们从前所仗仰的实体城市功能，正逐渐随之失效，城市空间形态发展趋势也变得越加难以捉摸。主题化的物质空间能否为这种虚无重新塑造一份真情实景的体验？正如2008年末英国小说家巴拉德所说："对于我这一代人来说，大城市意味着文化生产的源头、经济实力的中心；现在，它却化身为主题乐园（拉斯维加斯、迪拜）、无边的工地宿舍（中国城市）和彻底错乱的建筑异型（东京）。"

1 主题公园之于城市

主题公园是现世关系的乌托邦版本,其发展始终伴随着中国近40年的城市化历程。从早期以科学科幻、机动游乐、动物观赏为主的都市游乐场,到将娱游功能、住宿购物和地产开发相结合的"旅游+地产"模式的主题乐园,不同时期的主题空间皆不可避免地符合当时的历史语境,经过强化的主题公园也影响并改变着其所处的城市空间,只不过这种抽离和幻想又最终受制于一个时代或地区的局限。

首先,游乐场和主题公园在地理方位上与城市保持着若即若离的关系。它们处于城市的边界,与日常生活形成错位,邀请游客进入另一种有别于现实的乌托邦情境。第二,奇幻是游乐场永恒的主题,游客们在乐园内与其他时空"相遇",或是被拽入对现实境遇不切实际的幻想中去。第三,游乐场和主题乐园永远不可能脱离城市环境而独立存在。开发与管理活动并不旨在为大众创造欢愉,它们在更加宏观的经济和政治驱动和限制下展开。第四,游乐场和主题乐园是一个由人工重塑的地景,因而常常为一些现存的城市问题提供似是而非的解答或逃离。最后,游乐场和主题公园中的城市、社会和科技等主题元素,是城市功能构成不可分割的一部分,反映并影响着城市的形态和发展趋势。

在拉斯维加斯,赌场业的集中化开始于20世纪60年代,所有制从原先的家族承袭向跨国公司资产转变。在迪士尼乐园,从产业链到主题设置,都由迪士尼公司完全掌控。在中国,我们同样目睹了主题乐园开发的集聚化、规模化和综合化倾向。大投入和高产出的运营特点,必然涉及地方用地、财政支持等多重因素的再考量,也在一定程度上预示着中国城市产业转型和升级的未来路径。这也是上海引入正牌迪士尼的历史背景。

2 主题公园对城市"上层建筑"的撬动

主题公园是商业化的私人空间,之于现在的中国则更突显了一座城市的文化价值取向。无论是表现强烈的常州春秋淹城,还是更为隐约的上海迪士尼乐园,皆立足于城市人群可接受的范围,并强化和放大他们在日常生活中对于空间主题化的期许。因此可以说,主题公园是一座城市隐含的城市文化与精神生活的物化过程。反过来,这种主题的空间物化又促使城市做出响应。上海迪士尼乐园开业之后,小到各商店内迪士尼主题产品的增加,大到公共设施、建筑装饰的迪士尼符号化,甚至城市话题的新一波潮流都不可避免地"迪士尼化"。

从宏观层面而言,尽管迪士尼乐园仅仅是一个主题公园,却是上海转型驱动不可忽视的因素。在新一轮的城市发展规划中,上海意欲在2040年建设成为全球城市。其中包含建设3 000km长的快速轨道交通网络这样的创举,更包含文化知识产权管理的高标准,文化创造力的全球领先。在出台不久的"十三五"规划中,上海明确提出建设具有全球影响力的科创中心,形成开放型经济新优势,其中均对创新要素、创意开放、知识产权等内容进行了着重强调,这些皆是建设全球城市文化软实力的必要条件,也是当前上海亟须加强的部分。或者可以讲,城市具有了创新的主题。

迪士尼撬动下的休闲经济进一步提升,是上海经济发展方式转型的一大契机。都市旅游是上海旅游的重要特色,继徐家汇作为全国第一个以城区申请成功的4A级景区以来,上海都市型全域旅游的形象更加鲜明。由此对上海整个城市基础设施、文化主题、管理方式展开新一轮的革新升级。另外,迪士尼的正式开园对创意创造及园区经营模式的刺激将是刻骨铭心式的。根据迪士尼的官方统计,仅2014年一年迪士尼就在中国销售了12亿件各种动画电影主题的衍生品,这意味着在有着如此庞大人口基数的中国,人均购买了一件迪士尼的商品。如此庞大的前景市场、诱人的盈利空间、推陈出新的创新设计,都将强烈地冲击着上海文化及设计领域的人们。一直以来迪士尼的各种衍生品都是诸多商家仿制的对象,随着迪士尼旗舰店的开业,迪士尼乐园正式开园,涉及侵权的各类迪士尼仿制产品就必须以更加严格的手段和标准来禁止,在这一过程中,上海也将逐渐建立起更高的、符合国际标准的保护知识产权保护体系。

迪士尼的开工建设是对上海上一轮五年规划的投资性支持,而迪士尼的开园运营恰好是以更加柔和的运营的方式支持上海新一轮的发展规划。

3 主题公园是对城市基础设施的一记"鞭策"

期待已久的上海迪士尼乐园开园当日门票仅一天就宣告售罄,一切看似平静却折射出未来的隐忧。每个主题公园都是对所在城市基础设施最集中的考验,也是对城市发展的一记鞭策。外滩跨年踩踏事故的悲痛还未被人们遗忘,迪士尼门票销售火爆的形势堪比春运,数据预测上海迪士尼乐园的年游客接待数量将超3 000万人次,甚至直指2010年上海世博会的人流量。这一切都预示着对上海各类基础设施新的更高的要求。

考验之一是交通的承载量。目前进入上海迪士尼度假区以地面交通方式为主,即便最保守的估计,每天也要接待3万人次游客,如若接待人数达到峰值,每天的车流量将是巨量的。特别是这些车流除西南方向可以由S32申嘉湖高速分流外,其他各个方向均依赖绕城高速,这无疑给原本就并不轻松的道路情况提出新的考验。当然,远期建设的轨道交通迪士尼站将会有效地分解人流,那么唯一剩下的问题便是,轨道交通的建设能否及时赶上预计快速增长的

另一大考验来自新的游客类型对于接待的要求。上海一直以来在旅游接待上表现为两个群类，商务型和经济型。接待设施和方式突出快速、便捷、基本需求等特征。迪士尼的开园无疑增加了大量差异化人群，这其中就包含相当比例的儿童青少年群体、青年学生群体和国际游客。在讲究接待品质的同时，针对不同人群的产品开发与设计，乃至城市运营方式对人群需求的响应都必须与世界城市的标准接轨。例如，酒店儿童娱乐区域的设计与配备，公共巴士的儿童座椅、台阶，年轻学生喜爱的文化主题设施，外国游客青睐的青年旅舍等，无论在比例抑或水准上都需革新升级。迪士尼开园对上海最紧要的考验来自安全方面。尽管迪士尼度假区内部的人群组织主要依靠园区运营方，不过如此规模的人群长时间集中在同一区域，城市本身也必须为此配备快速、充足、完善的应急方案与团队。上海在这方面是先进的，但历史的教训不容许我们再次试错。

4 主题公园渗透于城市空间

19世纪末，主题化空间是局限于围墙四壁内的博览会和游乐场；在之后的一百年间，它的手法、美学、建筑奇观和娱乐方式，见诸城市发展的方方面面。正如巴拉德所观察到的那样，我们生活的城市已逐渐"化身为主题公园"，无论走到哪里，随时都会与一个以主题为诉求的空间场域不期而遇。从国家发展计划（2010上海世博会）到地方行销策略（深圳华侨城）；从遗产保护（威尼斯、大理、阳朔）到城市更新（成都宽窄巷子、北京铜锣鼓巷）；从追求利润的购物中心（北京蓝色港湾、东莞新华南MALL到非营利的博物馆（建川博物馆）。微型主题公园改变的不仅是空间地景，在创造出各式各样奇观的同时，更带来了消费体验的转变。

主题空间是一个矛盾的场域：它允诺给参观者新奇和熟悉，刺激和保护，同时作用于游客和居民的物质与非物质存在。对于一个"地方"的诉求而言，前者指向工作岗位和收益，影响着众多与旅游产业直接或间接相关的人群；后者关乎社会分层、机会成本和城市的可达性，受制于城市迈向服务业转型的宏观决策。

旅游业是城市经济基础的重要组成部分。多个省市在上一轮的发展中已经奠定了旅游产业支柱产业基础，在新的"十三五"规划中，这种地位得到延续和放大。在"三驾马车"彻底显示疲态，供给侧改革成为当下核心方向的情况下，旅游产业成为未来中国经济成功转向内需型增长模式的重要助燃剂。现在，这一趋势正随着中国服务产业的升级，逐渐在二三线城市的主题化旅游景区蔓延。

旅游业对城市形态影响深远。旅游目的地城市的空间构成与工业城市大相径庭：在工业城市，产品的生产、仓储与分配活动围绕着旧工业中心的港口展开，工人阶级社区环厂而建，为生产和运输提供充足的劳动力；在旅游城市，滨水陈列着奢华的酒店与高档的公寓大楼，城市中心以零售业和娱乐业设施为主导，工人社区呈现严格的阶级隔离。

作者简介

匡晓明，男，《城市中国》杂志总编，上海同济城市规划设计研究院所长，城市生态与空间规划研究中心主任，华都设计机构总设计师

3. 在不同的城市主题空间内，你总能找到一些被反复拷贝的符号或神话
4. 旅游体验以"故事"装扮空间，统辖空间的规划，创造新奇的体验，让消费者在同一场域中进行多项不同的消费活动
5. 全球化、同质化的文化形象不应成为中国未来一代唯一接受的文化类型

主题化空间正是如此伴随城市绅士化运动得以发展，并在城市定位向旅游业的转型中四处开花。旅游体验以"故事"装扮空间，统辖空间的规划，创造新奇的体验，让消费者在同一场域中进行多项不同的消费活动（如购物、去主题公园、参观博物馆、看电影、看体育比赛、用餐、上赌场、住宿等）。文化想象中的"原真"取代了在地与日常。在一些极端的案例中（如迪士尼乐园，主题化购物中心等），旅游目的地完全与它所身处的社会语境割裂，创造出一个由意象组成的虚拟现实——历史事件覆盖了进行中的历史，仿制覆盖了原型。

在不同的城市主题空间内，你总能找到一些被反复拷贝的符号或神话：威尼斯、埃菲尔铁塔、金字塔、自由女神像，它们散布在各大旅游景点；"伪装"成土产的大规模生产纪念品，或是无处不在的麦当劳、贝纳通、喜来登酒店。主题空间既带来了城市的同质化，又出于市场多元化的考虑，将差异进一步扩大。城市对独特地标的迷恋和追求，可以是卡拉特拉瓦的特纳利夫岛会议中心，弗兰克·盖里的毕尔巴鄂古根海姆美术馆，甚至是成都大邑县一片由明星建筑师打造的红色主题博物馆群。

这一趋势令人悲观吗？涌入主题化空间的游客，必然等同于盲目被动的乌合之众？相反，一些学者（如罗伯特·文丘里和丹尼斯·史考特·布朗）对"浮华造作"的旅游景观褒奖有加。一味地反抗和抵制是盲目的，或许在否定之前，我们需要首先引入它、理解它，继而超越它。

5 呼吁本土文化的主题品牌崛起

总之，从小就让儿童接触魔幻主题文化，并针对多样人群特征、跨年龄层的虚拟动画角色设计，使得以迪士尼为代表的主题公园在世界范围内获得成功复制，这种现象在过去的中国表现尤甚。然而，迪士尼、环球影城式的主题空间归根结底是美国文化、全球同质化体系下的产物，我们必须呼吁本土文化及主题品牌的崛起。法国迪士尼一直以来仅处于微利的状态，与其所处的欧洲有着自己鲜明的文化形象不无关联。在我国，"方特"从最初带有"山寨"意味的模仿，到今天主题、创意的原生特质，以及重视品牌形象的提升与再造（如对"奔跑吧兄弟"节目的赞助），标志着我国主题乐园的正向发展路径已经开始。当然这种本土的支持不应是保守的、封闭的，应该是市场化的、开放的、竞争的格局。方特、长隆、万达、横店等不同类型的多元主题公园发展格局已具雏形。我们并不希望唱衰迪士尼在中国的发展，然而法国迪士尼的情况给了我们启示，全球化、同质化的文化形象不应成为中国未来一代唯一接受的文化类型，本土文化形象的保护、强化、崛起势在必行。

1. 位于康尼岛的太空星际乐园在经历了50个春夏后，于2008年10月宣告永久关闭，业主向市政府捐出重达14 000磅的火箭，准备在海滨木板路整修铺设完毕后重返原地，与飓风云霄飞车、惊奇转轮和降落伞一起，成为永久性标志
2. 康尼岛上保留有纽约最后一家老式手工糖果商店"威廉姆斯"
3. 游乐场内运用光电和霓虹灯，营造出梦幻效果
4. 在抵达度假地前，游客们首先乘上一艘名为"飞马座"的渡船上岸，再沿着冲浪大道的甲板路走向主题乐园

ORCHASTRATED CHAOS

Learning from Coney Island

万人狂欢
向康尼岛学习

唐凌洁 / 文　TANG Lingjie

康尼岛存在于曼哈顿的倒影中。 百余年来，这座具有传奇色彩的大型游乐场的命运，与"只允诺给每个人十五分钟辉煌"的大都会始终交织在一起，看似颠倒，却又彼此映射，形影难辨。世纪之交的曼哈顿，经历了史无前例的物理空间重塑和社会形态转型，疾速的城市化使这座新兴城市的人口构成愈加多样，动荡不安却又生机勃勃。彼时的康尼岛，因为交通不便，尚被认为是一片远离都市喧嚣的天然绿洲。然而随着游客的涌入，原先的世外桃源难以维系，于是康尼岛摇身一变，成为一个比曼哈顿更令人惊异的人造世界。

20世纪之交，变革中的美国社会迎来了"娱乐至死"的时代。伴随工业化和城市化，大规模的人口迁徙创造出勒庞笔下的"乌合之众"。休憩时间与可支配收入的增加、廉价有轨电车的普及，都为大众娱乐的崛起铺好了温床：波士顿的模范公园、Revere 海滩、费城的 Willow Grove 公园，亚特兰大的 Ponce de Leon 公园，克利夫兰的 Euclid 海滩，芝加哥的 Cheltenham 海滩、Riverview 公园、"白城"、圣路易斯的森林公园高地、丹佛的曼哈顿海滩、旧金山的 The Chutes……一夜之间，这些大小不一、规模不等的游乐场在日新月异的城市版图上滋生，成为追逐享乐的美国新兴有闲阶级的朝圣之地。这其中最令人叹为观止的，便是位于纽约的康尼岛乐园。

1 康尼岛两生花

19世纪中期，康尼岛原是富有的纽约客的避暑胜地。东边的沙滩上兴建起豪华的大型旅馆、商店和餐厅，度假中心前的沙地上种植着整齐的草地，规划出私人海滩。从曼哈顿去往康尼岛度假绝非易事，游客们至少需要换乘两种交通工具（游船、摆渡、马车、汽车），经过半天的"长途跋涉"，方能享受这片与世隔绝的安宁。然而，康尼岛的地理优势使它成为一片"法外之地"，吸引着因无法融入新曼哈顿法则而自我放逐于此的小偷、骗子、赌徒和卖淫者。他们聚居于康尼岛的西端，靠牟求游客的利益生存。

在《癫狂的纽约》中，库哈斯将最早盘踞于康尼岛上的这两类人比喻为"城市监狱的逃犯"。无论是试图远离城市喧嚣获得一丝喘息的富人，还是在日益严苛的社会规则外寻找生存机会的穷人，当时的康尼岛都成为他们的一个天然庇护所，抚慰城市化带来的巨大创伤。尚处于早期的康尼岛是各种对立的矛盾体：它所强调的自然主义和逃避主义，与曼哈顿正在进行的大规模城市改造形成对立；同时岛屿的东西两端亦呈现出两极分化的社会现实。

曼哈顿在城市化过程中向外急剧扩张，将包括康尼岛在内的周边陆地也纳入了城市版图中。1865年，铁轨延伸到了康尼岛中部，将半岛与大陆相连。1883年，布鲁克林大桥建成，一个由新运河、桥梁和公路组成的网状系统正在形成。天然屏障被彻底打破后，人群蜂拥来到康尼岛。对于逝去的"纯真"，这片昔日的世外桃源不得不找寻自己新的定位。

这一系列变化的重要意义在大约十年后陆续显现：人们惊异地发现，原本天然、宜人的休憩天堂已消失殆尽，一座比曼哈顿更加光怪陆离的平民游乐场诞生了。人造科技将高远、惊悚的城市体验进一步强化：廉价的硬纸板与耀眼的灯光营造出前所未有的感观刺激；巨人、侏儒、连体人、超级肥胖的女人、满身刺青的表演者齐聚一堂；"飓风号"云霄飞车等以进步时代交通工具为原型的游艺项目呼啸而过。在这个精心规划的消费空间内，唯一的目的便是"享乐"。它以其特有的空间规划和空间意象，创造出一个基于符码体系的场域，同时映射出阶级分野、审美品位及生活方式的区隔。

2 秩序空间 vs 狂欢空间

康尼岛乐园与1893年哥伦比亚世界博览会同为世纪之交最重要的旅游盛会，也是现代城市规划的实验田。它们的空间构成和主题营造是对工业城市的直接回应，却选择了两种截然不同的方式。

担任哥伦比亚博览会的首席建筑师丹尼尔·伯恩罕，召集了全国最具声望的建筑师和艺术家们。由于他们中的绝大多数都曾在巴黎国立美术学院接受过正统的学院派训练，他们很快就规划空间内的建筑语汇达成了共识。哥伦比亚博览会"白城"的核心布局，是位于东西两侧、线条整齐的帝国大厦。每一栋大楼都有着统一的高度、对称的轴线和特定的聚焦透视。它们的侧面是一个长达760m、边缘镶嵌精美石柱的水池。西面的远处耸立着理查德·莫里斯·亨特设计的行政大楼，金色的穹顶令人联想起佛罗伦萨大教堂和罗马的圣保罗大教堂。水面上伫立着丹尼尔·切斯特·法兰奇的巨大雕塑作品《共和》，雕像中的人物身披希腊长袍，高举一只栖于圆球上的雄鹰和一顶古罗马式的锥形自由帽。

在这里，新古典主义所传达的理性、规整、传统、比例、对称、宏伟得到了完美的体现。它不仅象征着美国精英阶层的审美倾向，更代表了一种文化理想。在阐释哥伦比亚博览会的空间规划时，伯恩罕与他的同伴们不止一次提及，"白城"的存在，旨在净化美国文化中粗鄙的物质主义，用秩序代替现代城市的失序和反常，提升市民阶层的品位和品格。它的物理空间表达了精英阶层对城市文化的强烈不满及重塑社会的改良主义愿景。

有趣的是，如果将哥伦比亚博览会比喻为一个传递秩序、庄严与敬畏感的礼拜堂，那么同时代的康尼岛则可以被看作是一个有违于日常准则的狂欢节。在这两个人造空间中，高雅艺术与粗俗娱乐、心灵的升华与感官的享乐形成了鲜明的对照。比起改良理想，康尼岛乐园的建造者们似乎对现金利益更为热衷。他们很快认识到一种"中产阶级"娱乐趋势的兴起——在保证"安全"的同时，大众迫切渴求感官的刺激和情绪的释放。彼时，在隔海相望的曼哈顿，商业娱乐正横扫美国的城市中产阶级，甚至渗透进了一天工作10小时以上、年收入尚不足600美元的蓝领工人家庭。

3 不夜城

在康尼岛的三个游乐场之中，月神公园无疑是最为"野心勃勃"的一个。1903年5月，它的开幕之夜吸引了四万五千多人。一名报道现场盛况的记者这样形容："在梦幻乐园的拱门外，人们停下脚步，揉着眼睛，在惊异中猛掐自己的脸。"月神公园的内部是一个由立柱、圆顶、尖塔、泻湖和高空飞行物组成的世界。它的创始人德雷德里克·汤普森曾经是一名建筑系学生，他比那个时代的任何商人都更深谙建筑对大众娱乐的重要性。他意识到几个势单力薄的游艺装置无法为游乐场带来成功，狂欢精神必须在一个完美的舞台布景前上演。

月神公园与哥伦比亚博览会的环境反差尤其剧烈。自始至终，汤普森选择运用繁琐的装饰和极具形式感的奇景，营造出一个充满象征主义、明亮轻快的节日空间。如果说月神公园邀请人们释放其中，那么哥伦比亚博览会的形式主义则传达着庄严、秩序、克己和规训，宣讲着维多利亚的美德。月神公园的建筑物庞大却不压抑，宏伟却不肃穆，古典主义的稳定与安宁被彻底打破。空间内的多种元素争相成为游客目光的焦点，不遗余力地散发着诱惑的气息，令游客难以冷眼旁观。

夜幕降临后，月神公园依旧如同白昼。在130万个灯泡的照耀下，游乐场内仿建的几处异国场景——威尼斯水景、15世纪的纽伦堡、庞贝古城运用霓虹灯等光电设备，营造出身临其境而又美轮美奂的效果，颠倒的日夜正符合游乐场的梦幻气质。这是一种前所未有的娱乐方式：如果说巴黎的埃菲尔铁塔和维克多·霍塔的建筑是机械、钢铁、玻璃、电子等"技术革新"为社会进步所用，那么月神公园内的游艺设施则在传递着技术为"享乐"所用的信号。

4 主题化的越轨

康尼岛的空间构成和游艺项目旨在将游客

从原有的社会标准中解放出来。在看似开放、无序的氛围下，环境工程师们巧妙地营造着狂欢空间，控制着每一个体验的环节，为商品和游艺裹上"恋物"的外衣，将游客转化为活跃的消费者。

康尼岛的游客们对他人的举止表现出坦率的好奇，陌生人之间可以自然地互相嬉闹，亲切攀谈。从当时遗留下的大量照片和明信片中可以看出，前来度假的人们肆无忌惮地舒展四肢，不时托举起身边的同伴，他们彼此手臂缠绕、举止夸张，在镜头前上演了一出出兴高采烈的表演。

在抵达度假地前，游客们首先乘上一艘名为"飞马座"的渡船上岸，再沿着冲浪大道的甲板路走向主题乐园。这个过程仿佛带领他们越过一个现实社会与幻想世界的分界线，进入了一个反转现存秩序和社会礼仪的独特场域。那些在城市中被视作不妥的交往和行为模式，在这里都是被允许和鼓励的。例如Dreamland游乐园中的一个著名游艺项目"Lilliputia世界"取自《格列佛游记》中的小人国。在这里一切法律都与社会现实反其道而为之。未婚生子、同性恋、离婚这些清教徒文化中的敏感话题，在这里具有了合法性。

游乐园中的许多游艺项目为亲密的肢体接触提供了可能。机械装置不时掀起女人的衣裙，露出她们的大腿和内衣，有时她们尖叫着被抛向男性同伴（如Steeplechase公园内最著名的游艺装置之一"人体漩涡"）。在"小埃及"或"开罗大街"上，衣着暴露的表演者们扭动着身体，传递着显而易见的异国想象和性暗示。这些游艺为正处于维多利亚晚期的纽约提供了一个能够暂时躲避沉闷保守的社会现实的乌托邦。

5 合成的现实

康尼岛乐园雄心勃勃地用新科技打造出另一种的现实。Dreamland游乐场内的"庞贝的陨落"（The Fall of Pompeii）用舞台布景、机械装置和灯光效果模拟出一系列灾难奇观：旧金山大地震、罗马和莫斯科大火及维苏威火山喷发。游客们需进入一个四壁刻有火山浮雕的古典希腊神庙内，观赏人造火山灰将庞贝古城模型瞬间湮没的景象。月神公园内一个名为"火与焰"（Fire and Flames）的游艺项目则将观众席安排在街道旁，街道的另一侧是一幢熊熊燃烧中的四层大楼。上百名演员扮演的消防员扑灭虚拟的火焰，解救出被困在楼顶、惊慌失措地跳向安全网的人们。

乐园中的灾难奇观强调了大都会繁荣外表下脆弱、惊悚的另一面。科技的迅猛发展引发了公众对机械事故和科技失控的高度敏感。然而经由人工合成的灾难奇观却象征着零风险的冒险体验。游客们的乐趣源于他们主动参与了一种与危险相像的互动中去。混乱和失控的体验虽来源于危机四伏的现代城市环境，却比现实来得更为激烈。在人身安全得到保证的前提下，恐惧由对身体的创伤转化为纯粹的感官刺激。

回望世纪之交的康尼岛乐园，我们不禁要问，在一个完全由人工搭建的环境中，欢乐是如何产生的？骑马、狩猎、体验地震、观看火灾、模拟登陆月球，高达几百米的过山车与摩天轮，几万盏灯饰灯火通明，它调动了一切视觉与感官的刺激，让科技、灾难、好奇、震慑、伤风败俗，一切都成为娱乐。

二战后，康尼岛逐渐死于大众媒体的兴起。原本需要长途跋涉去寻求的视觉与感官的刺激，如今已随着广播、电影和电视的普及而变得稀松平常。更重要也更为影响深远的是，我们所熟知的城市空间，也开始变得与游乐场无异。它们被各种符号、主题和拟象填满，令人目不暇接。城市中的主题消费空间，不像嘉年华那般受制于时间，也不像游乐场那样受制于

5. 前来度假的人们肆无忌惮地舒展四肢，兴高采烈
6. 巨人、侏儒、连体人、超级肥胖的女人、满身刺青的表演者齐聚一堂
7. 在"小埃及"或"开罗大街"上，表演者们传递着显而易见的异国想像
8. 海滨木板路上废弃的社区书店显得异常惨淡

空间。狂欢无时无刻不在上演，人们每天都生活在真实与虚幻之间，无须再去寻找一个迥异于现世的狂欢之岛。

6 拯救康尼岛

商铺的租赁合同即将到期了，这令康尼岛的私人摊主 Georgoulakos 颇感心神不宁，但他说这样的危机已经不是第一次了。1950年，一场火灾将他的牛奶铺完全烧毁，迫使他不得不在游乐场的另一端重整旗鼓。直到1970年，他才攒足了钱与好友 Gregory 一起，在木板路上开了 Paul & Gregory's 餐厅。然而2012年将会是木板路上绝大多数小店的最后一年，因为即便 Thor Equities 开发公司同意延长租赁合同，康尼岛的新一轮翻新将不可避免地带来地区的绅士化和更高的租金，这或许会榨干他们所有的利润。

就在2008年，岛上最后一座娱乐公园——太空星际乐园因合同到期而关闭。康尼岛外的纽约城区已经开始了大刀阔斧的改建。曾因遍布大小屠宰场而出名的纽约"肉库区"（Meat Packing District），摇身一变成为纽约顶级时尚街区，成了风格独特的时装店、饭店和画廊云集的旅游胜地。昔日水手、卖艺者与小偷聚集的曼哈顿下东区，现已聚集起最新潮的店铺，南街的海港贩卖着纽约随处可见的旅游纪念品，不但成功地吸引了游客，也带给纽约人陌生的视角。

街区的功能也随之发生了180°的翻转。在此处生活和经营的商户，已经从生活方式的根本构成上发生改变，在游客的目光中度量自身，成为一剂给消费者提供惊奇感、陌生化和怀旧情绪的兴奋剂。随着主题式的旧城区改造，原本的功能分区让位于消费力量。曼哈顿、布鲁克林、皇后、布朗克斯，整个纽约都在新一轮的改建之中创造公共活动空间，建造新的商业、文化和社区观光点，以吸引游客与投资。

辉煌不再的康尼岛游乐场也难逃相似的命运。2009年7月，纽约市长布隆伯格宣布，将投入25亿美元对位于布鲁克林区南部的康尼岛进行重建。游乐场的面积将被缩减至12英亩（约48 562m²），取而代之的是4 500套全新住房和800间酒店客房。沿冲浪大道的南侧，旧游乐场街区的心脏地带，将兴建4座30层楼高的酒店，拆除包括 Nathan's Famous 在内的一批历史建筑。

部分康尼岛的居民、工作人员和普通的纽约市民组成了抗议组织"拯救康尼岛"，他们显然不认为这是一个好主意。他们与布隆伯格改府就改造计划的细则展开了为期两年的谈判，并坚称高耸的酒店将成为一面巨大的墙，挡住游艺设施、木板路和大海；新规划中12英亩的游乐场面积实在太过狭窄，再也无法容纳原先的游艺和店铺，带回昔日的客流；这将永远打破康尼岛重新成为世界一流游乐场的梦想。"康尼岛不应成为一座主题公园"，"拯救康尼岛"的发言人胡安·里韦罗说："它不是六旗魔术山，也不是迪士尼世界。康尼岛乐园应该'呆'留它那诱人的古怪，那是纽约人的超现实。"

因历史原因，康尼岛聚集了大量低收入社区。2010年的人口普查统计结果表示，康尼岛所处的第13号社区范围内，45%的居民领取政府补贴金，而十年前，这个比例为30%。反对声认为，布隆伯格政府允诺的财政收益很难为这些人提供支持。相反，低收入家庭将可能因为生活成本的上升而被迫搬离。

自重建计划颁布后，康尼岛的旅游业反倒重获新生。游乐场已经很久没有像上一年夏天那么热闹了。对康尼岛心生怀念的各地游客蜂拥而至，前来度假的人次较之前增加了二十万，新增400多个工作岗位。市政府希望将康尼岛打造成一座终年无休的游乐场，拥有华丽内饰和恭敬服务生的高档餐馆。而现在，在游乐场的淡季，附近的常客们大都只是在 Ruby's 这样的小酒吧内叫上一份外卖，与老板 Michael 攀谈几句，或是坐在室外白色的塑料椅子上喝杯啤酒。从陈旧的自动点唱机中，偶尔传出一两首音质艰涩的老歌，似乎在提醒着人们夏季时餐馆里人声鼎沸的场景。

"事情总在向前发展，"Michael 说："我认为那并非坏事。只是这个小店里聚集着各种各样的人，这难得的多样性或许将随着高档用餐体验的到来而消失。"

（注：本文摘自《城市中国》2012年4月刊，总第52期）

1. 上海迪士尼乐园夜景

关欣,周静瑜 / 文　GUAN Xin, ZHOU Jingyu

从摸索、学习到突破性飞跃
中国主题乐园设计的发展回顾和未来趋势

BREAK-THROUGH & SOARING-OVERP

Retrospect and Future Trend of Chinese Theme Park Design

1 自我探索的摸索期

中国主题乐园建设起步较晚,最早的主题乐园设计可以追溯到20世纪80年代。1982年,上海发起本土第一个主题乐园的规划和设计,汇集上海戏剧界、舞美界、建筑界的艺术家、设计师及专家学者,共同筹划了"上海乐园"的建设。与此同时,改革开放最前沿的广东也开始引进和建设主题乐园。1983年5月,直接购买和引进二手游乐设备的广东"中山长江乐园"抢先开园。而"上海乐园"项目因高新科技产业发展的土地需要等原因,建设规模缩小,演变为"锦江乐园",并于1984年建成,次年2月开园。

南北两个主题乐园的建成在当时轰动全国,吸引了大批游客,并成功开启了中国主题乐园建设的第一次热潮。从此,一大批主题乐园作为崭新的旅游景点在我国沿海地区涌现。本土主题乐园的规划设计应运而生,开始了初期的设计摸索期。

主题乐园第一次在中国出现,之前没有实例可供借鉴。因此,当时的主题乐园多以欧美日本的建成项目为设计模仿对象。因为无法深入了解主题乐园的设计方法,设计师往往通过参观游览的方式一窥乐园表象。所以,乐园设计只能停留在外部的模仿上,或者直接照搬国外乐园的设计布局,进行稍许改动,基本原样建设。当然,也有小部分主题乐园开始自己摸索,尝试自己的设计实践,这类乐园基本是以观光为主的仿古乐园和缩微公园。由于当时我国主题乐园的整体水平低,缺乏各种经验,无法学到规划设计的核心技术和科学规律,导致主题乐园设计闭门造车、建设粗制滥造,既严重脱离主题乐园的规律,又脱离当地实际。在一阵新鲜过后,各种弊端开始显现,我国的主题乐园大量被淘汰,出现了闭园和破产的情况。

在世纪之交,本土主题乐园出现低潮。连首个开园的"中山长江乐园"也难逃关门的命运。然而,中国主题乐园的发展并没有停滞不前。

2 虚心求索的学习期

进入21世纪,在香港迪士尼乐园建设的带动和刺激下,主题乐园设计界勇于反思,进入认真的学习和探索阶段。首先,大量主题乐园设计被"请进来",聘请国外主题乐园设计师和设计公司开展合作,国内设计界也虚心求教,专心学习,逐步掌握了一些主题乐园设计的特点和方法。其次,我们设计师也大规模地走出去,通过各种渠道广泛收集资料和技术,结合本土特点精心研究和探索。同时,20世纪最后20年本土主题乐园规划和设计的经验和教训也为我们提供了最真实的一手知识积累。

3 迪士尼带来的突破性飞跃

2011年，迪士尼乐园的建设项目落户上海，为本土主题乐园设计带来了十分难得的学习机会。

通过与迪士尼乐园设计原创公司——华特迪士尼幻想工程（WDI）全面深入的合作，加上中外设计师的创新，本土主题乐园设计界第一次完整地认识了世界顶级主题乐园的设计流程，也了解了相关的设计方法、手段、技术及体系。毫无疑问，上海迪士尼乐园的建设是中国主题乐园设计历史上一个突破性的里程碑，是一次质的飞跃。

从20世纪初到2016年上海迪士尼乐园的开园，我国主题乐园设计界经过虚心学习、潜心专研、精心创新和细心总结，终于初见成效，初步掌握了主题乐园完整的设计体系。20年的模仿和15年的学习，使本土主题乐园的设计者领教了主题乐园设计的一流水准，同时也看到了国内外鱼龙混杂的设计乱象。可谓既享受了成功的快乐，也尝遍了失败的苦果。在未来的本土主题乐园设计领域，我们需要继续学习，并加强实践，通过不断的积累，创造出适合本土的主题乐园设计体系。

4 初见端倪的未来趋势

在上海迪士尼乐园的冲击下，我们可以预见中国本土主题乐园的设计会百花齐放、多姿多彩。但是，万变不离其宗，未来本土主题乐园设计的基本发展方向已初见端倪。

1) 创意优先、讲好故事

通过上海迪士尼乐园，我们学到的第一件事是创意优先。创意是乐园的源头，主题乐园一切的设计源于创意。没有创意就没有主题乐园。创意的呈现就是"讲故事"。通过讲故事，运用创新实现创意。为此，主题乐园设计需要经历一个关键的总体创意设计阶段。在此阶段，不仅是建筑师的工作，更主要的是娱乐创意（Creative Entertainment, CE）团队的参与。

由创意团队领衔，为乐园定出主题基调。然后创意、总体和运营团队三位一体，共同商议、探讨和研究，确定主题乐园的创意主题和故事线，选择合适的游乐方式、形式和设施，安排符合市场目标的乐园规模和发展周期，配置适当的服务和后勤运营配套，最后汇总成切实可行的总体设计方案。

乐园主题创意可以源于现成题材，也可以新创。迪士尼拥有大量的自主知识产权（IP），一般人可能以为迪士尼乐园中的主题故事均选自其已有的电影或动画题材，实际上也有先开发乐园的主题，成功后形成知识产权，再投向大荧幕，转向娱乐产业链的成功例子，比如《加勒比海盗》系列电影就是在"加勒比海盗"主题游乐园成功后制片上映的。鉴于中国绝大多数主题乐园缺乏现成的知识产权，因此自创或引进主题故事和题材将是较普遍的方式。

迪士尼乐园真正成功的是它的主题创意，以及由主题创意形成自主知识产权。这些知识产权，为娱乐产业链打下了基础。迪士尼做了几十年才有了今天迪士尼主题乐园成功的坚实基础。而本土主题乐园最缺乏的就是有故事的主题创意。

中国现在的很多主题乐园设计，往往仅有"主题"之名，而缺乏真正的创意和故事情节，成了"标题乐园"。另外，很多本土主题乐园设计把建筑概念设计混同为主题乐园创意设计，偏重单体项目的概念，而忽略乐园的整体故事线塑造，使得主题乐园缺乏深层次的创意发掘。主题创意的先天不足，也阻碍了娱乐产业链的发展和延伸。

因此，本土主题乐园设计必须从创意入手，积极开拓、创作、发展和积累自己的主题乐园题材，形成自己的自主知识产权，让其拥有真正的生命力。

2) 重视运营，服务至上

从上一个趋势特点中可以看出，主题乐园的运营专业至关重要。创意为乐园的源头，运营就是乐园的目标，运营专业在主题乐园拥有绝对的否决权。

本土主题乐园往往不重视运营，没有意识到运营对于主题乐园生存的重要性。总体设计不考虑运营，不考虑市场，乐园没有服务配套

和后勤配套。到了单体设计时，不得不"恶补"各种配套设施，把总体设计改得面目全非结果还是无法满足合理运营的要求，因而牺牲了服务质量。

主题乐园以让游客享受快乐为目标。游客至上，在设计上就是要从总体设计到装饰细部进行全盘考虑，在硬件和软件上为运营服务做好周密设计。只有全面细致地考虑到了日后的运营，才能体贴入微地服务好游客。除了游乐项目全面关注游客体验外，餐饮、购物和各种配套服务更要无微不至、无所不周。

重视运营、服务和后勤配套设计，将会全面提高本土主题乐园的游客体验和市场竞争能力，这是本土主题乐园设计急需补上的短板。

3）科学规划、理性设计

规划设计是连接创意和运营的中间过程，是实现创意的基础。主题乐园的特点是高容量的游客人数和密度、高风险的游乐活动，以及以假乱真的虚拟体验。风险系数奇高，一旦发生意外，救援困难，并极易导致多米诺式的连续灾难效应。人员和财产的巨大损失将使整个主题乐园万劫不复，很难有东山再起的希望。因此，科学地设计主题乐园是本土主题乐园最需要认真对待的问题。

过去，我国主题乐园多以"旅游景区/景点"的方式进行设计，没有现成规范可依，"拍脑袋"的设计居多。从乐园设计到建成开园，各种计算方法缺乏科学依据，数据模糊和混乱，无法为运营管理提供准确的信息，也形成了很多安全隐患。

主题乐园的设计复杂而独特。"复杂"是因为涉及专业专项众多、开园完成度要求高，有着似乎"永远建不完"的发展和调整空间。"独特"是因为在设计过程中有其他工程项目没有的特殊程序，如创意设计、总体设计、不断变化的动态发展设计和主题包装设计。认识到这些设计的复杂性和独特性，将对我们设计和建设成功的本土主题乐园有很大帮助。

本土乐园的设计应该以大型城市综合体的设计思维替代"景区/景点"的旅游项目设计思维，把主题乐园纳入城市建设体系，用科学的方法对待主题乐园设计，以安全为宗旨，以规范为依据，理性设计主题乐园，保证公众安全，保障有效运营。

4）建立体系、更新完善

以往，本土主题乐园设计缺乏完整的主题乐园设计体系，上海迪士尼乐园为我们带来了一个完整的学习机会，真正让我们明白了主题乐园设计的全过程，以及它的前期和后续的产业链延伸。通过上海迪士尼乐园项目的设计实践，我们看到了主题乐园设计的全球性制高点。本土主题乐园设计界应该借鉴和学习迪士尼经验，结合中国乐园的成功经验和失败教训，尽快建立起本土主题乐园的设计体系和规范体系，指导今后本土主题乐园的规划和设计，并在此基础上不断更新和完善，促进本土主题乐园的科学建设和发展。

5）跨界融合、创新突破

学习和探索最终是为了创新和突破，在主题乐园乃至文化娱乐上，创造自己的文化主题，讲出中国的故事，这是本土主题乐园设计的趋势特点，更是追求的最高目标。

参与设计和建设本土主题乐园的各方必须意识到，讲好创新故事不是只靠建筑师就可以一力完成的，而是要集各种文理专业人才共同创新的结果。本土主题乐园的创新不仅是立足于设计本身，更需要跨界，尤其是泛文化跨界的集思广益。主题乐园与电影、电视、动画、动漫、网络、游戏等各种文化艺术形式和现代媒体媒介的跨界互动，可以让主题乐园具有乐园内外故事相得益彰、使故事持续发展的魅力，吸引游客在主题乐园和其他媒体媒介场合主动地参与和体验。因此，本土主题乐园的设计应该跳出单纯的总体规划和建筑设计，向泛文化跨界的整体设计融合，全面创新主题乐园设计。

文化的生命力是无限的，作为文化的一部分，本土主题乐园就是依靠不断的突破和创新，维持无限的生命力。

2. 上海迪士尼乐园夜景

作者简介

关欣，男，华建集团上海建筑设计研究院第一建筑分院副总建筑师，国家一级注册建筑师，高级工程师，高级室内设计师

周静瑜，女，华建集团经营部主任，教授级高级工程师，工程硕士、英国皇家特许建造师、英国皇家特许测量师、商务部援外项目特聘专家，上海现代建筑设计集团国际公司董事总经理，美国威尔逊室内设计有限公司董事，上海艺卡迪投资发展有限公司董事总经理

迪士尼与中国主题公园产业的发展
DISNEY AND DEVELOPMENT OF CHINESE THEME PARK INDUSTRY

应博华 / 文　YING Bohua

随着2011年上海迪士尼主题公园的破土动工，中国主题公园市场在经过了近30年的发展后，又进入了第三个小高潮。在此期间，国际顶级主题公园集团默林娱乐、环球影城、六旗集团等相继宣布入驻中国；国内的华侨城集团、长隆集团、宋城集团、华强集团及万达集团等也加速了主题公园的全国化布局。随着上海迪士尼的开业，类似的国内外竞争也愈加激烈。同时，迪士尼及国外主题公园的发展经验也给我国主题公园以及主题公园产业的发展带来启示。本文在回顾我国主题公园产业的发展及迪士尼发展历程的基础上，揭示了迪士尼给中国主题公园产业发展带来的启示。

1 一路走来的中国主题公园产业

中国主题公园的起源可以追溯到20世纪80年代，在短短30年间，它的产业发展模式经历了三轮升级。从单一的主题公园发展到带动片区房产的开发，再到跨界联动文化媒体的发展，大致可以归纳为三个阶段六个时代。

1）主题公园发展的第一阶段：主题公园单一发展阶段

第一阶段称为主题公园单一发展阶段，经历了一个从起源到完善的发展过程。按照它的发展历程又可细分为模拟景园、微缩景观、游乐场和主题公园四个时代。

（1）模拟景园——主题公园1.0时代

截取文学名著或者历史长河的某一片断建设模拟景园，主要以传统园林、古建筑等静态景物作为观赏主体，以知识性、功能性或纪念性为主，设备技术含量较低。比如以红楼梦为模本兴建的上海大观园（1986年10月开放），以参照名画《清明上河图》设计的香港宋城（1979年，1997年因生意惨淡及其他原因结业拆除），抑或是以影视为基础建造的无锡影视城（1987年），都是这种模拟景园的典型代表。

（2）微缩景观——主题公园2.0时代

第二代主题公园是20世纪90年代发展起来的微缩景观，收集世界各国风景名胜为一园，以人造静景为主，代表作有锦绣中华（1989年）、中华民俗村（1991年）、世界之窗（1994年）。深圳"世界之窗"成为当时的佼佼者，位于深圳华侨城，占地48hm²分为八大景区，包括世界著名景观埃及金字塔、巴黎凯旋门、梵蒂冈圣彼得大教堂、印度泰姬陵等130个微缩景点，以1:1, 1:5, 1:15等不同比例仿建。

但是微缩景观本身的参与性较弱，难以维系自身发展。像是建于美国奥兰多的"锦绣中华"，与周边迪士尼等大型乐园竞争激烈，加上以"静景"为主的"观赏式公园"不能满足美国游客喜欢热闹、娱乐和参与的旅游口味，奥兰多锦绣中华于开业十年后倒闭。深圳世界之窗开始也是以静态景观为主，但是经过二十年的不断改造，逐渐增加参与性和娱乐性项目，比如冰雪世界、探险漂流等，增加国际啤酒节、流行音乐节等一系列秀场节庆，才使它保持长久不衰。

（3）游乐场——主题公园3.0时代

第三代表现为20世纪90年代后期兴盛起来的游乐场，以高科技为引导，集游戏、娱乐为一体的娱乐园。这些游乐场集中了室内外动感游乐设施，给游客带来惊险的刺激与感受，被形象地称为"尖叫公园"。一些游乐场还把自然景观和游乐节目融为一体，如上海的"锦江乐园"、苏州的"苏州乐园"（1997年）。这些游乐设施在开始阶段都有过一段辉煌，但大多数游乐场由于主题线索不明确、缺乏文化背景，容易形成同质化发展的趋势，因此都逐渐走向了衰败。

（4）主题公园——主题公园4.0时代

第四代主题公园是在游乐场的基础上，通过将故事（Story）植入文化，打造特定的场景，再现完美的主题文化，把娱乐与文化结合在一起，形成了我国真正意义上的现代主题公园。成功代表有深圳"欢乐谷"（1998年）、常州"中华恐龙园"（2000年）和芜湖"方特欢乐世界"（2008年）等。以深圳"欢乐谷"为例，占地35万m²分为九大片区，1998年开业以来经过五期的滚动发展，已成为国内投资规模最大、设施最先进的现代主题乐园之一。同时深圳欢乐谷的建设和发展也带动了我国主题公园的建设，一时间全国出现了众多的主题公园，但过于快速的建设、缺乏对主题的细节考虑，同时各种技术淘汰得十分快，这些都给持续经营带来困扰，这个时代的主题公园普遍呈现出"一年兴、二年盛、三年衰、四年败"的短生命周期特征。

2）主题公园发展的第二阶段：以主题公园为引擎带动片区的发展

前述的第四代主题公园形成了我国真正意义上的现代主题公园，同时还推动了我国主题公园的建设进入了第二个小高潮。当时恰逢整个国民经济水平快速发展，城镇化的快速建设需求和旅游休闲产业发展的需求，促进了我国主题公园产业独特模式的形成和发展，即主题公园发展第二阶段—以主题公园为引擎带动片区的发展，又称为第五代主题公园片区模式。这里面又可分为三种类型：主题社区（地产）、主题度假区、主题文旅城。

（1）主题公园片区模式——主题公园5.1

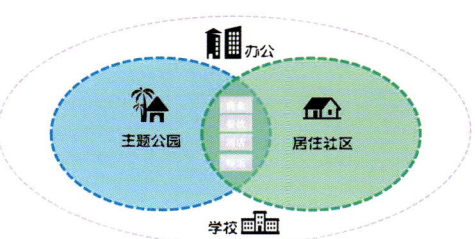

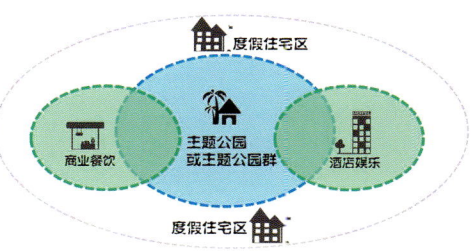

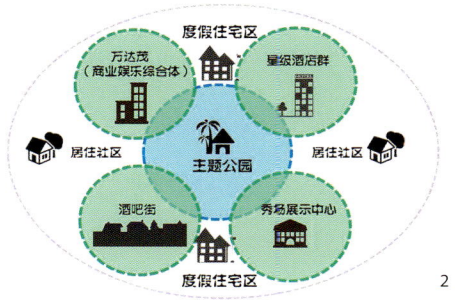

1. 美国迪士尼乐园
2. 主题公园5.1时代——主题社区，主题公园5.2时代——主题度假区 / 主题公园5.3时代——主题文旅城

时代（主题社区）

主题公园5.1时代即主题社区是以主题公园为核心引擎，带动周边的居住建设，并以商业、餐饮、办公、文化娱乐、学校等配套设施形成一个综合大社区。典型代表有深圳"华侨城"，自1989年的"锦绣中华"以来，先后建设了"中华民俗村"（1991年）、"世界之窗"（1994年）和"欢乐谷"（1998年），在打造四个主题公园的同时，在周边也形成了一个大社区，一个集居住、商业、办公和文化娱乐为一体的4.8km²的综合社区。此后"华侨城"又将以"欢乐谷"为核心的三题社区模式推向北京（2006年）、成都（2009年）、上海（2009年）、武汉（2012年）、天津（2013年）、重庆（预计2017年）、福州（2016年）等，"欢乐谷"也成为我国第一个连锁主题公园品牌。

（2）主题公园片区模式——主题公园5.2时代（主题度假区）

2000年以来，随着国民收入的提高，人们对旅游的需求也从观光到休闲，再到度假，迅速地经历了三轮连续的升级。第五代主题公园片区的发展模式也借此契机进入了主题公园5.2时代，即主题度假区模式，与迪士尼从主题公园到主题度假区的发展一脉相承。主题度假区是以主题公园为核心，配套酒店、商业娱乐、休闲运动等休闲娱乐设施，提供多方位的

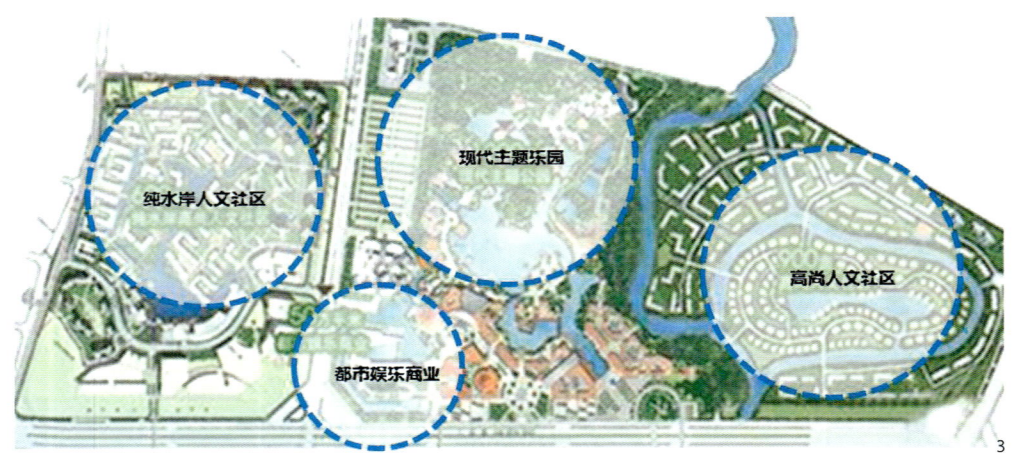

3. 成都欢乐谷和主题社区分析图
4. 东部华侨城休闲旅游度假区功能配备分析图

度假体验,具有非常高的综合性。最典型的例子就是"深圳东部华侨城"(2007年开园),占地近9km²,以"让都市人回归自然"为宗旨,是国内首个集休闲度假、观光旅游、户外运动、科普教育、生态探险等主题于一体的大型综合性国家生态旅游示范区。主要有三大片区:"大峡谷"以大型参与性互动性游乐设施为主,"云海谷"以户外休闲运动、佛教旅游观光为主,"茶溪谷"以休闲度假为主,三大片区之间有娱乐化的交通设施相连,并配套有三个特色旅游小镇、九个度假酒店和相应的度假居住区。

(3)主题公园片区模式——主题公园5.3时代(主题文旅城)

随着2011年上海迪士尼主题公园的破土动工,中国主题公园市场又进入了第三个小高潮。商业地产巨头万达集团也积极踏足主题公园建设,深耕"文化旅游"领域。在城市商业综合体"万达广场"基础上,融入主题公园5.1时代的主题社区和5.2时代的主题度假区,形成集室内外主题公园、度假酒店群、大型秀场、商业娱乐综合体和居住区等为一体的"万达文化旅游城",即主题公园5.3时代的主题文旅城,并计划到2020年在全国范围内建设10个万达文旅城。

万达文旅城的标配项目包括主题公园、万达茂(商业娱乐综合体)、星级酒店群、秀场、酒吧街、展示中心、住宅区等。其中万达茂是万达城的主体建筑,除了传统的商业综合体功能之外,增加了休闲娱乐等多种业态。以合肥万达文旅城为例,万达茂内汇集了互动电影乐园、室内恒温水世界、室内步行街、娱乐城及商业中心等多项室内项目,避免气候影响。

从以上的实例可以看出,中国主题公园的发展经已经历了三次建设高潮,二个发展模式阶段和五个时代。那么迪士尼经历了怎样的发展呢?

2 迪士尼的发展

1)卡通明星和文化品牌的确立

自1923年成立以来,迪士尼先后推出了"米老鼠系列"第一集《疯狂的飞机》(1928年)《米老鼠与唐老鸭》(1934年)《白雪公主和七个小矮人》(1937年)《木偶奇遇记》(1940年)、《灰姑娘》(1950年)《艾丽斯漫游仙境》(1951年)等。在建立了自己卡通明星和品牌文化的基础上,1955年世界上第一个迪士尼乐园在洛杉矶建立。

2)加州迪士尼主题公园的建立

迄今为止的60年内,迪士尼在全球建立了6座迪士尼乐园及主题度假区:洛杉矶、奥兰多、东京、巴黎、香港和上海。1955年成立的加州迪士尼由2个主题乐园、3个酒店和1个迪士尼市中心组成,占地面积仅1.74km²,2个乐园区占有绝对的用地规模,配套的酒店和商业所占比例较少,成为主题公园的先驱。

3)奥兰多主题公园度假区的集群发展

美国第二个迪士尼公园于1971年在奥兰多开幕,并实现了由"主题公园"向"主题度假区"的升级。奥兰多主题公园度假区在开业后的40多年里不断扩大建设面积,至2013年,它的总面积约为170km²。它包含迪士尼度假区内的4个风格迥异的大型主题公园、2个水上乐园、1个迪士尼购物中心、23个主题酒店和数不胜数的餐厅、酒吧、高尔夫等娱乐休闲设施;同时度假区内贯穿有迪士尼轻轨,"小火车"、游船和区间车的交通设施。除迪士尼之外奥兰多主题公园度假区还建有环球影城、冒险岛、海洋世界等合计七大主要大型主题公园,成为世界上最大规模的主题度假区。据2014年全球主题公园报告,在全球排名前25位的主题公园中,奥兰多的7大主题公园全部入选;在年客流量过千万的8个主题公园中,奥兰多的四大迪士尼主题公园也全部位列其中,特别是"神奇王国"主题公园始终处于榜首,2014年的年客流量接近二千万。由此可见奥兰多主题公园度假区的集群性效果相当明显。

从最初的"米老鼠"荧幕形象,到迪士尼主题公园,再到迪士尼主题度假区,到奥兰多主题度假区的集群发展,可见迪士尼主题公园发展的主线及主题公园度假区集群性的发展趋势。

4)迪士尼主题公园与品牌文化

迪士尼从90年前的一只老鼠,发展到今天拥有了数以百计的卡通明星,形成消费产品、乐园与主题度假区、网络媒体、影视娱乐四大支撑产品。从宏观上讲,它长久的生命力正是源于对文化资产的珍视和培养,把品牌文化作为主题度假区的动力源泉。从2011年迪士尼公司的收入中可以看出,电视频道占迪士尼公司总收入的65.1%,电影占6.5%,而乐园及主题度假区仅占17.5%。正是扎根在文化的沃土上,迪士尼才成为有别于其他主题度假区的耀眼之星,这也是国内主题公园难以望其项背的根本原因。

3 迪士尼给中国主题公园产业发展的启示

迪士尼从洛杉矶到上海,在60年的时间里仅打造了六座主题公园(及度假区),"华侨城"用20年时间打造八座欢乐谷,万达集团更是计划在短短十年内打造十座万达文旅城。但是,迪士尼却凭着这六座主题度假区闻名世界,收获颇丰。我国主题公园及度假区众多,却未有凭借自己的品牌及影响力走出国门面向世界的。

可见，仅仅拥有中国式的速度和数量是不够的，我们还需要中国自己的文化品牌、自主的IP。从迪士尼的发展可以看出，文化品牌是主题公园发展的灵魂。在今后我国主题度假产业的发展中，品牌文化的建立是至关重要的。

1）主题公园发展的第三阶段：主题公园的跨界发展

从前述迪士尼发展的启示可以看到，我国主题公园发展的第三阶段一是向集群化方向、二是发展与网络媒体、影视娱乐相结合的自主的文化品牌，这里通称为主题公园的跨界发展，也称之为第六代主题公园。而且这几年来迪士尼、环球影城及六旗等国际大牌相继宣布进入中国市场，对中国主题公园的发展起着推动作用，集群化方向和自主文化品牌的建设已经开始萌芽。

（1）主题公园跨界模式——主题公园6.1时代（主题公园集群化）

正如奥兰多主题公园的集群化，常州聚集了"中华恐龙园"（2000年）"淹城春秋乐园"（2010年）"环球动漫嬉戏谷"（2011年）等，在广州番禺区，长隆集团集聚了"香江野生动物世界"（1999年）"长隆夜间动物世界"（2000年）"长隆欢乐世界"（2006年）"长隆水上世界"（2007年）及"广州鳄鱼公园"（2004年）"长隆国际大马戏"（2000年）等主题公园。但是中国特色的集群化正在突破奥兰多模式，试图联动多城市间的主题公园形成跨城市的发展，有向全国五大地区，即长三角地区、珠三角地区、京津冀地区、中部地区（武汉）和西南地区（成都）聚集发展的趋势。以长三角地区为例，集聚有上海迪士尼、海昌临港极地海洋世界、上海临港冰雪世界、上海欢乐谷、南京欢乐谷、无锡万达文旅城、苏州乐园、南通航母主题公园、浙江海盐的六旗主题公园，及上述的常州主题公园群等。

（2）主题公园跨界模式——主题公园6.2时代（主题公园媒体化）

拥有自己的文化品牌、自主的IP，并延伸到主题公园、网络媒体和影视娱乐等使之联动，产生更大的经济效益，是迪士尼整个产业链经久不衰的法宝。

时下，中国的主题公园已经认识到自主的IP和媒体化的重要性，各大集团都在尝试着突破和发展。常州中华恐龙园与电视、电影等媒体合作，成功打造自己的卡通动漫品牌明星"恐龙宝贝"，以及衍生商品的开发——在主题公园形象大使、网游、手机动漫等多个领域推广发展；长隆与电视合作推出了《中国好声音》《爸爸去哪儿》《奇妙的朋友》和《奔跑吧，兄弟》等极大地提升了长隆的品牌影响力。但是这种与媒体合作互动的发展模式，要形成与拥有自己媒体产业的迪士尼抗衡还有相当大的距离。

近年来万达集团在进军文化旅游产业和体育产业上的表现相当出色，在推出全国十大"万达文化旅游城"的同时，先后收购了美国第二大院线AMC、澳洲第二大院线HOYTS、美国传奇影业、瑞士盈方体育传媒集团及投资入股马德里足球俱乐部，在文化和体育两个方面双管齐下；又积极向海外扩张，先后宣布投资巴黎娱乐休闲项目欧洲城（EuropaCity）和印度万达产业新城（含万达文旅城），大有后来居上赶超迪士尼趋势。我们期待万达能开创出中国特色的自主IP，开创出自己独特的文化体育品牌，投入到主题公园、网络媒体和影视娱乐等领域，推动中国主题公园产业向更深层次发展。

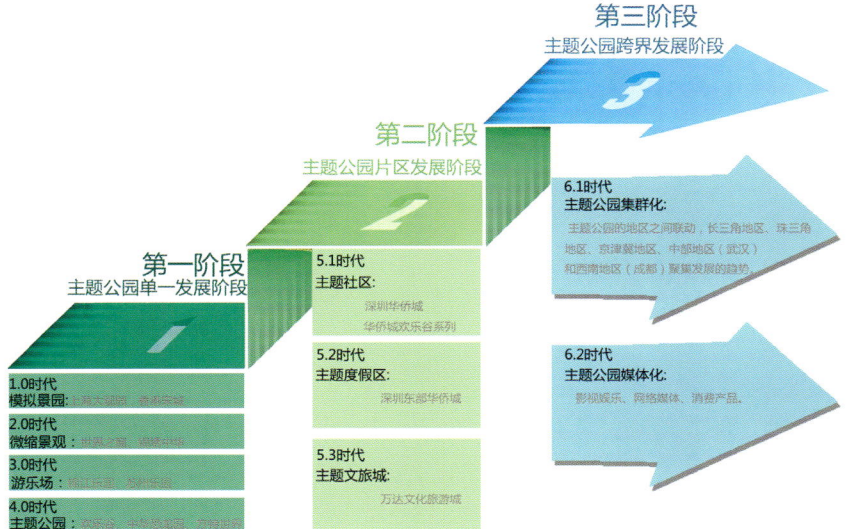

5. 合肥万达文旅城功能配备分析图
6. 模式发展阶段图

作者简介

应博华，男，华建集团建筑装饰环境设计研究院副总经理、公司园林景观院院长兼总工程师、日本北海道大学建筑学硕士、加拿大注册景观建筑师、中国风景园林学会风景园林规划设计分会理事

"迪士尼化"在传播

药乃奇 / 文　YAO Naiqi

（根据艾伦·布里曼《迪士尼风暴》一书整理）

'DISNEYIZATION' IS SPREADING

作者简介

药乃奇，男，同济大学建筑与城市规划学院，硕士研究生

书名：《社会的迪士尼化》
作者：艾伦·布里曼
出版社：Sage Publication Ltd.
出版时间：2004年6月
售价：62美元（软皮版）

The Disneyization of Society
Author: Alan Bryman
Publication House: Sage Publications Ltd.
Jun. 2004
62USD paperback

本书作者艾伦布里曼，英国社会学家，拉夫堡大学（University of Loughborough）社会调查学教授，世界知名的迪士尼主题公园和迪士尼化的研究家。这是一本独树一帜的商业研究著作，开创了商业文化研究的典范。布里曼精练准确地总结了以迪士尼主题公园为代表的商业模式的特征和原理，并给出了一种切实可行、卓有成效的商业思维。

Alan Bryman, British sociologist, Professor of Organizational and Social Research, University of Loughborough, UK. He is a world famous researcher of Disney theme parks and Disneyization. This is a unique business research work, creating a model for business cultural studies. Bryman summed up the characteristics and principles of the business model represented by Disney theme parks, and gave a practical and effective business thinking.

在越来越标准化的当代世界里，迪士尼主题公园展现出了强有力的差异性和多样性。它的原理正不断向世界各地越来越多的领域传播和渗透，即迪士尼化。迪士尼化是一种鼓励多样性和差异性的系统景象，是一种强调区别的商品和服务提供机制。迪士尼化是一个系统，它有四个标志性特征：主题化、混合消费、商品化和表演性劳动。同时，控制和监督保证了上述四个方面得以充分发挥作用。

In the contemporary standardizing world, the Disney theme parks showed powerful difference and diversity. The principles of the Disney theme parks are widely spreading and coming to dominate more and more sectors. This is called Disneyization. Disneyization is a systemscape that encourages variety and differentiation. It is a mechanism for delivering goods and services that emphasizes distinguishing the delivery of services and goods from other providers. Disneyization is a system with four emblematic dimensions: theming, hybrid of consumption, merchandising, and performative labour. Meanwhile, control and surveillance help Disneyization to be realized.

1 迪士尼化

当今全球化趋势的背后有多种推动力量。在社会各个领域特别是商业领域中，有两种被广泛传播并大量模仿的模式：一种以麦当劳餐厅为代表，以同质性、高度可复制性、标准化和流水线为特征，称为麦当劳化；另一种则以迪士尼主题公园为代表，用激动人心的体验取代同质性消费体验的枯燥无味，称为迪士尼化。相比而言，麦当劳化产生相似性，而迪士尼化创造多样性。

迪士尼化有四个标志性特征：

（1）主题化：整个公园及园内的不同区域都有特定主题；

（2）混合消费：多种不同消费方式的结合；

（3）商品化：利用迪士尼品牌和著名卡通形象等优势出售各种各样的商品；

（4）表演性劳动：职员的工作文化独具特色，有浓重的表演色彩。

迪士尼化这一概念并非由迪士尼公司首创，迪士尼公园在规划时就利用了已经存在的趋势和特征。反之，公园本身也被许多人模仿，其鲜明的形象、显赫的地位和受欢迎程度使它为迪士尼化的传播做出巨大贡献。迪士尼化的原理已经成为一种社会现象，正不断向世界各个地区的各个领域渗透，影响着越来越多的组织和行为。

2 主题化

迪士尼化最明显的一个特征是主题化。主题化指的是用特定主题包装一个对象，借此赋予它某种有吸引力的特殊意义和氛围。诸如地点、时间、体育、音乐、电影、时尚、商品、建筑、自然世界、文学、道德和哲学，甚至公司和标志自身都能成为主题。这些主题来源为主题化提供了丰富的理念库。

迪士尼主题公园的主题化表现在几个不同层次。首先，每个主题公园本身就是主题化的，有一种涵盖一切的表达上的统一性。其次，每一个迪士尼主题公园都被分成不同"地域"，各地域都有主题，都有它们自身的主题一致性和完整性，并通过建筑、装饰、布景、演职员服饰、声音、食物和商品等表现出来。第三个层次的主题化是迪士尼公司本身，迪士尼可以利用它在提供魔幻体验上的声誉以及它创造并推广到全球的许多著名角色。迪士尼乐园的主题化让各种不同的游乐项目和节目以及它们所处的地点拥有了一种统一性，并以主题化作为项目和节目的设计重点。由此，迪士尼乐园与传统游乐园区别开了。

迪士尼主题公园是将主题化的意义和可能性变为现实的一个鲜明代表，并且无疑已经影响到了其他人的主题化应用，在主题化的传播中起到了巨大作用。主题化已经渗透到许多领域中，诸如游乐园、餐厅、酒店、商场、传统购物、地区、城镇、博物馆等机构或组织都受到主题化的启发。

3 混合消费

混合消费，就是指不同的消费形式混合在同一个消费场合中。混合消费有两条基本原理：第一是目的地原理，几种不同的消费形式结合在同一个地方可以创造一种目的地。它超出了各个部分的总和，使混合消费场所变成了与度假目的地类似的地方，从而吸引额外的人到来；第二个是"多留一会儿"原理。一个场所能满足的需求越多，人们在这里逗留的时间就越长，花的钱也就越多。

迪士尼的创新在于它是一种为了把消费地点变成人们愿意多留一会儿的目的地而将不同消费形式捆绑在一起的系统化方式。迪士尼主题公园的混合消费已经发展到了很高的水平。一个主题公园不光是供人游玩的地方，还结合了购物、餐饮、娱乐和住宿等消费形式，而且进行一种消费的顾客有时候必然会碰到另一种消费机会。迪士尼主题公园里遍布各式各样商店和餐厅，它们的主题和地点都与游乐完美融合。在许多游乐点，游客们只有穿过一家出售相关商品的商店才能退出，游客"稀里糊涂"买东西的时候，还以为自己仍在玩。迪士尼主题公园的策略是让游客们想要离开它的理由尽可能地少，它已经变成了一个娱乐中心，那里的购物、饮食、住宿和游园不可分割地交织在一起。

迪士尼主题公园是混合消费的一个现代典范，并帮助混合消费扩展到其他许多领域。拉斯维加斯的赌场、其他主题公园、商场、酒店、体育场、动物园、博物馆、机场候机楼、游船等场所也各有丰富多彩的混合消费方式，不同消费形式之间的界限已经让人难以觉察。

4 商品化

"商品化"是指销售以专利权形象和标识为形式的产品或带有这些形象和标识的产品，其基本原理是从一种已经受人欢迎的形象上获取更多收益。

商品化可能是迪士尼化最有趣的一个方面，它的方式多种多样，与消费者日常生活联系十分紧密。迪士尼主题公园有两种商品化：一是出售迪士尼公司的各种商品。从铅笔到衣服，从书籍到糖果，从手表到毛绒玩具，商品销售已经成为公园利润的主要来源；二是出售与公园本身有关的商品，如印有公园名字的T恤衫。这些商品大多是与公园和它们的"地域"直接相关，非常多的商品在公园外是无法买到的。迪士尼主题公园已经成为商品化的主要载体，它想让游客购物的可能性最大化，让购物的理由尽可能地多。迪士尼动画片与其商品销售的互动关系是商品化的典型例证。由于对动画片质量的执着追求导致成本高昂，在米老鼠诞生后的许多年里，迪士尼并未从卡通片中获得太多收益，其利润的主要来源就是商品销售。

在今天的商业世界中，商品化已经是一种无孔不入的普遍现象。除迪士尼之外，电影、电视连续剧、主题公园、主题化餐厅、酒店、麦当劳、动物园和竞技体育等都是重要的商品化领域。值得一提的是，商品化并不是必然成功的，这个领域中的失败案例也比比皆是。

5 表演性劳动

表演性劳动可能是迪士尼化四个层面中最微妙也最不易觉察的一个。它指的是管理者和雇员将工作变成了一种表演，将工作场变成了一个表演舞台，工作中通过适当的肢体动作、表情和语言等信息向顾客传达一种积极的情感。表演性劳动提供了一种差异化，在商品和服务内容没有本质区别的情况下，是否能以一种令人愉快的方式提供商品和服务就成了决定竞争力的关键因素。

在迪士尼之前，表演性劳动也有先例，但迪士尼主题公园使得表演性劳动更受重视了，并使情感表达成为正式规范。永远面带微笑、不知疲倦的迪士尼主题公园职员已经成了现代文化中的一种典型形象，他们的行为举止，再加上独具特色的迪士尼语言，会让人感觉到他们也在娱乐而不是在从事真正的工作。迪士尼已经形成了一种表演性工作文化，公园雇员要接受全面而又严格的情感劳动培训，迪士尼甚至创建了一个专事培训的迪士尼大学。对迪士尼来说，培养这样的行为、姿态和印象或者说表演性劳动是它"为所有地方、所有年龄段的人创造快乐"这一主题的重要组成部分。

将工作看成一种戏剧表演性的劳动是一种日渐强烈的趋势，在诸如航空乘务员、商店职员、餐厅、酒店、呼叫中心、动物园等组织中，表演性劳动的重要性日益受到重视。迪士尼公司在这方面施加了相当大的影响，除了迪士尼主题公园的示范效应，迪士尼为非迪士尼管理人员开办的培训课程也对迪士尼化在其他行业中的进一步普及起到了作用。许多管理教科书中都收录了迪士尼主题公园的这些成功因素。

6 控制和监督

除了以上四个标志特征外，迪士尼化还有两个条件特征，即控制与监督。它们在现实中往往融合在一起，共同保证了上述四个方面得以充分发挥作用。

（1）控制游客的行为。迪士尼从游客进入公园那一刻就开始施加的高度控制制造了一种被动感或适应感，这让游客变得更易管理，更不易破坏公园的秩序。

（2）控制游客的体验。迪士尼主题公园中可供选择的路线往往不多，精心设计的布局可以将游客引向特定的方向。同时，游乐点本身也受到高度控制，每个人所看到的东西几乎都和其他人一样，因此在游乐点的体验也被控制并标准化了。

（3）控制游客的想象力。迪士尼主题公园并不鼓励游客运用他们的想象力，而是让他们变成沉醉于迪士尼的想象中的旁观者。这种控制通过不断强调某个单一主题和设计游乐点的固定程序得以实现。

（4）控制主题。在某些游乐点，控制本身就是一个主题。

（5）控制雇员的行为。迪士尼通过招聘、培训、规章制度、标准剧本和技术手段来控制雇员行为，同时，监督在这一过程中也起到了重要作用。

（6）控制周边环境。迪士尼主题公园不仅能够控制自己掌握的土地，还能够凭借公司强大的实力控制公园的周边环境，使外部世界对园内游客的视觉入侵最小化。

（7）控制自身命运。迪士尼拥有足够让他们获得相关机构支持的谈判优势，以此来获得法律支持和政策优惠，从而掌控自身命运。

在迪士尼主题公园以外，更广泛意义上的"迪士尼化"也伴随着类似的控制和监督方法。如商场、博物馆、餐厅等消费场所的环境设计、主题设计和商品化设计都有控制客人消费行为的效果，新都市主义城镇为了塑造风格而严格控制环境和住宅样式。控制消费者是为了让他们的消费倾向最大化。监督消费者可以防止扒窃等非法行为，杜绝流浪汉等不良因素渗入，为消费者创造安全感。监督工作者是为了保证他们遵守工作规范，是对培训、规章制度和组织文化的一种补充。控制和监督作为条件要素，促进了迪士尼化的实现。

迪士尼公司是迪士尼化最好的代表和象征，无数机构和组织将迪士尼主题公园奉作典范并模仿它。迪士尼化已经成了一面有用的棱镜，透过它，我们可以看到当代社会科学所关心的许多问题。从本质上说，迪士尼化是一种旨在提高消费者消费倾向的商品和服务提供模式，是一种系统，是一种全球化力量。

但它不是创造同质性和标准化，而是鼓励多样性和差异化。迪士尼化的传播并不是要原封不动地移植到其他国家，它的模式可以根据地方条件、传统和实验效果加以适应性修改。无论如何，当今世界经济和文化相互影响和渗透越来越明显。作为一种结合了文化处理方式和经济动机的进程，迪士尼化是这一趋势的见证者和参与者。

1. 芝加哥 ESPN 地带餐厅中的商店
1. The Merchandise Shop at ESPN Zone in Chicago

Disneyization

'Disneyization' is a concept about consumption. It is meant to draw attention to the spread of principles exemplified by the Disney theme parks. Disneyization seeks to create variety and difference while the whole world is becoming more and more similar. It exchanges the mundane blandness of homogenized consumption experiences with frequently spectacular experiences.

Disneyization has four emblematic dimensions:
• theming – clothing institutions or objects in a narrative that is largely unrelated to the institution or object to which it is applied;
• hybrid consumption – a general trend whereby the forms of consumption associated with different institutional spheres become interlocked with each other and increasingly difficult to distinguish;
• merchandising – the promotion and sale of goods in the form of or bearing copyright images and/or logos, including such products made under licence;
• performative labour – the growing tendency for frontline service work to be viewed as a performance, especially one in which the deliberate display of a certain mood is seen as part of the labour involved in service work.

Theming

Theming is probably the most obvious dimension of Disneyization. It consists of the application of a narrative to institutions or locations. By helping to differentiate one service or context from another, theming offers consumer the opportunity to be entertained and to enjoy novel experiences.

Theming in the Disney theme parks operates at several levels. First, each theme park is itself themed in the sense of having an overarching narrative unity. Second, each Disney theme park is divided into 'lands' which are themed and have their own thematic coherence and integrity.

The third one is the Disney Company itself. Disney can call upon and deploy its reputation for providing magical experiences and the well-known stable of characters it has created and popularized throughout the globe.

The Disney theme parks are emblems of the process of theming. Increasingly, theming has been used as a means of differentiating service providers as diverse as restaurants, malls, shops, zoos, and holiday destinations.

Hybrid of consumption

The goal of hybrid consumption sites is to give people as many reasons as possible for staying at the sites. Essentially, the more consumption items that are fused, the longer people will stay in the venue to which they have been attracted in the first place.

Hybrid consumption is not new: what is new is the systematic way in which different forms of consumption are being tied together with the goal of turning places into destinations where visitors will stay longer. That is what Disney theme parks do. We see in the Disney parks a tendency for shopping, eating, hotel accommodation and theme park visiting to become inextricably interwoven. Essentially, the strategy is one of seeking to give guests as few reasons as possible for wanting or needing to leave Disney property.

Hybrid consumption has been widely disseminated and accepted. It offers commerce and planners ways of differentiating and of creating a sense of place.

Merchandising

Merchandising is a form of franchising, in the sense that it is a mechanism for leveraging additional uses and value out of existing well-known images.

Merchandising is a realm in which Disney have been preeminent. The Disney theme parks have two points of significance in relation to merchandising as a component of Disneyization. First, and most obviously, they are contexts for selling the vast array of Disney merchandise that has accumulated over the years. Sales from merchandise are a major contributor to profits from the parks. Second, they provide their own merchandise.

Merchandising is closely bound up with hybrid consumption, because in many hybrid consumption environments, such as theme parks and themed restaurants, licensed merchandise is one of the major items for sale. It is a hugely profitable area if the participants get their calculations right.

Performative labour

'Performative labour' means the employee becomes like an actor on a stage.

Performative labour is in many ways exemplified by the Disney theme parks. The friendliness and helpfulness of Disney theme park employees are renowned and is one of the things that visitors often comment on as something that they liked. The ever-smiling Disney theme park employee has become a stereotype of modern culture. Their demeanour coupled with the distinctive Disney language is designed, among other things, to convey the impression that the employees are having fun too and therefore not engaging in real work.

One of the main moving forces behind this diffusion of performative labour is the growing recognition of the need to deliver a quality service and that frontline service staff are key to this requirement. Good, memorable service thus becomes a means of distinguishing one service from another.

Control and surveillance

In addition to these four dimensions mentioned above, Disneyization have two enabling features, which are control and surveillance. They permit Disneyization in the form of the four dimensions outlined to operate to its full capacity.

The control and surveillance in the Disney theme parks include 7 aspects at least:
• Control over visitors' behavior
• Control of the theme park experience
• Control over the imagination
• Control as a motif
• Control over the behaviour of employees
• Control over the immediate environment
• Control over its destiny

Disneyization needs control and surveillance to operate effectively. Control is crucial to consumption because prospective consumers have to be placed in positions that are likely to maximize their inclination to consume. Surveillance of consumer is designed to ensure that consumers feel safe and that undesirable elements are kept out as far as possible. Service workers too are frequently subject to surveillance to ensure that they conform to the customer service norms that are so important to service sector firms.

2. 庆典镇的迪士尼商店
2. Merchandising Celebration

参考文献：[1] Alan Bryman（著），乔江慧（译）. 迪士尼风暴 [M]. 北京：中信出版社，2006

中国主题公园"新时代"
一场流行化的娱乐热潮

王洁，姚雪婵 / 文　　WANG Jie，YAO Xuechan

'NEW ERA' OF CHINESE THEME PARK

A Popularized Trend of Entertainment/WANG Jie YAO Xuechan

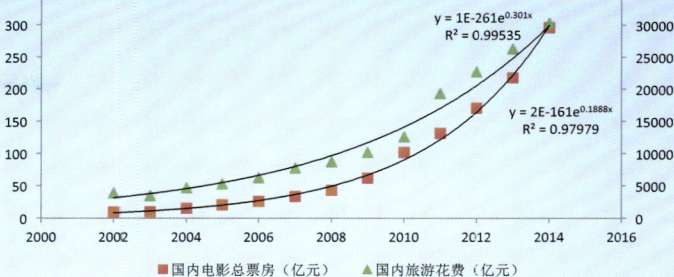

娱乐，是人们获得愉悦心情的过程。中国的80后、90后是兼具娱乐精神和娱乐消费能力的消费者，他们掀起了一股"全民娱乐"的热潮，并将把这种影响力持续扩大。在这场热潮中，中国式主题公园也用差异化的手法诠释着娱乐精神，迎来了一轮转型和大发展，华侨城、宋城、长隆等国内品牌取得了令人瞩目的成就，在国内和国际主题娱乐舞台上熠熠生辉。深入理解中国式主题公园，我们看到的不仅仅是娱乐时代的崛起，更是打造中国式娱乐的灵感与创意。

1. 上海迪士尼乐园探险岛巡游
2. 中国 2002~2014 年电影票房收入、旅游消费走势图（数据来源：根据 2002-2014 中国统计年鉴、国家广电总局全国电影票房统计等公开资料整理）

表1　　2016—2020年中国拟开业的世界知名主题公园不完全名单

拟开张主题公园	主题娱乐品牌	选址	项目投资	开业时间	项目性质
上海乐高探索中心	默林娱乐集团	上海	约20亿元	2016春季	引进项目
上海迪士尼国际度假区	迪士尼娱乐集团	上海	330亿元	2016年6月	引进项目
北京环球影城	环球影城娱乐集团	北京	逾1 000亿元	2020	引进项目
山水六旗国际度假区	六旗娱乐集团	海盐	逾300亿元	2019	引进项目
上海海昌极地海洋世界	海昌海洋世界	上海	逾30亿元	2017	本土项目

数据来源：根据公开资料整理

表2　　2011—2014年主要集团旗下主题公园游客量

集团名称	游客量（万人次）2011年	游客量（万人次）2012年	增长率	游客量（万人次）2013年	增长率	游客量（万人次）2014年	增长率
迪士尼	12 182.1	12 647.9	3.8%	13 254.9	4.8%	13 433	1.3%
默林	4 640	5 400	16.4%	5 980	10.7%	6 280	5.0%
环球影城	3 199	3 451.5	7.9%	3 636	5.3%	4 015.2	10.4%
华侨城	2 430	2 619	7.8%	2 923	11.6%	3 072	5.1%
海昌	755	940	24.5%	1 008.6	7.3%	1 149	13.9%
宋城	595.4	810	36.0%	827	2.1%	1 456	76.1%

数据来源：根据公司年报等公开资料整理

1 消费群体的改变掀起中国娱乐消费热潮

物质富足、生活安逸，塑造了中国张扬个性、追求自由、崇尚快乐的80后、90后。他们是极具娱乐精神的消费群体，他们的娱乐横跨生活的多个领域，这种强劲的娱乐消费需求，打开了娱乐产业全面发展的通道，也掀起了一股娱乐消费热潮。

细数90后的娱乐方式，不难发现他们选择娱乐方式最重要的标准是自我的实现与满足，例如上网、听音乐、看电视等具有"宅"属性的娱乐方式是他们的休闲首选；旅游、聚会、看电影、KTV、运动健身等方式也很受欢迎，这体现出90后一代的探索精神和社交需求；打牌/打麻将、泡酒吧等表面上的欢乐并不足以给他们带来积极愉悦的感受；至于看展览、看书等文化活动在性质上已经与"娱乐"产生较大的差异，因此许多90后并不将其看作娱乐方式。

2002年以来，国内旅游收入、电影总票房呈现出指数型增长趋势。这种趋势从2010年开始明朗，与90后加入消费者群体有很大的关系。今后，他们在对娱乐方式的创新性、体验性和个性化等方面的要求，将推动整体社会娱乐消费的转型升级。

为了满足消费者巨大的娱乐需求，一些商业业态已经率先向娱乐化转型，通过融合的方式提供大量的选择，将电影、动漫、音乐、综艺、游戏等娱乐元素向服装、餐饮、汽车等消费领域渗透，真正诠释了"衣食住行皆可娱"的娱乐精神。

未来五年，中国将引入多家世界级的主题公园，动辄几十亿、几百亿甚至上千亿元的投资，将为中国消费者带来一场主题娱乐盛宴。

东京迪士尼的主要客群年龄定位为18—49岁，以此为参考，到2020年，这些主题公园在中国的集体开业，刚好把握住了90后成为娱乐消费中坚力量的大好时机。运营几年后，80、90后成为1到2个小孩的父母，他们将通过家庭娱乐消费的方式，将他们的娱乐精神"代代相传"。上海乐高探索中心于今年春季率先开业，就是瞄准了家庭娱乐这片广阔的市场。

2 中国本土主题公园的娱乐化转变

回首20世纪80年、90年代，我国具有代表性的主题公园有"锦绣中华""世界之窗""中国民俗文化村"等。这类主题公园以微缩景观为载体，展现民族文化和世界文化为主要游乐内容，契合了这个时代的消费者拓宽眼界、增长知识的需要，其文化意义和教育意义比较突出。

对比之下，本轮建设浪潮，明显地偏重主题公园的娱乐性。

在内容设计方面，围绕"新奇""惊险""刺激""梦幻""时尚"等关键词，紧紧抓住消费者的娱乐需求。直观地说，游客游览主题公园，就像置身于一个故事，他们循着公园设计的线索开始一场探索，感性认知被充分激发，由此而获得娱乐体验。

选址方面，中国本土主题公园搭乘了城市消费升级的列车，除了进军一线城市群，还布局热门旅游城市，形成多个极具娱乐消费吸引力的节点，编织一张全国范围的娱乐消费网络，正在掀起一场"全民娱乐"热潮。

经历了这三十多年的大浪淘沙，中国本土市场上已经成长出了宋城、华侨城、长隆、海昌等国际知名主题娱乐品牌。2014年，杭州宋城、长隆海洋王国跻身全球主题公园排行榜前25名，而亚太地区游客量排行榜前20名的主题公园中，中国的主题公园占有13个席位。[1]

虽然与全球老牌主题娱乐集团——迪士尼、默林和环球娱乐集团还有一定差距，但是得益于中国不断壮大的娱乐消费需求，中国本土主题公园全面发扬把"娱""乐"做到极致的精神，在游客量的增长率上表现十分抢眼。其中，华侨城、海昌旗下的主题公园较早跻身于各项国际优秀主题公园榜单之上，且游客量一直保持着稳健的增长；而相对年轻的宋城演艺集团正处于内容积累和迅速复制阶段，旗下的主题公园2014年游客量较2013年增长率达到了76.1%，可谓异军突起。

3 看中国主题公园如何贯彻娱乐精神

那么，如何将娱乐精神是如何贯穿于主题公园的建设和运营中呢？我们不妨来看看宋城、长隆和华侨城的标志性项目，看他们如何满足游客的娱乐体验，让消费者乐于为快乐付费。

1）杭州宋城——"主题公园+文化演艺"为核心，树立强大知识产权影响力

杭州宋城是我国最大的宋文化主题公园，隶属于宋城集团。公园依托杭州南宋故都的地缘优势，因地制宜，巧妙结合文化和旅游，用城市文化打造视觉饕餮盛宴，用中国古文化之美为亮点吸引游客，成功塑造起"宋城"及"千古情"品牌，树立起强大的知识产权（Intellectual Property，IP）影响力，成为杭州市旅游娱乐市场的新兴旗帜。

杭州宋城"主题公园+文化演艺"模式的成功为集团的全国布局奠定了基础，集团从2012年开始规划国内发展的蓝图。2013到2014两年间，三亚、丽江、九寨相继建立起宋城景区及与园区相呼应的千古情文化演艺。为了紧跟时代发展潮流，集团又先后将产业链延伸到娱乐综艺和互联网板块，不仅在2014年投资设立子公司宋城娱乐专门发展娱乐产业，而且在2015年成功并购北京六间房科技有限公司网站，踏上了文化演艺"互联网+"的历史性征程。

这一系列的扩展紧跟社会潮流，满足了新兴消费群体娱乐化、网络化的消费倾向。未来宋城集团的发展目标定位于打造"以演艺为核心、跨媒体跨区域的泛娱乐生态圈"，将现场演艺、网络娱乐和主题公园三大资源有机融合，建立文化娱乐消费的生态循环体系，向多元互动的文化娱乐休闲园区演变发展。

2）广州长隆旅游度假区——多板块联动&"第一"模式&娱乐营销

长隆集团创立于1989年，集团旗下广州长隆旅游度假区在2014年荣膺"全球最佳主题乐园"前三甲，实现了中国大陆主题公园在该奖项上的"零"突破。

广州长隆旅游度假区的娱乐项目包括长隆野生动物园（1997年开业）、长隆国际大马戏（2000年）、广州鳄鱼公园（2004年）、长隆欢乐世界（2006年）、长隆水上乐园（2007年）五大模块。规避了传统主题公园的单一发展模式，各模块差异定位、优势互补，不仅满足了

众口难调的主题公园消费市场，更是有利于集团形成良好的产业规模化经营和强有力的整体竞争优势。

无论产品再好，如果离开包装宣传，也只能是纸上谈兵。广州长隆在市场拓展过程中，创意性地将园区宣传融入各类娱乐活动、真人秀等高人气商业娱乐节目中。比如与热门选秀节目《中国好声音》合作，在长隆场地进行巡演；为当红电视亲子节目《爸爸去哪儿》的电影拍摄提供场地支持；携手湖南卫视合作拍摄明星真人秀《奇妙的朋友》等，令长隆品牌大放异彩，成功地在年轻一代群体中赚足人气。

而在建设发展过程中，长隆旅游度假区始终秉承"第一"发展模式，这是其在国内众多主题公园中脱颖而出的又一把利刃。"第一"模式成功地吸引了社会各类群体的关注，抓住了85后、90后消费群体的娱乐猎奇心理，使得游客们争相前来游玩体验，为长隆旗下各类公园打开了市场。

3）东部华侨城——生态与多元文化双剑合璧

东部华侨城位于中国深圳东部海岸大梅沙，占地面积约9km²，是华侨城集团打造的、以大峡谷、茶溪谷、云海谷三大主题区为主，国内首个集休闲度假、观光旅游、户外运动、科普教育等主题于一体的生态旅游示范区。

东部华侨城的建设紧紧依托当地自然生态资源，以旅游地产和成片综合开发的思路为引领，坚持以游客需求为导向，为现代繁忙都市游客打造绿色生态、多文化、多主题的大型旅游度假区。多元化的生态休闲产品组合，满足了都市人回归自然、享受生活的愿望，又融入了不同年龄客群多元化的娱乐体验。

这种特立独行的气质及不断的自主创新，为东部华侨城的可持续发展建立起良好的框架。2015年华侨城集团创新性地把自己的产业链跨界延伸到了概念博物馆层面，在北京华侨城剧院内建造了一座三星堆概念博物馆。并将之与其打造的旅游演艺《金面王朝》进行捆绑式营销，此举在国际上属首创，不仅为新一代消费群体创造了新鲜的体验模式，也再次为华侨城增加了新的业务模式和盈利点。

4 结语

20多年来，中国市场已经见证了主题公园的更新换代。而年轻的中国主题公园仍在各显神通，引领主题娱乐消费新风潮。放眼全球，如此迅猛的发展是绝无仅有的。虽然与迪士尼等国际一流主题乐园的发展脉络并不完全一致，形式也各不相同，但这也向我们证明了：满足人性之需、让消费者获得快乐，才是主题公园旺盛生命力的来源！

看到主题公园的无限可能，也勾起我们的无限遐想——下一个中国式主题娱乐热潮，会是什么样的呢？

注释

① 该内容由作者总结自世界主题娱乐协会（简称TEA）和AECOM联合发布的《全球主题公园和博物馆报告》。

作者简介

王洁，女，同济大学建筑设计研究院（集团）有限公司工程投资咨询院

姚雪婵，女，同济大学建筑设计研究院（集团）有限公司工程投资咨询院

表3　长隆旅游度假区"第一"模式

年份	公园	特色模式
1997	长隆野生动物世界	国内动物种类最多、种群最大的野生动物公园
2000	长隆国际大马戏	全球最大的马戏表演
2004	广州鳄鱼公园	全球最大的鳄鱼主题公园
2006	长隆欢乐世界	①垂直过山车——全球最顶尖过山车之王； ②十环过山车——游乐设备环数最多的吉尼斯世界纪录； ③摩托过山车——东半球首台； ④U型滑板——世界最大、亚洲第一台； ⑤超级大摆锤——世界最新最炫的大型机动游乐设备； ⑥国际特技剧场——世界最大水陆空特效剧场； ⑦四维影院——亚洲最大； ⑧超级水战——世界水上游乐之王

3. 国内主要主题公园品牌布局（数据来源：根据企业官网公开资料整理；注：截至2016年4月已开业项目）

4. 90后娱乐方式统计图（数据来源：根据中信证券研究部报告整理，2015年）

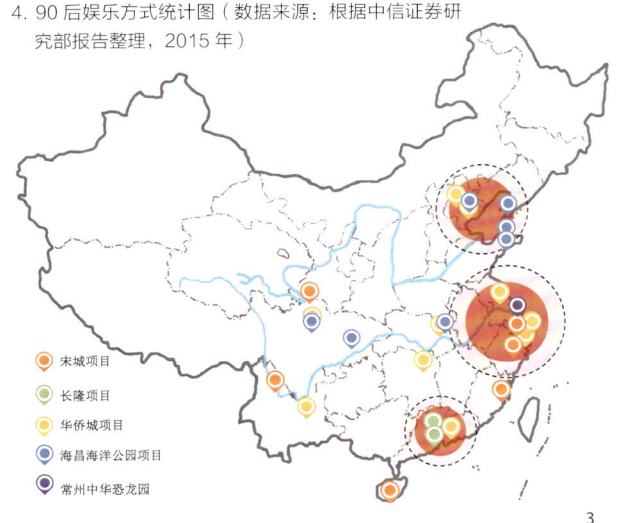

表4　东部华侨城旅游区构成

序号	园区模块	文化主题
1	2个主题公园	①大峡谷生态乐园：以"人与自然"为主题 ②茶溪谷公园：中西文化交融的休闲度假世界
2	3座旅游小镇	①茵特拉根小镇：中欧山地建筑风格； ②海菲德小镇：葡萄酒文化为主题的美坦风情小镇； ③茶翁古镇：茶文化的鉴赏区和中心服务区
3	东部华侨城酒店群	①茵特拉根酒店：以瑞士文化为主题； ②城堡酒店：以欧洲经典城堡文化为主题； ③菩提宾舍：以佛教文化为主题； ④瀑布酒店：以"水"为设计元素； ⑤房车酒店：以房车文化为主题； ⑥火车营地：以"火车"为主题； ⑦黑森林酒店：以德国黑森林咕咕钟为主题； ⑧咖酷旅馆：以集装箱概念为主题； ⑨茵特拉根温泉：源自中古世纪欧洲"贵族封地"概念的水疗圣境
4	主题地产	①天麓大宅，景区里住宅，2008年入选联合国"全球人居环境最佳社区"； ②茵特拉根·天麓街区：北欧山地建筑风格，临湖而居的特色和优势
5	主题佛教区	佛文化旅游
6	主题演艺	《天禅》《咆哮山洪》
7	2座山地球场	18洞的云海谷众球场、18洞的云海谷会员球场

数据来源：根据官网资料整理

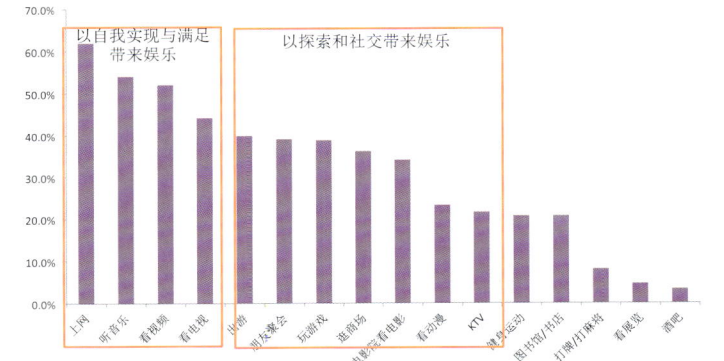

1. 阳光下，正在搭建的上海杂技团"流动剧场"大篷

中国杂技走向世界舞台

初探上海杂技团"流动剧场"

袁伟民 / 受访　徐洁 / 采访　YUAN Weiming (Interviewee), XU Jie (Interviewer)

CHINESE ACROBATICS ON THE WORLD STAGE

Visit to 'Mobile Theatre' of Shanghai Acrobatic Troupe

项目名称：上海杂技团有限公司流动剧场（杂技大篷）项目
建设单位：上海杂技团有限公司
设计单位：法国VSO（Voilerie du Sud-Ouest）、华诚博远（北京）建筑规划设计有限公司
施工单位：上海建筑装饰工程集团有限公司
可容纳观众：1900人
总使用面积：3 651m²
总用地面积：12 320m²
主篷面积：2 886 m²
观众入口大厅面积：690m²
主篷高度：31.255m
入口帐篷高度：15.55m
外围护材料：PVC 膜材（难燃B1级）
完整搭建场地面积：12 320m²
供应商：
　　顶膜：法国VSO（Voilerie du Sud-Ouest）
　　钢结构：保加利亚
　　座椅系统：意大利灯光
　　舞台灯光 音响：广州明道 美国 meyer sound
　　多媒体：日本松下

　　有数据表明，当下增长最快的消费方式集中于文化、娱乐。新一轮的"十三五"发展规划也表明了对文化产业建设的重视。在娱乐消费中，流动剧场作为马戏、歌舞演出以及重大演出的场所，在欧美已经流行了百余年。近年来随着高科技的介入，流动剧场的建造工艺越来越高超。运用现代科技打造的流动剧场，可以融合多种舞台效果，为观众呈现顶级艺术观演体验。

　　在上海市委宣传部、上海电视台上海文广集团的大力支持下，上海杂技团流动剧场已于近期在上海世博园区浦东区域进行试搭建（验收）。

1 走出国门的流动剧场

徐洁（以下简称"徐"）：上海杂技团已有哪些演出场馆？

袁伟明（以下简称"袁"）：我们团有四个剧场：上海马戏城里有两个剧场，中剧场800多座位，以动物表演和杂技为主；大剧场1300多座位，演出《时空之旅》，纯粹是杂技。中剧场只在双休息、节假日演出，演出票基本上全部售完，特别受老人小孩的欢迎，整个家庭过来看的特别多。另外两个是宛平剧场和上海商城，外国游客也是我们的主要观众。目前正在搭建流动剧场。

徐：为什么会想到做流动剧场？

袁：杂技团进行全球巡演在国际上有一些很好的榜样，比如加拿大的太阳马戏团，他们在国际上巡演已有几十年的经历，在上海浦东演出时曾取得了非常大的成功。类似这样的流动剧场演出模式，在国外已经非常成熟。法国巴黎每年一次杂技盛会都会把他们认可的世界各地的好节目都请去演出，都是流动剧场的形式，时间将近四五个月。我们团连续两年都受邀去演出，两次演出全部轰动。尤其是最近这次，演出前一天发生巴黎恐怖袭击，就在剧场边上的街区，我们演出的《小龙飞天》宣传的正是正能量，所以法方和我们商量后决定如期上演，观众们的反响非常热烈，演出非常成功，随后还在整个法国三十个城市进行巡演，一共去了四个月，演出了九十七场。

杂技本身是一种古老的演出形式，一直延续至今。杂技演出市场有过高峰，也有过低谷。20世纪七八十年代我们在曾经位于南京西路上的上海杂技场表演，当时没有什么娱乐活动，杂技演出票非常难买，那时杂技团非常红火。但是随着整个文化市场的发展繁荣，各地观众对文化的需求都提升了，原来的杂技表演渐渐不适应市场。我们团的主要领导迅速转变思路，当机立断实行了一系列改革。上海马戏城1999年落成，刚造好时，我们上演了一台新的节目《东方夜谭》，观众们觉得焕然一新，得到了非常好的反响。此后，我们又请了加拿大原创人员来创排了驻场演出秀《时空之旅》，这台戏非常成功，开台至今也已十多年。

上海一直很重视文化建设，历年来建设了很多文化设施。当时《时空之旅》上演后一炮打响，并且受到持续的欢迎。作为上海市的文化名片，上海市委领导认为这么好的演出，一定要走出去，展现给全世界的观众，于是决定建造流动剧场，这一提得到了上海市市委常委会会议讨论后的一致通过。为了落实市委会议上提出的"到2020年交响、芭蕾、歌剧、杂技等具有国际化艺术标准的院团，要发展为国内顶尖、亚洲一流、世界知名院团"的要求，支持文化体制改革，鼓励上海杂技团体制转变，促进其更好发展，2012年上海市委常委会会议决定用市建设财力为上海杂技团建造国际一流的流动剧场，让上海杂技艺术走向世界，这是国内外首家现代化高端流动剧场。

徐：建造中是否碰到一些困难？

袁：在国内，固定建筑可以按照通常的程序报批，两三年内肯定能完成，但是建造流动剧场没有相应的建设标准，所以立项比较困难，仅仅是消防立项就将近两年，确实很难。

徐：大篷的规模和设备情况？

袁：演出篷的规模不算太大，在国内演出时做到1900座，在国外时可做到2100座，因为在国内做到2000座以上后规范就不一样。

我们的流动剧场具有完善的配套设施设备，包括空调、灯光音响、消防设施设备等。消防方面，因为规范的原因，大篷的消防设施是按照固定剧场的要求来配备，有着非常完善的消防设施系统。国外的情况则不同，他们有着非常强的消防意识，但是他们认为一旦流动剧场的顶膜着火，烟都能直接散发，那些消防排风设备其实是多余的，放一些消火栓、几个灭火器就可以了。所以无形当中，我们在消防设施上的投资也增加了挺多。但是要符合国内的规范，因为将来也可能要在国内巡演。

我们的流动剧场定位在走出国门，考虑到今后要在欧洲巡演，所以必须有他们的"通行证"，在各方面都要符合欧洲标准，我们采用的钢结构、座椅和覆盖顶膜都是法国意大利保加利亚进口的，也都有专利，欧盟对这些厂家都是认可的。

2 世博园里的搭建

徐：流动剧场的整套设备需要多少集装箱分装？

袁：所有的设施设备加起来一共需要70多个集装箱。因为有很多的钢结构，还包括舞台、灯光、音响、空调柴发等设备。流动剧场日入口厅（副篷）通过连接通道连接到观众厅（主篷）。观众厅里的观众席采用钢结构座椅，VIP区域则是单独的软座，这些设置都是和国外一样的。

徐：试搭建的选址有什么考虑？

袁：试搭建的选址非常重要。我们这个篷是全世界分量最重的篷，用了很多的钢结构材料。和一般的流动剧场不同，我们以杂技演出为主，且最初的考虑是把《时空之旅》这台演出放进去。《时空之旅》包含了空中、地面、地下的节目，我们的流动剧场要满足这些功能，这对结构要求非常高，因此篷的分量就很重了，这样对地基的要求就高了。我们原先考虑在大宁灵石公园里试搭建，但是场地的面积和地质情况都不满足要求。世博这块地的条件相对就比较好。

试搭中的问题也挺多，现在定的搭建时间是两个月，大家都没有经验。虽然整套设施是法国VSO公司（世界著名流动剧场设计公司）提供的，但其中顶膜结构是他们自己生产的，座椅系统则来自意大利，整套钢结构来自保加利亚，是三方的设备整合在一起。这些不可能在国外先拼合，所以我们在世博园搭建时多少会碰到一些误差。

徐：现在第一次装拼的时间是两个月，未来设想的时间是多久？

袁：根据现在搭建的情况看，两个月时间是绰绰有余了，实际上一个月左右就可以完成，包括完成设施、设备、灯光、音响的安装调试。以后出去巡演，两周时间搭建就够了。这个时间和加拿大太阳马戏团、法国凤凰马戏团的流动剧场的搭建时间是一样的，而且两周的搭建时间也被国外的演出市场认可。

2013年我们在法国演出《十二生肖》，引起轰动，但是很遗憾这台节目没有在国内演出过，因为没有合适的舞台，这台演出对场舞台要求很高。现在我们搭建的流动剧场就可以满足它，因为大篷的舞台面积将近600多平方米，比一般固定剧场的舞台要大得多。这次试搭建后，《十二生肖》这一台戏要放在大篷里试演，请一些观众，不对外售票，进行演出的试运转，对空调柴发等设备全部要进行测试。

徐：相对于固定剧场，流动剧场最大的优势和特点在哪里？

袁：流动剧场的一个特点是投入少。我们现在所有的设施、设备加起来造价在六千万元左右，如果用六千万元造1900座的固定剧场完全是不够的。另一个特点是搭建比较方便，既不占固定土地，准备时间也少，也不会对场地造成破坏，不需要做基础，只要往地下打1.5米的钢纤就可以了。

徐：流动剧场在欧洲很受欢迎，大篷的空间氛围是否更显得轻松活泼？

袁：流动剧场在欧洲太成熟了，杂技对全世界而言都是最传统最悠久的演出形式。欧美国家政府与皇室的官方活动，也常在高级流动剧场中举行。比如由摩纳哥皇室举办的蒙特卡洛国际马戏节，每年一月在当地的马戏大篷中隆重

2.6. 世博源搭建现场
3. 世博园内的搭建现场
4.5. 观众厅内部实景，已安装好座椅

举行，这已经成为该国享誉世界的文化盛典之一。摩纳哥的公主国王对杂技特别钟情，他们国家不单把杂技，还把很多的晚会、招待宴会都放在大篷里，大篷内部富丽堂皇，采用的声光电技术也很先进，我们国内完全做不到的技术他们都做得非常好。

大篷给人的感觉确实比较轻松活泼。在国外，流动剧场其实是多功能剧场，如果座位拆掉的话，展会、走秀、庆祝类活动都可以放进去。很多演出商看了我们正在搭的大篷都非常满意，但是他们有自己的需求和节目，他们甚至提出说想不安装座位和复杂的马道，只要把篷搭好就可以了，他们自己来安排演出节目，我看过他们的节目介绍，确实非常好，都是互动的节目，绝对有市场。

徐：流动剧场的演出对季节有要求么？
袁：几乎不受季节的影响，全年只要有时间、有档期，这个篷都能够完成演出。当然也要考虑在适宜的气候条件下，大篷毕竟无法承受过大的雪压、风压。在国外，流动大篷一般都是在春秋季演出。大篷安装了暖风机和空调，天冷时，大篷里非常温暖，热风机的效果非常好，天热时就使用中央空调，我们的空调不带风机盘管采用的是布袋风管，这个形式在国外非常普遍，产品也非常成熟。后勤保障方面，观众洗手间、餐厅、办公室等设施都配备周到。

徐：流动剧场一天考虑演多少场？
袁：考虑到演员的演出状态，演出通常一天两场是最合适的。一场在下午，一场在晚上，这两个时间段是最好的。《东方夜谭》开台演出时，那个时候非常热闹，演员积极性也很高，观众们都争相排队购票，一天四场都演过，短期可以这样，时间长了演员体力就不够了。

流动大篷搭建后的试演，预计是一天一场。我们四个剧场平时都有演出，目前还无法为大篷专门配一支演出队伍。但是以后到国外演出最多是每天两场，国外一般是这样的。

徐：是否会有商业合作的考虑，为两千多观众提供一个更好的观演服务？

袁：我们现在还没有考虑到这一点。以后我们肯定是希望与合适的商家一起合作，类似冠名共同经营等方式。光靠我们自己做，并不能最大程度地发挥作用。现在很多上市公司大公司都愿意结合文化进行发展，经济发展到一定程度，肯定离不开文化，企业也是这样。

如果这次顺利搭建，之后有几个月的时间，我们可能会考虑在浦东或包括上海周边地区进行演出，因为流动剧场的搭建、巡演也确实比较方便。

3 精益求精的节目

徐：上海市马戏学校为杂技团输送了大量人才？
袁：杂技学校的主要老师是我们团派去的。学生毕业后一部分会留在我们团，也有些会去外地院团。现在学校里有很多学生都已经参与我们的演出了，而且表演得非常好。马戏学校还设有一个新疆班，学生都非常好，非常努力，最近还编排了一台节目，回新疆做了汇报演出，自治区主要领导特地到上海感谢马戏学校的老师们，帮他们培养了优秀人才。

我们俞亦纲团长是中国杂技家协会副会长，也是上海杂技家协会主席，同时兼任上海马戏学校校长，能够把所有的资源都整合在一起。我们杂技团是国内独一无二的同时兼有杂技团、马戏学校、演出驻场的团体。这些都是我们的优势。

徐：与过去相比，节目上有哪些改变？
袁：以前的杂技节目有一些难度和技巧基本上就满足观众了，但是现在不行了。现在的杂技演出都是在讲一个故事，有一个主题线索贯穿整台演出，就像《小龙飞天》《十二生肖》。通过一个完整的故事，再结合我们生活中的一些感受体会，类似这样的节目，比较受观众欢迎。曾经我们走过追求高难度动作的表演，但是这样是行不通的。

徐：除了一定的技术，现在更多的是考虑在节目中融入生活、融入情感，通过节目感受到情感的交流互动，传递正能量，以及对成长的鼓励。

袁：只要是好的节目，在节目选择上，我们团也有挺高的开放度。杂技演员的数量本身就不多，也不能完全靠上海杂技团自己培养的演员来演出。外地很多院团有演员没市场，我们这里天天演，他们有时候一年演几十场，但是演员都在天天练功，节目有的也很优秀，我们就租用那些院团的建制，或者进行招聘。

我们曾经引进了一个节目《舞空竹》，表演者巴建国原先是一位普通的大学生，我们觉得他的表演非常精彩，就吸纳了他的节目，配合评弹伴奏，讲东方故事，还获得了金小丑奖。前年我们团一下子拿了两座金小丑奖，并列两个冠军，历史上是首例。

我们团的马戏节目也是如此，我们曾经请俄罗斯的院团来帮我们培养演员，提升了演出视觉效果，也带动提高了我们团的技术素养。要想呈现最好的节目，真的是需要开放，一定要向国际顶尖的演出团体取经，与之合作。

徐：不同文化背景的人也可以共同带动整个演出水平的进步。感谢您接受我们的访谈。

采访者简介

徐洁，男，同济大学建筑与城市规划学院 副教授，《时代建筑》执行主编

受访者简介

袁伟明，男，上海杂技团 副团长，上海马戏城有限公司 副总经理，工程师

环境行为心理学在主题乐园设计项目中的重要性

胡骁杰 / 文　HU Xiaojie

THE IMPORTANCE OF ENVIRONMENT AND BEHAVIOR PSYCHOLOGY IN THEME PARK PROJECTS

　　近年来，随着我国经济的发展，人们的娱乐形式多样，娱乐消费逐年递增。主题乐园在中国大地上如雨后春笋不断成长。从1989年9月，我国第一座主题乐园"锦绣中华"建成开园。2012年至2013年内，我国有14家主题公园和水上乐园开幕，其中7家主题公园、7家水上乐园。仅2014年主题公园和水上乐园开门营业的就有25家，预计2020年中国将增加64个主题公园，潜在入园人次将达到1.663亿次，总投资金额达到238亿美元。近几年国际巨鳄也看准了中国市场，从安吉的凯蒂猫主题乐园到上海的迪士尼主题乐园都相继投入运营，并引起社会广泛关注。

1. 游客与卡通人偶互动
2. 迪士尼城堡日景
3. 迪士尼城堡夜景
4. 迪士尼小型娱乐设施

主题乐园在一轮一轮热浪的追捧中得到更多关注。从设备、新材料、新能源、规划设计等都上升到一个全新的高度。在这次浪潮中"人"的意识行为得到了足够重视。环境行为心理学的研究在欧美及日本得到高度重视及发展。我国城市规划设计理念来自苏联，随着改革开放，欧美设计大量涌入，行为心理学在规划设计中越来越引起足够的重视。

环境心理学研究的是人与环境的相互作用，在这个相互作用中，个体改变了环境，反过来他们的行为和经验也被环境所改变。

研究环境心理学的目的有两个：（1）了解"人—环境"的相互作用。（2）利用这些知识来解决复杂和多样的环境问题。例如，人流疏散、停车场配置、洗手间配备数量等一系列问题。所以在项目的设计中更注重环境设计对人的影响，以及人的行为反作用于环境。

1 使用者的分类

通常人们对环境的需求不外乎行为需求和心理需求两大块。在主题乐园这类项目中设计师通常对游客进行细致划分。一类：幼儿、青年夫妻、老人为一个团体。二类：青少年、大学生及社会青年为一类团体。针对这两类人群进行建筑、空间、景观空间、道路、设施等要素分配。安排动静空间结合，满足不同类型人的娱乐需要。

迪士尼的小剧场、城堡及小型娱乐设施是针对一类游客安排非惊险、寓教于乐的设施配置。针对青少年、大学生及社会青年群体的这类游客，给他们规划了具有惊险刺激体感的娱乐设备。这通常满足人们在过度惊吓后的自然放松状态，从而排解一些负面情绪。行为是人对所面临的环境刺激产生的生理和心理反应。人靠行为接近环境，通过心里的感受觉察环境，得到相关行为意识的信息，进而来决定行为的方式。环境所提供的信息是行为发生的基础，而环境本身又是行为发生的场所，环境的这种潜意识作用使人们随环境的变化而改变自己的行为。

在主题乐园的项目设计中，设计师从环境心理学、人体工程学等方面考虑设计规划的应用。使其设计更为游客提供方便及关怀。设计规范在主题乐园设计中以"人"行为心理学的运用，在规划场地、建筑、道路、景观、节点、设施等设计要素全方位思考。

2 规划设计中的设计要素

场地选择就是物理环境的选择。主题乐园的场地选址参考大气圈、风向及建筑环境和物理环境因素引起的人流、视觉、听觉、热觉、触觉、嗅觉的刺激因素。

建筑在主题乐园的设计中是必不可少的元素。本身建筑物有多种方面要素组成。但从主题乐园的整体规划中建筑物的外立面装饰及颜色和出入口给主题乐园带来了活力。人们进出建筑的必经之地是出入口，一栋建筑设若二出入口，各出入口各有各的功能要求。出入口是建筑物内外联系的桥梁。就建筑设计各出入口都是设计重点部分，尤其主出入口往往通过出入口的处理达到某种意境，获取某种艺术效果。外立面的设计包括装饰物、建筑基本构件及色彩。对人视觉影响最大的墙面色彩作为背景设计，常常蕴含主题的意愿及设计者的艺术风貌。色彩营造往往会起到画龙点睛作用，采用绞热烈的暖色，就突出热烈环境，运用色彩的物理心理效应来营造环境氛围。

3 设计风貌

景观设计为主题公园场地空间的分割及围合起到了很好的融合作用。景观的营造有较强的开放性和可达性。通过植物的遮挡又具有一定的依托感和私密性。这些因景观围合的空间更加安静，更容易建立领域感。游客喜欢的环境景观特点是"自然"。表现形式是多种多样，从修建整齐的草坪和成排的悬铃木到自然生长的植物及蜿蜒流淌的小溪，这些受欢迎的乐园环境景观的共同特征，构成空间边界的自然元素起到分割空间，提供相对私密区域。人们在这样的自然环境中可以充分放松，沐浴阳光，阅读闲谈。这些活动能有效减轻游客平时生活中的压力，从而放松心情排解负面情绪。

一个充满活力的标志物的基本特征是独特。迪士尼的城堡与周边的关系及背景的对比，在连续立面中的一个突出物尤其引人注目。标志物要有清晰的轮廓，这样更加突出，此外它还要有丰富的细节和质感，这样足够吸引"人"的视觉，耀眼夺目，这都是满足人们对物理环境的一种需求。

主要道路必然具备一些特殊品质，比如沿线一些特殊使用和功能活动。集聚典型空间的特征，如地面或墙面特殊质感、夜晚布光方式及植被的样式和细部，这些都能使主要道理与其他道路区分出来。从而引导游客在其园中的行经方向及流动方式。从而引起人的行为意识为游客提供引导。

物理环境、社会环境。人与空间的相互作用造成审美情绪、心理感受、行为动机及文化心理、社会心理等因素来全方位的考虑方案设计。并通过后期材料、高科技技术等手段丰富项目的设计，使游客从全方位感受主题乐园带来的心灵放松和满足。

行为心理学在主题乐园景观设计中运用是笔者很早就关注的课题。但我们对"人"的了解实在是知之甚少。作为环境心理学这个切入点来看项目设计，实在太复杂。从自然环境社会到人工环境，无时无刻不影响着人们的心理。并非几句简单阐述可以概括的。本文沿着"人"这一主体，从使用者的分类、规划设计中的设计要素、设计风貌三个方面浅谈了环境行为心理学在主题乐园设计项目中的重要性。

作者简介

胡晓杰，女，上海新空间规划建筑设计有限公司工程师，上海济光职业技术学院建筑系规划学讲师，南京林业大学城市景观学硕士

百年游乐场的前世今生
上海大世界历史建筑保护与改造研究

邢同和，花炳灿，金鹏，于军峰 / 文
XING Tonghe, HUA Bingcan, JIN Peng, YU Junfeng

HISTORY OF A CENTURIAL PLAYGROUND
Shanghai Great World Historical Building Protection and Modification Research

1. 大世界的现状
2. 大世界中庭透视效果图

上海大世界（西藏南路1号）位于上海市黄浦区延安路和西藏南路交界处。作为20世纪中国最著名的群众娱乐场所，大世界的开业持续时间之长，拥有娱乐活动之繁多，社会影响之大，均远远超出同时代的其他类似场所。

1 "新、奇、特、绝"与"兼收并蓄"

1）大事记

1917年，黄楚九开办大世界。演出内容包含戏曲、魔术、杂技、曲艺等多种内容，演出采用名"（名角）、新（新人）、奇（奇特）、喜（观众喜爱）"的方针。1931年，黄金荣接管大世界，改名为"荣记大世界"，他邀请南北名伶来提升名气。1937年8月，日军轰炸上海，大世界停业收容难民。1939年春节期间复业。在黄金荣管理的20多年里，大世界成为上海最著名的娱乐场所，是大世界历史上最辉煌的时期之一。1954年7月2日，政府接管了大世界。次年5月，大世界改名"上海人民游乐场"，1958年，重新恢复"大世界"命名。到1966年前，大世界不仅获得广大市民喜爱，在世界上也有一定影响。1966年，改名为"东方红剧场"。后曾变为一座外贸仓库。1974年10月，再度改名为"上海青年宫"。1987年1月，大世界又一次恢复了原名。2003年，大世界停业。

2）流连忘返的娱乐城堡

上海的城市娱乐建筑始于19世纪末，早期是戏台、戏园。20世纪初，随着社会经济发展，人口陡增，近代娱乐建筑相应增多，除电影院外，在租界内出现了集看戏、跳舞及吃喝玩乐于一个建筑的游乐场。楼外楼、新世界、小世界、大世界等游乐场相继出现。其中，以大世界所经营的游艺内容最为广泛，最具特色。

据统计，当时大世界游玩以男性为主，是一个面向大众的娱乐场所，特别是中下阶层，而当时文人学士和上流人物则较少光顾。在与大世界有关的艺人和剧团中，较著名的有京剧名角盖叫天、孟小冬；沪剧名角丁婉娥、田丽丽；扬剧名角拾龄童；锡滩名角袁仁仪；文明戏名角王美玉等。大世界在剧种定名和发展中起过一定的作用。同时，对各类文艺表演团体的活动也有很大的促进作用，例如萍社（上海第一个谜社）、红色杂技团、红霞歌舞团、友谊扬剧团、艺宣扬剧团等。

概括而言，大世界有如下历史人文特征：
（1）是20世纪中国规模最大、娱乐项目最多、营业时间最长的娱乐场所，是20世纪上海都市中下层市民休闲娱乐生活的全景展示，展现了一部都市市民娱乐文化史。
（2）是20世纪上海在民族、民俗与民间文化方面最重要的演出与传承场所之一，特别是民间与地方戏剧、曲艺。
（3）是海派文化与海派精神的集中体现者之一，它所崇尚的"新、奇、特、绝"和"兼收并蓄"正是海派文化的精髓。

2 "海派"娱乐建筑

1）建造历程

1917年3月，大世界游乐场开始动工，由周渭南打样间设计，大兴营造厂兴建。1917年7月14日，大世界正式开张，为二层建筑。1918年，增建乾坤大剧场，开设日夜银行。1924年，扩建、拆除原有砖木结构。1925年，曾由海耶斯（J.E.Hayes）结构工程师、营造师、工程公司中的建筑师周维基（Chow Wei Kee）重新设计，提出过3层及4层两种设计方案。1928年，建筑师李查士（Y.Y.Charles.Lee）在此前基础上进行修改。1928年12月，经过大兴土木扩建后的"大世界"终于落成。现在大世界建筑的风格和布局，基本上与1928年间的设计是一致的。

2）建筑特征

（1）周边围合式布局

大世界的建筑布局非常适合娱乐空间。从1917—1929年，无论规模、楼层有何变化，大世界始终呈现为周边围合式布局，正是这种布局形式，为中央场演出打下了良好基础。

（2）中央场天桥与环廊

大世界中央场为一矩形空间，南北长约60m，东西宽约30m，中间有一圆形露天剧场。大世界最具创造性的构思就是以中央场为中心，周围设置一宽阔的环形廊作为中介，再以钢筋混凝二楼梯及平台联系各层活动空间，形成由楼台、廊道和梯段所组成的一个四通八达、曲折多变的空间环境。

（3）中西合璧的建筑风格

限于当时的财力与经营思路，大世界的建筑立面和装饰较为简单。入口处的塔楼是大世界建筑形象最显著的特征。塔楼六面4层，由48根圆柱组成，最上端是古钟式尖顶，底层采用以类似于爱奥尼式的柱头作为重点装饰的红色柱子，二层以上转用中式栏杆图案。外立面为上海常见的西式风格，但较为粗略。立面阳台采用宝瓶形栏杆，四层屋顶的檐口线条采用西式做法。这些形式元素比例不强求严谨，细节不全受约束，可谓当时一种商业符号运用的城市表象。另一方面，大世界又有风水的考虑。主塔高八层，意为"发"；塔高"风"急，上设"水"箱，暗合"风水"宝地。室内设计上，主要演出空间装饰均是传统的中式式样，但是楼梯扶手、部分梁柱装饰又是西式的风格。这种室内特点又反映了"大世界"混杂而又多元的文化特征。

（4）空间充分彻底，注重商业价值

在建筑空间和面积的利用上，大世界底层的商铺开向道路，获取最大的商业价值。充分利用每层的面积，整块的用作剧场和游乐空间，小块的出租给小商贩，甚至允许小贩直接在每层楼流动叫卖。不仅如此，还充分利用屋顶花园空间。

3 如同修复考古文物

针对历史建筑的保护举措及其目标指向，策略大致可分为三类：保存、修复与复原、再生。在实际的保护与改造工作中，历史建筑的价值无法做到非此即彼的界限分明，这三种保护手段也必然是界限模糊、相辅相成的。

1）目标与原则

保护改造以恢复20世纪30年代大世界最为鼎盛时期的建筑风貌为蓝本，综合考虑各个时代的特征，充分发掘并提升其无法复制的独特历史人文价值，展现大世界海派文化和市民娱乐两大核心主题。以20世纪20年代末至30年代上半叶的相关图纸、照片及文字等资料为主体，保护、恢复与展现大世界建筑的历史原貌，同时展现大世界历经八十多年的沧桑变化。最大限度地保护大世界文物建筑本身的原真性，并清晰可读。兼顾历史原貌、时代特征、传统做法和传统工艺，对大世界建筑重要部位尽量做到多方资料相互印证和比较，力求准确真实。在保护和改造过程中以保证建筑的原真性和完整性为前提，做到大世界能满足现代文化生活的空间场所需求。

大世界入选上海第一批历史保护建筑、上海市市级文物保护单位。根据《上海历史文化风貌保护区和优秀历史建筑保护条例》（2002）其被归为第三类。保护改造遵循以下原则：全面保护原则，最大部分保护建筑有价值的原存部位的原则，采取可靠、安全和必须原则，可逆性原则，可识别性原则，缜密原则。

2）建筑修复技术方案

恢复外墙装饰性构件，并作水泥砂浆粉刷，对外墙破损及危险部位做结构、物理及化学检测决定具体做法，恢复原外墙肌理及装饰线脚。原有屋面层已不能继续使用，同时考虑到要恢复20世纪30年代的屋顶花园和屋面上的三个小亭子及四个出屋面的楼梯间，因此铲除原有屋顶至屋顶底板，对原有屋面板进行结构修缮。除楼梯间四周隔墙外，拆除所有内隔墙，重新采用轻质隔墙，内墙采用石灰砂浆粉刷，色彩参考现有墙面上的多层次粉刷，确定最接近历史面貌的颜色。外墙重新按原有水刷石工艺重做，寻找到老工匠师操作。

现状大世界楼地面基本以水磨石地面为主，但破损较多，视楼板结构加固情况决定是否保留，不需结构加固的，进行适当清洗和养护，需要结构加固的，可整片切除下来，妥善保存，作为恢复的依据和参考。

3）结构加固方案

现状结构正常使用情况下承载力不足，结构抗震能力不足，结构危险点多，耐久性差，周边环境发生变化，结构收到扰动。

结构加固的原则：在目前使用荷载作用下，结构承载力应满足规范要求，并留有一定余量；应基本满足鉴定规范的一、二级抗震验算，重点考虑结构整体变形能力。形成双向抗侧力体系；根据文保建筑的特点，加固措施的选择在满足结构安全性的前提下，还要求满足主要构件的截面尺寸不变；尊重文物现状，采取措施减少拆除和替换；尽量使用包角钢、增设钢筋及加大截面等经时间验证和耐久性较好的加固方法，并仅对已损坏或复核不足的构件进行加固，其余构件均主要采取保护措施；采用减震消能等新技术，以缩小加固范围，增加安全储备，降低加固费用。

4 平民的乐园

大世界建筑使用定位一直存在争议，大致有两方面意见：一方面提倡对建筑的修缮和保护，参考其在历史中的功用变化，将大世界改造成为一个展示老上海社会风俗、民间文化、非物质口头文化和民间曲艺杂技的文化博览设施。另一方面提倡在大世界内部放入新的娱乐模式和内容，成为一个新的娱乐活动中心。定位关系到未来建筑的使用，和修缮方式也息息相关。

当时演出基本上都是尚未出名或走红的流浪艺人，获得社会承认的艺人基本上不会再回大世界演出。新中国成立后大世界成为所有市民的活动场所，但演出的内容还是民俗节目，建筑的身份也还是群众性的娱乐场所，与音乐厅、剧院等有所差别。大世界以"新、奇、特"为特征留存在人们的记忆中的，展示的是刺激、新鲜、古怪的效应。从城市历史观点出发，针对的目标人群可以是对传统民俗文化有着热烈爱好和兴趣的人们。这也符合大世界90年发展历史中所扮演的"草根文化"的角色。

至于将大世界改造为高端场所的意见，笔者认为大世界本身建筑的历史特点与现状决定了这种改造的不可行性。首先，大世界建筑质量决定了它的再利用范围。大世界和外滩三号等历史建筑不同，它不拥有优良的建造质量和优秀的设计，大规模改造的余地不大。其次，大世界是典型的"草根文化"的代表，把它改造为高端的演艺场所，就切断和改变了它所负载的社会发展历史信息。

此外，大世界周边的博物馆、音乐厅、大剧院等建筑已经形成了环人民广场的城市文化建筑圈。大世界经过修缮和保护后，如果成为展示中国传统民间戏剧戏曲、杂技魔术、民间工艺、民俗，反映中国及上海传统文化的空间载体，将重新融入市民的生活中去。如此，作为展示平民文化娱乐活动的大世界，将反映出城市文化的多样性，成为城市各层次文化设施中不可或缺的一环。

参考资料

[1] 陈从周，章明. 上海近代建筑史稿[M]. 上海：上海三联出版社，1988.
[2] 傅湘源. 大世界史话[M]. 上海：上海大学出版社，1999.
[3] 王安云，傅湘源. 上海大世界[M]. 武汉：长江文艺出版社，1987.
[4] 李天纲. 老上海[M]. 上海：上海教育出版社，1999.
[5] 上海城市建设档案馆提供的大世界历史图纸.
[6] 上海历史档案馆提供的大世界历史建筑照片.
[7] 2005年12月19日上海市文物管理委员会《大世界修缮设计方案专家评审会纪要》，及相关批文.
[8] 沈寂. 大世界传奇：系列长篇小说[M]. 上海：同济大学出版社，1993.
[9] 2003年8月《大世界房屋鉴定报告及专家意见》.

作者简介

邢同和，男，华东建筑集团股份有限公司 资深总建筑师，教授级高级工程师，一级注册建筑师

花炳灿，男，华建集团华东都市建筑设计研究总院 总工程师，教授级高级工程师，一级注册结构师，1991年毕业于同济大学，工学硕士

金鹏，男，华建集团华东都市建筑设计研究总院综合设计六所 副所长，高级建筑师，一级注册建筑师，2003年毕业于同济大学，建筑学硕士

于军峰，男，华建集团华东都市建筑设计研究总院事业一部结构所 副所长，高级工程师，一级注册结构师，2003年毕业于同济大学，工学硕士

"华侨城"之路

中国主题公园发展历程

许新月 / 文　XU Xinyue

ROAD OF 'OVERSEAS CHINESE TOWN'

Evolution of Chinese Theme Park

主题公园是现代旅游的一种新形式，中国主题公园从引进国外概念发展至今已有近三十年历史，本文以华侨城主题公园实践为重点，对中国主题公园的发展历程进行分析研讨。

本文首先理清主题公园的起源背景。其次，将主题公园的发展梳理为三个阶段并分别进行研究讨论。最后，总结主题公园的已有历程，并对未来发展进行展望。

1. 锦绣中华民俗文化村
2. 深圳世界之窗
3. 欢乐谷开始走向产品连锁化，全国布局的拓展模式
4. 以IP为内核的迪士尼立体化产业链
5. 欢乐谷滚动开发的产品

1 中国主题公园的源起

1) 主题公园的基本概念

（1）主题公园的定义

主题公园作为一种现代旅游形式，发展至今，内容形式都在不断更替。关于主题公园的概念界定问题，国内外学者意见不一。美国国家娱乐公园历史协会认为，主题公园是指"乘骑设施、吸引物、表演和建筑围绕一个或一组主题而建的娱乐公园"，美国"主题公园在线"给出的定义是：主题公园通常指"面积较大，拥有一个或多个主题区域，区域内设有表明主题的乘骑设施和吸引物"。国内对主题公园的认知则经历了"人工景点/景区/微缩景观"到"主题公园"的演变，对于主题公园的认知也有多种观点。

本文将主题公园定义为：为满足旅游者的娱乐休闲需求，在商业实体主导下，围绕既定主题而人工建造的旅游空间。

（2）中国主题公园的发展阶段与分类

中国主题公园发展阶段存在多种划分方式，本文以"锦绣中华"、"欢乐谷"两大经典主题公园的建立作为中国主题公园第一阶段和第二阶段开始的标志性事件。此外，当前中国主题公园面临探索和转型，目前还未有标志性的产品出现，本文对现有的探索性产品进行了梳理，并探讨未来可能的发展方向。

主题公园的分类目前尚无统一的标准，相关研究有多种分类标准，比如吸引力大小、投资规模、占地规模、区位、主要功能、造园基础、表现形式、主题内容等等不一而足，划分标准不同，所得结果也不同。本文按照主题公园的核心依托和游客体验，将主题公园划分为观光游览型（以锦绣中华为代表）、机械游乐型（以欢乐谷为代表）、IP（Intellectual Property 知识产权）驱动型（以迪士尼为代表）。

2) 中国主题公园兴起背景

（1）国外渊源

从世界范围看，主题公园最早的雏形是古希腊、古罗马时代的集市杂耍，通过音乐、舞蹈及博彩游戏等手段营造气氛，招徕顾客，这种小型的流动娱乐方式逐步演化为专门的以户外为主的游乐场所，并逐步演化成以机械游乐器具为特色，追求感官刺激的游乐园。1955年美国动画片大师沃尔特·迪士尼在洛杉矶附近创办了第一座迪士尼游乐园，自此之后，主题公园这种旅游形式开始在世界各地得到广泛发展，从规模、技术到文化内涵都有了较大发展。

（2）中国社会经济背景

1978年，党的十一届三中全会提出了"改革开放，以经济建设为中心"，开启了中国经济飞速发展的时代。1978年2月26日，第五届全国人大第一次会议讨论通过的《政府工作报告》中提出"要大力发展旅游事业"，从1978年到1986年，政府出台了一系列政策支持旅游事业发展，包括确定每年给旅游5亿元投资。

1978-1989年间，中国处于旅游发展的初级阶段，还很难支撑主题公园这种高投入和高产出的旅游形式。而自1989年深圳锦绣中华开园起，中国的主题公园才开始驶入稳步发展的轨道。

2 国际概念的引入——应运而生的第一代主题公园

1989年9月，受欧洲主题公园概念启发，华侨城集团在深圳湾畔开发建设了锦绣中华主题公园，并取得了巨大的成功。作为第一代主题公园的典型代表，锦绣中华的成功拉开了中国主题公园快速发展的大幕。在这一阶段，中国主题公园的数量呈现快速增长，几乎以"每三年上一个台阶"的速度呈梯级增长态势，据有关部门不完全统计，从1989年被称之为"人工景观"的主题公园，到2002年正式定名为主题公园，中国主题公园的总数量从30个扩张到2500个，实现了近两个数量级的增长。

1) 影响深远的成功产品

（1）锦绣中华与民俗文化村

1989年，锦绣中华主题公园建成开放，园区占地面积35公顷，内部景点按中国版图，大部分以1：15之比例科学布局，主要有古建筑、山水名胜、民居民俗三大类型，景区配有声、光、电、水让整个景观变得生动。园内还开辟了名人植树园，可遵循数百位国家元首、政府首脑及中外名人的足迹，畅游祖国河山。景区旅游资源呈现出多样性及丰富性的特征，有各地名胜，自然风光，还有风俗节目，千姿百态、各具特色。

中国民俗文化村位于深圳市锦绣中华西侧，于1991年10月建成开放，占地面积16公顷，以"二十五个村寨，五十六族风情"的丰厚意蕴赢得了"中国民俗博物馆"的美誉，包括中国22个民族的25个村寨，成为全国56个民族有代表性的民族风情博物馆。25个村寨全部按照1：1的比例修建，给人以身临其境的感觉。此外，还有强大的演艺团队将各种风俗节目呈现在游客的眼前。2003年，锦绣中华与民俗文化村两个园区合并为一个主题公园，作为"锦绣中华"主题公园进行统一管理。

（2）世界之窗

深圳世界之窗于1994年建成开园，是中

国著名的微缩景区。以世界文化观览为主题，是一个把世界奇观、历史遗迹、古今名胜、民间歌舞表演融为一体的人造主题公园，公园中的各个景点都按不同比例自由仿建。全园分为世界广场、亚洲区、美洲区、非洲区、大洋洲区、欧洲区、雕塑园和国际街8个主题区，分别展示了埃菲尔铁塔、凯旋门、比萨斜塔、泰姬陵、金字塔等一百多个世界著名的文化景观和建筑奇迹。整个景区占地48万 m^2，每年接待的游客600万人次以上，而在黄金周期间，每天游客量在4万人以上。

2) 第一代主题公园特征

（1）主题

第一代的中国主题公园的主题设置都较为单调及有限，主要以观赏、游乐型的人造景观为主，多采用传统园林形态的观览式造园理念，具有一定的局限性。由于没有针对文化、游客心理做深入挖掘，使得产品欠缺底蕴，在短期繁荣之后，容易过早地陷入停滞和衰落阶段。

（2）规模

从投资规模来看，第一阶段的主题公园投资额都在1亿元左右，吸纳的年游客量大约在100万-200万人次。

从营业收入来看，以锦绣中华和中国民俗村为例，近二十余年，作为深圳市主要的两个景区，总共接待海内外游客近6000万人次，营业总收入达35亿元。

（3）产品类型

在产品类型方面，主要存在两种，其一是"景静人静"、"景动人静"的观赏产品，以或动或静的景观来给人提供观览体验；其二是机械游乐，以器械来提供给游客惊险刺激的游乐体验。

（4）经营与营销

第一阶段的主题公园的经营模式都非常单一，都是以门票收入作为主要盈利，抗风险能力低。并且营销模式也相当局限于项目推销，企业以自己的理念进行产品生产，很少根据客源变化来调整营销策略，营销策略较为静态化，价格手段是主要的竞争手段。经营者更多的关注于市场占有率，而不是游客的回头率及忠诚度。

3) 意义与问题

起步阶段的中国主题公园，虽然从主题、产品到经营与营销都较为单一，有较多不成熟的表现，但也已经基本具有了主题公园的要素特征。作为一种公众旅游场所，主题公园实现了人工造园与商业的结合，实现了围绕特定主题组织景观与设施，满足目标群体的旅游娱乐需求，启发了市场，造就了旅游市场的新需求。

虽然，这个阶段的主题公园的生命力不够强，但观览、游乐仍将是未来主题公园的基本要素，而起步阶段对于这两大要素如何在主题公园中组织进行了较多实践，积累了相当的经验。

总结这一阶段的主题公园经验，可以发现存在以下问题：此时的主题公园仍是以"公园"为主，对于主题的设置缺乏深度与层次，主题的单一、无特色、缺乏文化内涵，使得主题公园易于被模仿，简单复制，难以出现精品，不能形成独具创意的旅游文化；盈利模式的单一，单纯依赖于门票收入，使得销售没有灵活性，也无从刺激主题公园内部衍生产品的再开发；不能创造性的满足游客多方面的旅游需求，较多停留在国外主题公园的模仿层面，做不到以游客需求为导向的产品开发。

3 主题的演化与更新——变革的第二代主题公园

在2000年以前，处在世纪之交的主题公园面临着一个发展茫然时期。随着国家经济的高速发展，旅游市场的消费需求发生了许多新变化。

一方面，随着出境游的发展，新的境外目的地不断增加，富裕起来的中国人已经不满足在国内游山玩水参观主题公园，而是将视野和足迹扩大到世界各地。在此情况下，诸如锦绣中华等微缩景观为主的主题公园已经满足不了日益增长的消费需求。

另一方面，不断成长的年轻人群体逐步成为主题公园的主要受众，主题公园的产品必须要满足巨大且不断更新的年轻消费群体的需求，才能具有生命力。

经由对主题产品发展趋势和市场的分析，以及在世界范围内对主题产品进行挖掘比对，创新性主题公园产品——"欢乐谷"诞生了。1998年，深圳欢乐谷第一期项目完成并开业，初期市场效果并不理想，但是，经过加大建设投入资金和丰富新的主题项目，到2002年以后，一个丰富完善的欢乐谷形成了，市场也开始青睐这个充满快乐、刺激和创新体验的新产品。以欢乐谷的成功为标志，中国主题公园进入了发展壮大的第二阶段，主题公园开始由静态观赏型向参与体验型华丽转身。

1) 欢乐谷的演进

（1）滚动开发的产品

欢乐谷的主题定位于"欢乐"，旨在打造"繁华都市的开心地"。把握都市娱乐消费的需求和趋向，向游客特别是现代都市人提供愉悦身心的娱乐产品。欢乐谷的品牌能够取得成功贵在与时俱进的创意，主要体现在其经营理念：建不完的欢乐谷，玩不完的欢乐谷。

从1998—2011年，深圳欢乐谷共推出了五期产品。产品包括欢乐广场、卡通城、冒险山、欢乐岛、玛雅水公园、金矿镇、欢乐时光、演艺节目等等。以高科技娱乐设施、亦真亦幻的人文景观和欢乐时尚的娱乐表演，让游客体验在不同时空中的欢乐。

随着产品开发的滚动更新，欢乐谷吸纳的游客总量也在不断增长，从2002年至2011年，欢乐谷每年入园的游客总量从228.6万人增长至328.0万人，实现了约43%的增长。

（2）城市连锁，全国布局

深圳欢乐谷经过持续建设和经营，在深圳取得了巨大的成功，形成了品牌效应，也培养了专业的设计、开发和管理团队。并且战略性的提出了"旅游+地产"的发展模式，通过房地产开发，获得雄厚的资金来支撑"欢乐谷"的建设和后期完善，逐步形成了以"旅游主题地产"为特色的成片综合开发和运营的核心竞争优势。

基于这样的经验基础，欢乐谷开始走向产品连锁化，全国布局的拓展模式。近年来，相继在北京、上海、天津、武汉、成都等五个城市成功复制欢乐谷主题公园，此外还包括重庆、南京、顺德等三个城市的欢乐谷在建项目。全国范围内，欢乐谷已建、在建项目数目达到9个。

2) 第二代主题公园特征

（1）主题

第二代的主题公园在主题挖掘方面相较以往有了一定程度的进步。以欢乐谷为例，主题设置中主推"都市娱乐中心"和"阳光般的夜生活"概念，提出打造欢乐谷作为"繁华都市开心地"的主题理念，大大加强了游客的参与式体验，形成了"观览"、"游玩"、"娱乐"、"互动"等多个层次的主题内涵。

（2）规模

从投资规模来看，第二代主题公园投资额相较以往有了大幅提升，大量的大型主题公园投资都在10亿元以上，如深圳欢乐谷投资15亿~18亿元。主题公园吸纳的年游客量也有了较大的增长，大约在300万~400万人次。

（3）产品类型

产品体系更为丰富，包括高科技的机械游乐设施，以水为核心组成元素的水公园，魔术表演、小剧场等演艺产品等，更为强化游客的参与性，优化了游客的游玩体验。

（4）经营与营销

经营模式仍相当单一，仍是以门票收入作为主要盈利。除门票收入之外，有部分演出、衍生商品带来的部分收入，但占营业收入的总额都很低。

营销与市场有了更好的互动性。如通过社会热点、大型赛事、大事件等具有吸引力及轰动性的主题活动打造全新的旅游亮点和热点；针对暑假，推出特定的活动或产品，推动家庭出游市场升温；通过自身资源整合，达到线上线下人流的互通，提升品牌对潜在用户群体的知名度和吸引力。

3）经验与教训

第二轮大规模开发建设同样面临可持续发展问题。在大型主题公园的示范效应下，主题重复、短周期建设的中、小型主题公园遍布开花。拥有主题公园正在成为地方自豪感和民众盲从的标志物，地方政府致力"主题公园+主题商业+主题社区"复合开发推动城市化进程的手段，主题公园成为来自不同行业、不同企业的资本逐利的战场，呈现出良莠不齐的状态。但整体而言，理性回归同样成为2000年后新一轮主题公园开发大潮的特点，各大型主题公园及品牌商都有了相当的理性，关注市场，深挖主题，推出更优质的产品。

4 面向未来——探索和孕育中的第三代主题公园

2006年，一份由国家统计局、商务部、旅游局和发改委联合发布的报告显示，20世纪80年代以来，已有超过3000亿元投入2500家主题公园，亏损高达70%，20%保本，只有10%的主题公园取得了盈利。显然，中国主题公园在一些标杆产品取得巨大成功的同时，也面临着巨大的挑战。站在新时代的入口，我们需要研判面临形势，剖析现存的挑战，以争取未来更长远的发展。

1）未来的挑战

（1）土地供给形势更为严峻

为了控制部分企业以旅游开发的名义开发房地产，2011年8月5日，国家发改委联合国土资源部、住房城乡建设部下发了《关于暂停新开工建设主题公园项目的通知》。此次调控一是进一步加强主题公园行业的监管，规范国内主题公园旅游市场；二是进一步调控房地产市场，防止部分企业以主题公园名义开发商业房地产项目，明确提出投资超过5亿元或占地面积超过300亩的、拟建或已办理审批手续但尚未动工建设的主题公园禁止建设。

过热的房地产开发，使得中央政府对土地的管制变得愈来愈严格。如何利用主题公园来促进"宜居宜游"的新型城镇化建设，更好的利用土地资源，将是未来政府在土地管制中不得不考虑的问题。而随着城市化程度的提高，在土地管制加强的同时，势必也会带来土地成本上升，而这都将使得主题公园的土地供给形势相较以前更为严峻。

（2）竞争加剧

2015年开业的上海迪士尼标志着迪士尼正式登陆中国境内，此前虽然有香港迪士尼乐园，但迪士尼仍然份属境外游市场，未与中国主题公园正面交锋。除迪士尼外，位于北京通州的环球主题公园预计2019年开业；世界排名第二的默林娱乐集团将在上海或周边打造"乐高乐园"；2016年3月法拉利宣布将在中国建设一座法拉利主题公园，可以预见，未来国外主题公园将大规模抢滩中国市场。

考虑到中国本土主题公园呈现出的均质化的、深刻的迪士尼模式的烙印。在中国旅游日趋国际化、出境旅游逐年上升、国内居民旅行经验和素质日趋提高的背景下，竞争的直接结果很可能会造成使得国内以国外风情为主题、毫无主题包装（法老、城堡、金字塔等）、裸机运营（直接从国外进口大型游乐设施，乃至粗糙的直接拷贝）的主题公园全面衰退。

2）探索的方向

（1）"IP"（知识产权）内核

将中国的主题公园与国外主题公园巨头对比，可以发现两者在产品开发理念上的不同，第一代和第二代中国主题公园大多是"旅游+地产"的横向组合模式，导致主题公园的主题文化不突出，文化产业找不到线下落地体验，主题公园与文化IP、传媒、影视动画游戏等年轻人喜欢的文化产品没有形成立体化的产业链。

反观迪士尼、环球影城、乐高乐园等国外主题公园，通过搭建"旅游+文化"纵向深层次融合发展的商业模式，成功实现了"旅游搭台，文化唱戏"，通过衍生商品、餐饮、旅店等创造了大量的营业收入，脱离了对于贩卖门票这种单一经营方式的依赖。相关研究显示，门票收益仅占迪士尼乐园总收益的35%，而包括纪念品销售、餐馆、宾馆的乐园内收益占总收入的比例高达65%。正是由于迪士尼乐园有迪士尼动画、电影这样深厚的"IP"内核，有强大的市场支撑，所以能够以极高的溢价出售。

而国内主题公园，却欠缺这样的"IP"内核，难以实现立体化的产业链发展。面向未来，需要加速主题公园和文化企业合作，通过将"IP"从文化作品转向旅游体验作品，来实现中国主题公园的深度开发。

（2）技术研发

在文化内涵之外，中国主题公园在技术层面也在发展探索。如华侨城文旅科技以"虚拟现实技术的开拓者"作为发展目标，确定了三大战略发展方向：一是升级和创新主题公园游乐项目，将VR和传统轨道类项目结合，增强游客互动体验；二是打造虚拟现实主题公园，综合运用多样化技术，通过多样主题场景和创意互动，给游客带来沉浸式娱乐体验；三是打造VR动感平台，适用于影院、游戏厅、家庭和网吧等场所。

通过特种电影、大型机械控制、多媒体交互、动感仿真、虚实结合等多种跨学科、跨行业核心技术的运用，自主研发出全球首创的360度全景天地剧场、影视跳楼机、时光飞车、飞行影院、主题Dark Ride、动感球幕影院、灾难巨幕体验剧场等20余项具有国际专业水准的高科技文化旅游产品，深受市场青睐，并成功输出土耳其、越南等海外市场。截至目前，其产品和项目累计签约金额超过10亿元。

（3）全产业链布局

外资不断加码中国主题公园市场，无论是景观、游乐设施、旅游演艺，还是软件服务，都将在国内主题公园市场产生标杆作用，并对现有的国内主题公园造成冲击，迫使中国主题公园在游客体验上全面升级。发展至今，对"文化"、"旅游"、"科技"等要素都已有一定程度的开发，在此基础之上，中国主题公园需要在深化各要素开发之外，整合产业链，统筹形成立体化的产业链布局。

5 评价与展望

中国主题公园发展近三十年，主题特色从观览到机械游乐，再到今天国外引领的"IP"风潮，规模从投资1亿到10亿元，再到今天动辄几十亿元，游客量也从年均一百万向年均几百万稳步发展，走过了一个不断升级提升的发展历程。

我国主题公园发展的市场潜力巨大，目前还远没有开发出来。根据世界旅游组织的预测，2020年，中国将成为世界第一大旅游目的地，每年吸引1.4亿之多的国际游客，占全球国际游客总量的8.6%。在全球范围内，主题公园在整个旅游业市场的份额中占有相当可观的比例。目前我国主题公园产业既存在机遇，又面临挑战，处于喜忧掺半的局面，但仍然有理由相信，经过富有远见的战略布局，更为精心的规划和设计，通过不断推陈出新的产品与优质的管理服务，中国主题公园必将拥有光明前景。

参考文献

[1] 钟士恩,张捷,李莉,钟静.中国主题公园发展的回顾、评价与展望[J].旅游学刊,2015,08:115-126.

[2] 张芳.中国主题公园发展历程研究[D].广西大学,2006.

[3] 华侨城股份有限公司.华侨城城市主题游乐产品发展模式研究,2014.

作者简介

许新月，女，深圳华侨城股份有限公司业务主管，天津大学本科

陈敏、周静瑜 / 受访　董艺 / 采访　杨聪婷 / 整理
CHEN Min & ZHOU Jingyu (Interviewee), DONG Yi (Interviewer), YANG Congting (Editor)

奇幻工程迪士尼
Fantasy Project of Disney

陈敏 & 周静瑜

陈敏 资深香港建筑师和房地产开发策划人。建筑硕士，高级工商管理硕士，香港注册建筑师。除在香港参与多个设计获奖项目，还在1990年世界建筑师联盟在法国举办的设计大赛勇夺金奖。20多年前定居上海，投身协助中国建筑业改革开展，设计及策划的项目遍布中国，并取得设计及销售非常优良的成绩。后加盟迪士尼幻想工程，负责上海迪士尼乐园度假区项目设计总监及政府许可工作。亦同时协助政府研究主题乐园新规范制订。

周静瑜 华东建设集团股份有限公司经营部主任，教授级高级工程师，工程硕士、英国皇家特许建造师、英国皇家特许测量师、商务部援外项目特聘专家。兼上海现代建筑设计集团国际公司董事总经理、美国威尔逊室内设计有限公司董事、上海艺卡迪投资发展有限公司董事总经理。上海市三八红旗手、上海市重大工程立功竞赛杰出人物称号、2015年度上海市五一劳动奖章获得者。华建集团迪士尼项目总负责人，并担任多个迪士尼项目总监；上海极地海洋乐园项目等乐园项目总监；主持完成了一批重大项目得到多方好评，并获得了10多个奖项和荣誉；主持和参加了各省市近20项重大课题和科研项目；撰写发表了近20篇工程技术咨询领域的专业技术论文和研究报告。

2016年上海迪士尼乐园的开园又将掀起新一轮的主题乐园热潮，而中国本土的主题乐园也将面临前所未有的挑战。展望未来，中国主题乐园行业将迎来新一轮的投资建设高潮，竞争将更趋白热化。

【向国外主题乐园学习】

H+A：您如何定义主题乐园，您认为它与其他类型建筑有何不同？

陈敏（以下简称"陈"）： 题乐园往往具有故事线（亦即主题）和文化内涵，所以与其他建筑类型不同，它有一丝臆想的成分，所以不需过分关注建筑的功能。另外，主题乐园是一种引导性的休闲娱乐项目，着重体验、快乐、分享。由于是自创环境，着重切合主题，所以可以是抽离现实的，不需太考虑实际效益。

周静瑜（以下简称"周"）： 主题乐园不同于常规项目的原因在于它必须有很明确的故事性，且以创意优先。主题乐园里所有的建筑都是围绕创意在做的，都只是故事的道具而已。迪士尼的设计师并不叫设计师，而叫"幻想工程师"。所以我们做建筑的时候，可能不像普通的建筑师那样能够去把控建筑本身的效果，而是必须把故事性想清楚，然后所有的建筑、设施、景观、环境，都是围绕这个故事性去做的。主题乐园的前期方案计划叫"蓝天创意"，我们可以想象蓝天就是我想到哪就是哪，而不是像原来受规范、用地条件和容积率的限制，这就是前期策划与其他项目完全不一样的地方。

H+A：以迪士尼、环球影城为代表的主题乐园开启了中国之旅，在您看来这些洋品牌如何实现中国式落地？中国式娱乐有何特点？

周： 主题乐园在西方的发展确实比中国稍微早一点，但并不意味着中国就没有机会迎头赶上。中国式的主题乐园要做好，首先是要学习，学习国外的主题乐园的做法及长期维持的运营方法，因为存在与生存下去是两回事。所以如何实现主题乐园的长期发展是我们要思考的一个问题。

国外的主题乐园落地到中国也需要一个属地化的过程。从建筑的角度来说，它包括建材的属地化、故事性的属地化和文化的属地化。上海迪士尼在很多地方，比如玩具、游戏设施及建筑设施都是尽量迎合中国的特色，比如城堡里的中国"公主"花木兰。

陈： 目前，从国外引进的主题乐园大部分还是以西方文化背景主题为主，尽管在演出、饮食方面也加入了一些中国的元素。而中国的本土化主题乐园目前还处在一个起步阶段。一是因为主题乐园中需要的游戏设施的技术含量特别高，而中国在这方面的技术还不成熟；二是因为在人才的配备上面，我们还处于一个初期的状态。

H+A：目前上海迪士尼开园，在您看来其获得成功的秘诀是什么？

陈： 首先，迪士尼作为一个历史悠久的品牌，它不只是单一的主题乐园，还有电影和产品，所以有非常丰富的素材可以使用。另外，迪士尼在主题乐园的建设，包括题材方面，都比较严谨，并且不惜工本大量投入，因为它可以从其他产业来弥补这一块的投入。所以从这些方面来说，迪士尼有绝对的优势。另外，由于主题的故事线有依据，可以依托电影和强大营销产品作为推广，更容易取得成功。

周： 华特·迪士尼先生在一手创办迪士尼的时候，曾经有一句名言：当你走到迪士尼乐园时，你所走过的不是一个简单的步伐，而是用你的步伐去占满一个快乐的句子。所以他的理念就是给大家带来快乐，并围绕"快乐"这个理念做了很多的事业，比如收购了很多的有线网络、影视业等和娱乐相关的产业，从而形成一个系统工程，然后通过系统工程的良性循环，来达到他期望带给大家快乐的目的——这是他非常独特的地方。

H+A：中国的主题乐园，在主题定位、投资、运营方面有过哪些变化阶段？

周： 在历来中国主题乐园的发展历程中，我们只是单纯地去追求刺激性，而缺少创意和故事线的。但是目前的主题乐园已经更加注重互动、创意和故事线。比如迪士尼的主题乐园已经把动画产业里面的人物同步到主题乐园的整个设计中，形成一个系统的产业链。即电影里面虚幻的人物会在主题乐园里，通过一个具象的东西来表现。所以在主题乐园就相当于一个具像的角色扮演，互动感和参与感才是现在的主题乐园能够吸引你的地方。

H+A：总体而言，当下中国的主题乐园正处于怎样的发展状态？哪些中国乐园给您留下深刻印象？

陈： 十几年前中国有一大批所谓的主题乐园因为经营不善，后来都维持不下去。我觉得目前中国的主题乐园发展还处在一个早期战国时代，因为还没办法找出一个非常成功的商业模式，所以仍有一定的风险存在。另外，由于目前西方主题乐园在中国占据一定的地位，以后也会趋于大规模发展，所以行业内会有一个优胜劣汰的过程。当然随着人才与技术研发的不断成熟，这个行业还是非常有潜力的。

周：中国的主题乐园发展到现在，应该说已经有了很大的进步。但是与西方比我们还有差距，这个差距在哪里？第一，创意缺乏；第二，本土化不足。我们现在所有的故事线都是西方的故事为主，无法融入进我们中国的故事；第三，急功近利。中国的很多主题乐园往往是以房地产商开发为主，所以会有些急功近利。但事实上主题乐园是需要大量的前期投入、第四，人才不足。我们没有任何一个商业学校或高校在培养主题乐园创意方面的人才，也没有一支队伍或者一个专业与这个相关。所以我们缺乏一个很专业化的教育背景培训，乃至整个经营状况的培训。所以我觉得未来我们的路还很长。

但是现在也很欣喜地看到，虽然有些主题乐园和国外还有差距，但其实差距正越来越小。我相信随着时间的推移，中国的主题乐园建设一定会越来越成熟。因为这两年蓬勃发展的主题乐园市场让我们看到市场本身巨大的需求，只要有需求，相应的资金、人才、队伍和各方面的配套设施就都会跟上去。而且我相信我们的技术，包括政府和相应的规范也会越来越成熟，越来越匹配。

H+A：西方欧洲美国的主题乐园的发展模式是一个什么样的过程？是不是也有这样很混乱的时候，然后逐步慢慢地大规模发展起来？

陈：主题乐园是一个非常特别的行业，在国外的发展中也没有太多是大规模的发展。这与房地产不一样，所以在国外能够长时间发展的主题乐园并不多。而且主题乐园由于有故事线，所以一定要依托一些很深厚的产业才能够成功。美国由于有一个非常成熟的电影行业，电影行业里面产生了很多的创意人才，所以从电影这里衍生到主题乐园比较容易。目前中国的电影行业在这几年开始成熟了，无论从投资、制作还是最终影片的卖座都已经很成熟了。所以主题乐园必须需要一些跨界的人才，比如娱乐、电影、音乐甚至是艺术不同领域。

H+A：就全球范围而言，您最喜爱的主题乐园是哪个？哪些方面打动了您？

陈：我曾经用两个星期把全球的主题乐园走了一遍，坦白地说，每一个主题乐园都会马上给我带来一定的兴奋。但如果在很短的时间内去参观，你就会很快失去你的兴奋点。所以主题乐园是一种梦幻的游乐体验，只是短暂的兴奋，但如果长时间在里面却未必能够满足。

周：我也到过全球各种各样的主题乐园，相对来说还是比较喜欢迪士尼。因为很多其他的乐园可能有惊喜和刺激，但在故事性方面还不足。像我们这个年纪已经不是单纯地追求刺激，刺激本身就是在当下你兴奋了一下，但是没办法给你留下一个很长远的一个印象。相对来说，我觉得像迪士尼稳扎稳打，一步一步往前发展，不急功近利地去追求利益，还是比较好的。

【重视运营、服务至上】

H+A：在您看来成功的主题乐园项目具备怎样的条件？在其前期策划阶段需要考虑哪些因素？

陈：首先主题乐园项目需要完成大量的研发和调研工作，创新地把主题落实到位。第二，需要大量的人才储备。第三，重要是需要与政府建立良好的沟通。由于主题乐园有很多的创意可能跟本土的规范有冲突，所以事先要跟政府方面沟通，能够让政府给予更多的支持是非常重要的。最后，最重要的还是主题乐园的商业运作与盈利模式，要想清楚才能够去做。

H+A：两位都深耕主题乐园项目领域多年，相较其他类型建筑，主题乐园更复杂，对于策划和运营提出更高要求，在您看来主题乐园在项目管理和设计方面有何特点、难点？

陈：主题乐园是一种创意为主的项目，由于建筑纯粹是服务于创意，所以主题乐园的项目管理与传统的项目管理完全不一样，在创意没有落实之前，建筑是很难定型的。由于国内一般建筑的设计过程与建造过程是受政府监管的，这点与主题乐园的建设过程相违背。

所以这也带来了项目管理最大的难处，即怎样在现有的规范里突破一些程序上的限制。另外，在设计方面要求设计团队要有非常强的跨专业知识和强大的协调能力，不能只是纸上谈兵。一般的建筑，专业分工最多为20个，但在迪士尼，由于涉及游艺设施、特效和演出，专业分工达180多个，对协调难度要求很高。而且，由于主题乐园的主题性随着时间会变化很快，也会有一些是经过岁月都会被淘汰的。所以在这一点上一定要充分考虑主题乐园建筑的寿命周期。

周：在项目管理方面，对主题乐园来说——尤其迪士尼——它运营的是一种强矩阵的管理。即原来可能就是建筑、结构、基建等这些专业的划分，而对迪士尼来说，除了这些本身所需的建筑专业设计，它还融入了一些运营、创意，甚至是动画制作、游艺设施采购等。这样的话，在项目管理的时候碰到这样的强驱动的项目管理，缺少一个总指挥。在这种情况下，也是我们集团后来为什么跟迪士尼建议要建立EDI和MLP团队，在这种强驱动的管理形式下把各个团队同步往前推进。因为在国外的体系下，每个人都会按照自己的制度、要求和进度往前推，但是在中国缺少这样的大环境，所以需要我们一个总协调的单位，统一所有的交付文件的质量、进度，包括一些文本的格式等。

然后从建筑的设计来说，迪士尼号称是一座永远建不完的乐园。之所以迪士尼有很多修改，是因为建筑设计要辅助于创意和运营团队，面对不断提出的新需求，建筑设计都要同步做修改。也就是说我们主题乐园的设计已经不单纯是一个建筑设计了，更多的是一种生活方式的设计，或者说是娱乐方式的设计，所以它的主题不是建筑本身，建筑只是一个道具而已。这就给我们的项目管理和设计，带来了巨大的挑战。

H+A：主题乐园项目会涉及很多各类境外机构的协作，国际的高端标准与经验如何与中国实际结合？也请举例说明？

陈：我之前在迪士尼就是担当这个桥梁的工作，即如何把国外的高标准跟国内的实际情况结合，可以发现这当中有很多的差异。首先国外的高标准纯粹是立足于效果，突出效果、满足效果而产生的一些标准。另外就是由于主题乐园里面有很多的游乐设施也需要非常高的标准来达到安全要求，而在这点上国内还是一个初期的阶段。所以如何能够满足高标准，同时又能符合国内规范的要求，这点是最大的难度。

譬如说国外的高标准体现在他的技术说明书，但是这个技术说明书就等同于电影剧本里的一些细节，会很清楚的用文字说明所要求达到的标准和效果。但是国内的建设行业主要还是以图纸为主，很少把这些技术说明放到非常受重视的地位。但是如果没有这些技术说明书，其实是很难达到国外这种高标准的要求。

周：在主题乐园的建设过程中，需要通过游艺设施采购部门来给我们返提资料。比如说基础预留、用电量预留，同步还涉及很多其他问题。比如设立疏散通道时需要有一个安全出口，而迪士尼方面是不希望出现的。因为迪士尼所要营造的是一个情景教育，如果游客突然看到安全出口，就会从这个故事性的情景营造里面跳出来，所以当时迪士尼就认为"安全出口"不能挂在外面。但是，消防就觉得这涉及人的生命安全。在这种情况下，就需要我们去做一些协调。

包括供电也是，常规做法是有事故的时候，把常规的电路切断，应急电路启动。但迪士尼在发生紧急事故的时候，一定要运行到这个游艺设施回到它的疏散平台，再把人疏散下来，最后切断电源，所以当时跟消防也是有冲突的。其实在这方面，迪士尼有很规范的全球的操作手册，告诉你为什么会这样做。其次，所有的人员都是训练有素的，所以能做到这一点。最后消防也是做让步了，就是诸如此类。所以这个项目我觉得难在理念的冲突，因为迪士尼乐园不是一个建筑群，而中国是按照建筑的要求去审批验收。最后我们通过课题研究、专家评审、技术沟通等工作，让各方进一步地去理解它，尽量按照迪士尼原有的模式往前推进。

H+A：为保证实施效果，如何与方案深化单位更好地合作？如何更好地协调声、光、电等各设备工种？有什么好的方法和经验？

陈：首先需要让国内深化单位了解整个主题乐园的建设过程，这是与传统流程不一样的地方。第二，由于主题乐园的建设对于参与者的综合专业能力要求非常高，所以也需要设计师跨界去了解在主题乐园这个领域。在满足这两点之后，还有更重要的一点就是，深化的设计团队要领略到创意的背后所需要达到的效果。

接下来最重要的就是怎么把这个主题转化成为图纸，包括如何在现场实现，这些都是一般国内的设计师所缺乏的经验。这个是给目前的这国内的深化单位带来非常大的挑战。在主题乐园行业里更重要的是需要一些综合能力很强的设计师，并能够协调各个工种。

目前还可以利用一些新的科技手段，譬如说建筑信息模型BIM，可以减少现场很多的错误或者更改。这个是我认为主题乐园行业里面必须要采取的措施。

H+A：主题乐园对建筑设计师提出怎样的要求？

周：首先，建筑师要有创意，要讲好故事，设计源于一个故事的开始，而不是建筑的开始。

第二，是要重视运营、服务至上。就是我必须把运营重视起来，所有的建筑设计围绕的是为更好的游客服务，而不是建筑本身。所以排队时间少，整体流线合理，可能要比建筑本身漂亮不漂亮更重要。

第三，是科学规划、理性设计。尤其是在总体规划里游客的流向，包括花车巡游怎么样更好地适应游客，商业和场馆的互动。怎么样让主题乐园每一个景点都成为游客愿意去逗留的地方，这样把游客很科学、很合理地分散到各个角落，这点很重要。所以整体把控一定要想好，整体的流线一定要科学。

第四，是要建立完善的体系。所有的主题乐园的体系在目前中国的现状下并没有很好的支撑，而在这种缺失支撑的前提下，设计师怎么样利用好现有的规范体系，实现这个项目的可操作性、可落地性是很重要的。所以说主题乐园，除了有一些天马行空的创意，还要切合实际，并能与现有的中国现状结合起来，这很具挑战性。

H+A：两位都参与了上海主题乐园项目开发建设工作，能否谈谈在这一项目中项目管理有哪些挑战？回顾一下，哪个地方给您留下深刻印象或者这一项目对您影响最大的是什么？

陈：我觉得最大的挑战：第一，建设周期比较短。国外对如何在中国实现一个项目没有很充分的了解，在跟政府的早期沟通没有足够的深度，以至于后期陷入了一个很紧张的建设的周期；第二，主题乐园不是单打而是一种群策——不是强调个人的功劳，要更强调的是协同，对我来讲是一个非常大的挑战；第三，就是如何跟政府建立良好的关系突破一些规范的空白，也是这个项目里面一个非常大的挑战；最后一点是如何洋为中用。如何在中国发挥出我们最大的优势。

周：我最深刻的印象是在迪士尼总部格兰戴尔，遇到一个年轻的姑娘很自豪地说，自从小时候去过迪士尼乐园后，她这辈子的梦想就是成为迪士尼的员工。如果我的一个项目能够去影响一个人的一生的话，我觉得这将是多么自豪的事情！

第二，我们必须要有一个创新和包容的心态。拿迪士尼项目来说，我一开始想不通，不就是一些小建筑吗？完全可以很快地完成，为什么他们会花那么多时间？比如在做中国餐厅的时候，迪士尼的建筑师到中国的各个地方去采风，然后做了中国餐厅的一个古建筑的设计。当看到这个作品时，我第一反应是惊讶。因为设计很夸张，那个飞檐翘得老高，完全不是想象中的古建筑。但是后来我又逐步理解到，迪士尼本来就是一个孩子眼中的世界，或者大家梦想中的一种世界的表现形式，为什么不能演绎呢？所以有的时候设计能够结合实际，又能敢于创新，这种精神也是我们建筑师应该去学习和采纳的。

【走精品化发展路线】

H+A：中国十三五发展规划对文化、旅游产业非常关注，您如何看待未来中国的主题乐园发展？

周：未来主题乐园这一块几乎是井喷式的发展，我希望中国能够做一些精品的主题乐园，而不是让主题乐园成为房地产的一个噱头，或者说只是一个短期的发展。其实迪士尼做了这么多年，每年都是很踏实地在做一些东西，这是我们中国的主题乐园需要学习的地方，就是沉下心来好好做一番事业。第二，中国的主题乐园如果是靠一条腿走路的话，我认为未来的盈利点不是很长久。因为从目前的情况看，中国的主题乐园可能70%-80%是亏本的。迪士尼所有的产业里面，影视、电视基本上占了整个盈利的40%左右，而迪士尼主题乐园只是作为品牌展示的一个展示台而已。所以我们未来一定是产业的多元化来支撑主题乐园的发展，而不能光靠主题乐园的单一发展，来支撑它整个产业的后续发展，我觉得这是中国的主题乐园必须思考的地方。

陈：目前大家都觉得这是一个热潮，我比较悲观，我觉得这种狂热之后会有很多的项目被淘汰。主题乐园的建设很困难，运营和维护更是难上加难。另外，中国最近十几年经济发展比较快，所以对消费的要求也非常高。但是我们的兴趣点在狂热过后就会很快消失。在这点上，其实对我们的游乐休闲的品味和文化还是需要一段孕育过程的。

H+A：如何才能打造属于中国本土的主题乐园类文化旅游项目？

陈：我觉得需要扎根于丰富的中国文化，不要照搬外国的人物或者是风景。另外还要非常重视这个行业的发展及人才的培养。还有一点，中国在音乐、电影、艺术和文学领域都有很好的根基，所以更应该借助这些行业的成功，让主题乐园这个行业能够迅速地发展起来。

周：其实中国有很多古老的故事没有好好地挖掘和利用。比如《大圣归来》，在《西游记》的基础上又加以提炼，并且采用了一种好莱坞的一种幽默的方式获得了很大成功。所以我觉得中国的老祖宗留下了很多很多美好的故事，但是这些故事怎么样去结合现在的当代人的价值观和潮流，去加以演绎，我觉得这个是我们本土的主题乐园要好好去思考的。

H+A：可否谈谈未来，您所在领域在主题乐园领域的发展计划？

陈：这个发展阶段还是在帮助政府制定一些政策，帮助外国的主题乐园的行业精英更有效地融入中国主题乐园这个行业。然后就是借助以前在建筑、房地产及主题乐园行业的经验，培养更多的综合人才。这几点是我最感兴趣的。

周：华建集团和迪士尼一共签约了71个合同，培养了近500个主题乐园设计、管理、造价咨询、前期策划、主题包装等各方面的专业团队。目前这些人在十几个乐园里面也分别从事相应的工作。第二，集团也特别成立了关于主题乐园的专业化团队。第三，我们还承担了上海市科技委的大型主题乐园的相关的研究。

吉井贵思（Chris Yoshii），亚洲DP+E经济规划全球总监、全球休闲总监

全方位一体化主题乐园设计
专访AECOM经济规划全球总监、休闲服务全球总监、设计规划及经济亚洲负责人吉井贵思

Omni-directional Theme Park Design Services
Interview with Chris Yoshii, AECOM Global Director of Economics + Planning, Global Director for Leisure and DP+E, Asia

【主题乐园的多维价值】

H+A：您如何定义主题公园，您认为这一建筑类型对于城市和区域发展的意义和价值是什么？

吉井贵思（以下简称"吉井"）： 主题公园的形式多种多样，有室外的，也有室内的。主题公园是游客购买门票进入的娱乐中心，其中包括服务于游客并有明确或独特主题或内容的娱乐、休闲、零售等设施。娱乐设施包括室内外的游艺项目、主题展览、剧院、现场表演以及其他娱乐形式。主题公园的主题、规模和人物设置使其有别与一般的乐园。

主题乐园能够给一座城市或地区带来多维度的价值。首先，它为当地居民和外来游客提供了休闲目的地；其次，为投资者带来收益，并提供更多的工作机会；第三，促进城市和地区的社会经济和文化发展，为城市创造或丰富特质和认知度；最后，主题乐园能够为相关产业——包括旅游业、文化业、酒店业和房地产业等——提供发展支撑。

H+A：以您的经验，您觉得全球主题乐园发展现状是什么？有哪些特点？其成功核心是什么？

吉井： 到2015年，AECOM已经与国际主题乐园协会（TEA）联合发表了9次年度《主题乐园和博物馆发展指数》。去年年中发布的2014年年报显示，全球顶尖主题乐园的游客量平均增幅为4%，这意味着这些顶尖主题乐园的发展前景很健康。报告显示，全球各地的主题乐园的游客增幅中，欧洲的重回3%，美国的稳定在2%出头点，亚洲的则达到了5%左右。

从投资角度看，业内对于亚洲主题乐园的关注度非常高。亚洲旅游景点业还未追上需求，而且亚洲人中的中产阶层比例增长迅速，这些人群的收入能够负担主题乐园内的消费开支。

在中东地区有回升的趋势，现时也有很多规划中或在建的新主题乐园项目。然而，中东市场与亚洲市场相比，其份额上的差距还是比较明显的，主要是乐园数量上的差距。但是，我们也发现，在中东市场适合发展水上乐园项目，并使其成为一种中端产品，是能够在市场竞争中胜出的，因为这样的做法符合中东地区的气候环境条件。

最后，我们发现，在高端市场中，大型主题乐园项目的规划和开发活动持续进行。这些大型项目通常会配套主题游艺项目、度假村、博彩以及其他休闲游乐元素，总的资本投资约为10亿美金。在低端市场中，主题乐园项目在家庭娱乐中心（FEC）的市场中也有增长，并时常会发生所有权转让的行为，这些都让低端主题乐园市场能够蓬勃。

H+A：成功的关键是？

吉井： 要获得成功，主题乐园必须为家庭成员和亲朋好友提供流行、有趣的节目，并确保安全和卫生的标准。与此同时，还要确保能够有持续的资金，并定期更新游乐项目。在设计和运营主题乐园的时候，需要考虑到这些要素。

H+A：就中国而言，中国的主题乐园发展怎样？与全球知名品牌相比，存在哪些不足？如何看待这一市场？

吉井： 中国正处于主题乐园、游乐园和水上乐园项目的高速发展期，每年都会有很多新的主题乐园开业。年复一年，主题乐园产业都将在新建和管理富有活力的游艺项目上遇到许多挑战。同时，对于主题乐园的需求也随着中国中产阶层人群的扩大和井喷的旅游市场而快速增长，近年来，主题乐园的入园游客数量和游客游园消费金额都保持着两位数的增长势头。

H+A：包括迪士尼、环球影城等在内的洋品牌都看好中国市场，那他们的落地存在什么问题需要解决呢？

吉井： 国际品牌主题乐园落户中国前，需要解决的问题大致有：寻找到合适且人们易于到达的场地区位、寻找到来自市场、投资方和政府的支持。我们可以从设计、规划的角度来展开探讨。从概念方案阶段，主题乐园方就要做好品牌元素接受度、游艺项目类型、价格定位等方面的调研工作。

1. 圣淘沙名胜世界度假村

我们AECOM在可行性研究、乐园布局、园内各游艺项目有机配合、施工监理等方面有丰富的经验，能够处理好上述问题。

从运营立场上看，安全是第一要务，接下来才是游客满意度。

【全方位一体化项目管理】

H+A：设计机构在主题乐园项目策划，设计和建设过程中可以的起到哪些作用？主题乐园在设计方面有怎样的特点？遵循哪些设计策略和原则？需要解决哪些挑战？

吉井：我想把这几个问题合并在一起回答。一座主题乐园包括景观、建筑、游艺设施、秀场等要素，其设计与建造都要基于一个或多个特定的主题或故事情节。这些项目复杂度高，结构宏伟，需要跨越专业的综合服务来克服其中的挑战，同时需考虑资金、环境、文化等各方面的问题。

这就需要综合性的服务来解决项目中的各种复杂性。了解最新的行业趋势、掌握市场的特色和新技术，这些对富有创意和考量周到的方案都非常关键。只有这样，才能够将梦想变成现实。

H+A：主题乐园是很特殊的建筑类型，周期长，配合方也比较多，那在项目管理方面有何特点、难点、方法和经验？

吉井：我们AECOM经常会遇到复杂的项目，但是我们都能妥善地解决好其中的各类问题。我们能提供全方位一体化的服务，所以我们能够为这类项目的设计与建造过程提供具有整体功能性的方案。主题乐园的建设需要大量的专业人士与创意人才，这些人必须共同合作，才能够确保项目按时、按预算完成。此外，这些游乐场所对于安全也具有很高的要求。在AECOM，我们能保证，在我们的设计和施工监理下，安全都得到充分保障。

H+A：可否谈谈主题乐园设计中，对传统文化、地域特点的考虑？

吉井：AECOM将全球资源与亚洲的项目开发经验在可行性评估、设计和实施的过程中结合在一起。文化和当地特色能够为项目创造特色和认知度，被当地人接受，并被游客们记住。因而，在我们的项目实践中，我们经常把全球的成功做法和当地文化结合起来，从而打造出成功的项目，这一点已经被证明是完全可行。

H+A：作为主题乐园设计佼佼者，AECOM在乐园类型领域，提供怎样的服务？有哪些类别和著名案例？可否谈谈ACEOM设计的主题乐园项目中，您印象最深刻的一个？

吉井：我们做过很多项目，每一个都有其自己的特点。AEOM提供的服务在业内上独一无二的：我们提供全方位一体化的服务，针对复杂程度高、结构宏伟的项目提供解决方案。AECOM能够为项目提供从方案设计到交付使用全过程工作链中的无缝管理服务。从单一用途的建筑到全新的主题乐园项目，AECOM能够根据不同的设计等级来提供不同规模的运营管理。

我们从方案到竣工提供如下服务：1）游艺项目规划、总体规划、概念设计、财务可行性；2）细节设计/施工图设计、建筑工程、景观设计、土木工程、室内建筑；3）价值评估工程、成本规划、招标；4）项目管理、成本管理；5）交付。

我们参与的许多项目都受严格的保密协议保护，所以我们不便透露具体的项目名称。

【快速增长的娱乐需求】

H+A：全球主题乐园的发展趋势有哪些？

吉井：人们对于休闲、文化和娱乐设施的需求在全球范围内正快速增长，这在亚洲更加凸显。随着中产阶层人群、消费量和游客数量的不断激增，这种需求变得更加迫切。AECOM最近一期中国主题公园项目发展预测中指出，中国资本支出已经达到238亿美金，比2011年增长了260%。其中大型室内主题乐园的数量是突出的增长领域。

H+A：可否谈谈AECOM在主题乐园设计方面的发展定位和发展计划？

吉井：AECOM已经在全球范围内为国际和区域性客户完成了大量的项目，积累了丰富的成功经验。我们关注客户的需求，因应当地文化习俗来调整我们的设计方案；我们讲求实效，确保我们客户的投资获得回报；我们依靠综合全面的服务实力为客户提供定制和全方位一体化的服务。以下是我们已完成的部分项目名单：

1）香港海洋公园，中国香港特别行政区，服务范围：经济咨询、项目管理和建造工程管理、景观设计

2）圣淘沙名胜世界度假村，新加坡，服务范围：经济咨询、项目管理和建造工程管理、项目、造价与咨询

3）三星爱宝乐园，韩国龙仁市，服务范围：经济咨询、总体规划、造价咨询

4）北京环球影城，中国北京市，服务范围：总体规划、交通规划、建筑设计、工程设计

【 Multi-dimensional value of theme park 】

H+A: How do you define theme park? What are the meanings and values of this building type to city and region development?

There are many different types of theme parks both indoor and outdoor. Theme parks are paid admission entertainment centers with comprehensive entertainment, leisure, dining and retail facilities with a clear theme or unique content. The entetainment consists of indoor and outdoor rides, theme exhibits, theaters, live shows and other forms of entertainment. The theme, scale and character of the park differentiate it from general amusement parks.

Theme parks can bring value to a city or region in several dimensions. Firstly, it provides a destination for a city's residents and for tourists from afar. Secondly it brings benefits to investors and creates more jobs. Thirdly, it drives city and region socio-economic and cultural development, creating or adding on an identity for a city. Finally theme parks support related tourism, culture, hospitality and real estate development.

H+A : In your experience, what is the current developing situation in global theme parks? What kind of features do they have? And what is the key to success?

AECOM has collaborated with the Themed Entertainment Association (TEA) for 9 times on the annual Themed Index and Museum Index. The 2014 annual report we released middle of last year shows the big picture of attendance growth at a healthy rate of 4 percent for the top parks globally. Europe has rebounded with 3 percent volume growth, the U.S. has remained steady at a little over 2 percent, and Asia increased by about 5 percent.

There is still a strong focus on Asia from an investment standpoint, in all sectors of the business. The continent is generally under-served in terms of attractions, and has a growing middle class increasingly meeting the income threshold necessary for themed entertainment to be viable.

The Middle East is also seeing a comeback with a number of developments planned or under construction there. While the market is clearly smaller than Asia by a significant margin, a number of attractions make sense, and we've seen growth in the water park area which is a mid-market product that can certainly thrive in the markets and climate of the Middle East.

Finally, on the high end, we are seeing continued planning and development of mega-projects, often with a combination of themed attractions, resorts, gaming, and other components, which can clear the US$1-billion mark in terms of overall capital investment. On the low end, there is also growth and ownership transitions in the family entertainment center (FEC) market which keeps that sector lively.

The theme parks have to be popular, fun, safe and clean for family and friends in order to be successful. At the same time, they have to be financially viable and invest in new attractions every few years.. So in designing and operating theme parks, these have to be considered.

H+A : How do you think of the development of theme parks in China? Compared with world famous brand, what are the deficiencies? And what do you think of this market in China?

China is in a rapid development phase with many new theme parks, amusement parks and water parks opening every year. The theme park industry will have many challenges in creating and managing vibrant spaces attractive year after year. The demand is also growing rapidly with the rising middle class and booming tourism market, attendance and spending is increasing at double digit rates.

H+A : Foreign brand such as Disney and Universal Studio are optimistic to China market, what issues shall they take care of before settling down in China?

A suitable and accessible site location, market support, investors and government support are needed. Let's talk from the design/planning perspective. Right from the conceptual stage, research has to be done on the receptiveness of the branded elements, the types of entertainment on offer, the price points and so on. We at AECOM have experience in working out feasibility studies, park layout, component mix in the park, construction supervision, and so on to address these issues. From an operation standpoint, safety is considered the top priority followed closely with guest satisfaction.

【 Omni-directional project management 】

H+A : What can design firm do in the process of strategy, design and construction of theme park projects? What features do theme parks have in design? What design strategies and principles shall we comply with? What challenges shall we tackle with?

Let's answer these two questions together. A theme park has landscaping, buildings, rides and shows that are based on one or more specific themes or stories. A wide range of integrated services are needed to address complex projects and ambitious programs, with financial, environmental and cultural factors taken into consideration.

This requires integrated services to address complexities in a project. Understanding the latest industry trends, grasp of market nuances and new technologies are also crucial for creative and thoughtful solutions. Turning dreams into reality.

H+A : Theme park is a special building type, the construction period is long and the cooperation party is large, what are the features, difficulties, methods and experience in project management?

These are usually complex projects but AECOM is well placed to address all these issues. We provide fully-integrated services so that we could consider such projects with a holistic approach. Theme parks require a large number of specializations and creative talents that must all work together to deliver projects on time and budget. On the other hand, these entertainment sites have very high safety requirements. At AECOM, we have experience ensuring safety is not compromised, both with our design and our construction supervision.

H+A : Would you like to talk about your consideration of traditional culture and regional features in theme park design?

AECOM brings together their global resources with Asia experience in feasibility, design and implementation. Culture and local features can establish a project's identity welcomed by local people and easily memorized by tourists. Thus in our practice, we always combines global expertise and local knowledge to deliver successful projects, which proves successful.

H+A : As an excellent theme park designer, what kind of service does AECOM provide in theme parks? Do you have any famous cases to share? Would you like to share us with the most impressive theme park design by AECOM in your experience?

We have done a lot of projects and each has its own special features. AECOM's service offering is unique in the market: a range of fully integrated services to address complex projects and ambitious programs. AECOM is able to seamlessly manage the entire project workflow from concept to handover. From single use buildings to entire new theme districts, AECOM is able to operate at different scales through all levels of design.

Our services cover from concept to completion the following: 1) Programming, Master Planning,

Concept Design, Financial Feasibility;2) Detailed Design / CD; Building Engineering, Landscape Design, Civil Engineering, Interior Architecture;3) Value Engineering, Cost Planning, Tendering; 4) Project Management, Cost Management;5) Handover.

Many of our projects are covered under strict confidentiality agreements so we cannot disclose our involvement.

【 Rapid growth of entertainment needs 】

H+A : What are the trends of the development of theme parks in the world?

The demand for leisure, culture and entertainment facilities is growing globally, especially in Asia fueled by a rising middle class, growing consumption and increased tourism flows. AECOM's recent China pipeline report highlighted USD 23.8 billion in upcoming capital expenditure, a 260% increase from 2011. The number of large scale and indoor theme parks are particularly growth areas.

H+A : Would you like to talk about the development orientation and plan of theme park design by AECOM?

AECOM has done a multitude of projects across the globe for international and regional clients. This speaks volume of our successful approach. We focus on the needs of clients. We are flexible, adapting designs to suit the local culture. We are practical, ensuring that the investment made by our clients is viable. Our approach is all-rounded enabled by our comprehensive list of capabilities. Below is a sample list of projects we have done:

Ocean Park Hong Kong, Hong Kong, China. Services: Economics, Project Management and Construction Management,Landscape Architecture

2) Resorts World Sentosa, Singapore. Services: Economics, Project Management and Construction Management, Program, Cost, Consultancy

Samsung Everland, Yongin-si, South Korea. Services: Economics, Master Planning, Cost Consultancy

Universal Studios Beijing Resort,Beijing China.Services: Master Planning, Transportation, Architecture, Engineering

《2015 TEA / AECOM 主题公园指数和博物馆指数》
第十次年度游客人次研究表明，在中国大陆新建主题公园的带动下，亚洲增长迅猛。

香港（2016年5月31日）-《2015 TEA / AECOM 主题公园指数和博物馆指数》显示，主题公园和博物馆行业在 2015 年增长强劲。与 2014 年相比，全球前 25 名主题公园的游客人次增长 5%，前 10 名主题公园集团的游客人次增长率超过 7%。全球前 20 名水上乐园的游客人次增长 4%。全球博物馆的游客人次保持稳定，北美地区增长近 3%。

"在亚太地区，一流主题公园的游客人次增长近 7%。"AECOM 亚太区副总裁 Chris Yoshii 说。"中国大陆的新建主题公园有力地推动了这一增长。以长隆海洋王国为例，在其第一个全年运营中，游客人次达到 750 万，成为亚洲第四大主题公园。前三名仍然是日本的主题公园，分别是东京迪斯尼乐园、环球影城和东京迪斯尼。"

"包括新加坡的环球影城在内的很多老牌主题公园在 2015 年增长了 9%。值得一提的是，东南亚的很多主题公园虽然游客人次还不足以进入我们的排行榜，但总体运营良好。总之，对于亚洲的主题公园来说，2015 年是相当不错的一年。"

《TEA / AECOM 主题公园指数和博物馆指数》已经连续出版 10 年，由国际主题公园协会（TEA）和 AECOM 的经济咨询团队每年进行编制和发行。2006 年至 2015 年的报告均可在 www.teaconnect.org/resources/theme-index 和 www.aecom.com/themeindex 免费下载。

"在亚太区，AECOM 一直是经济咨询的领头先锋，我们准确预估这一区域内快速增长的收入水平和日益壮大的中产阶级数量，帮助主题公园客户做出正确的响应。"AECOM 亚太区总裁乔全生说。"这份报告所提供的数据和见解为亚洲地区主题娱乐业的发展提供有力的参考依据，特别反映出中国具有新建更多主题公园的潜力。"

"对于这个相对成熟的行业，今年的增幅可以说非常大。"AECOM 经济咨询高级副总裁 John Robinett 说。"十年来，我们一直在追踪这个行业的发展。我们看到，尽管出现了全球经济衰退，但该行业的业务量稳步增长，新技术不断被引入，国际化程度持续加强。"

这份研究显示，2015 年全球主题公园游客人次的增长主要来自亚洲和美国运营机构的强劲表现，包括中国的华侨城、方特、宋城、迪斯尼和环球。在博物馆市场，有几家博物馆出现两位数增长，包括俄罗斯冬宫和上海科技馆。

《2015 TEA / AECOM 主题公园指数和博物馆指数》还特别收录了该行业在过去十年间的演变数据。"《TEA / AECOM 主题公园指数和博物馆指数》通过 10 年的数据，真实反映出旅游景点业的广度、成功和影响力。"TEA 国际董事会主席 Steve Birket 说。"AECOM 公司拥有可行性和经济咨询方面的出色经验，并能提供跨越设计、建设、融资以及运营全阶段的服务。TEA 是由打造卓越场所和非凡体验的专业人员和机构组成的非盈利性协会，很荣幸与 AECOM 合作，一起去发现这一行业的发展趋势和问题。"

《2015 TEA / AECOM 主题公园指数和博物馆指数》关键数据

· 全球十大主题公园的游客人次达到 4.2 亿，增长 7.2%。
· 全球排名前 25 位的娱乐 / 主题公园的游客人次达到 2.36 亿，增长 5.4%。
· 北美排名前 20 位的娱乐 / 主题公园的游客人次达到 1.46 亿，增长 5.9%。
· 亚太区排名前 20 位的娱乐 / 主题公园的游客人次达到 1.31 亿，增长 6.9%。
· 全球排名前 20 位的博物馆游客人次是 1.07 亿，减少 0.7%。
· 欧洲 / 中东 / 非洲区排名前 20 位的博物馆游客人次是 7400 万，减少 1.7%。
· 欧洲 / 中东 / 非洲区排名前 20 位的娱乐 / 主题馆公园的游客人次达到 6100 万，增长 2.8%。
· 亚太区排名前 20 位的博物馆游客人次是 5800 万，减少 0.4%。
· 北美地区排名前 20 位的博物馆游客人次是 5800 万，增长 2.6%。
· 全球排名前 20 位的水上公园游客人次是 2900 万，增长 3.7%。

（董艺 / 采访，王潇俊 / 译）

2.3. 圣淘沙名胜世界度假村
4. 香港海洋公园

在中国打造海洋公园"迪士尼"
专访海昌海洋公园控股有限公司首席运营官刘家斌
Building Ocean Park Disney in China
Interview with LIU Jiabin, Chief Operating Officer of Haichang Ocean Park Holdings Ltd.

刘家斌，海昌海洋公园控股有限公司首席运营官（COO）

1. 上海海昌极地海洋公园效果图

【关于主题乐园市场及海昌的发展战略】

H+A：您如何定义主题乐园，您认为它的意义和价值是什么？

刘家斌（以下简称"刘"）：目前中国已累计开发主题公园式旅游点2800多个，是美国近60年来开发数量的70多倍。国内主题公园主要分布在长江三角洲、珠江三角洲和北京三大区域，投资在5000万元以上的主题公园大概有300家左右，其中有一定品牌知名度、有良好经营业绩的主题公园只占总数的10%，其他90%基本保持持平或亏损倒闭状态。

1）人口重构下的结构变化，持续旺盛的市场需求。三口之家中孩子消费约占家庭消费比例的40%至50%来计算的，而随二胎政策的开放，"宝贝经济"的规模将进一步放大。据推算至2030年，中国国内主题公园市场仍将存在9亿人次的缺口有待填补。

2）公园地产的热潮褪去，趋于理性的市场大势。过往以土地增值为基础的"公园+地产"混业经营模式，一度沦为廉价的圈地工具，使中国式主题公园的盈利模式偏离主流轨道。2011年、2013年政府连续发文，寄望通过严格管控，紧缩开发，引导国内主题公园走向积极健康的发展之路。当前已有13家中国主题公园登上全球排名前50的主题公园，并有三家中国主题公园集团跻身全球10大主题公园集团。

3）中国主题公园市场空间巨大。2012年—2014年中国有39家主题公园开业，预计到2020年估计还有64家。我们整个从现在的区域布局来看，环渤海、长三角、珠三角和成渝加中部；在未来市场空间上，从供需两个方面看到2030年主题公园市场大概，大概还有9亿人次的市场缺口。从主题公园行业在国内的布局现状看，可以用一句东部持续发力，中西部势头迅猛，市场需求持续旺盛来概括总结，行业希望看到的一个变化，就是专业运营商推动全国化的品牌战略布局，马太效应日渐突出。

4）海洋主题的远大前景，丰富多元的产品形式。目前我国面向社会开放的海洋公园和水族馆约为70家，而欧洲大约有150家，北美100多家，日本约60家。从人均占有量来看，我国平均每2300万人才拥有一个海洋公园（欧洲为每490万人，北美为每400万人，日本为每210万人）。海洋文化可与科普认知、兴趣教育、自然探索等领域广泛互动，并形成主题化的游乐、商业、酒店等多种功能与产品，充分迎合时下亲子休旅、时尚度假等多元需求。

H+A：您认为当下中国的主题乐园正处于怎样的发展状态？

刘：中国主题公园大概经历了三个阶段。第一阶段是20世纪80年代器械游乐时期，那个阶段主题公园大都无包装、投资规模小，主要针对是儿童和家庭的娱乐消费。第二阶段是90年代以华侨城锦绣中华为代表的投资小、收益大、回报快的锦绣中华现象，带动了新一轮的主题公园的投资热，但这也是一个处于盲目模仿的阶段。第三阶段是2000年初，伴随着房地产市场的高温，在所谓的旅游地产的商业模式下，大量的廉价圈地运动，真正用于主题公园项目的用地规模只占到占地规模的10%~30%，国家也出台规范管理，希望主题公园的开发能够达到从量变到质变，逐渐趋于理性。未来，主题公园行业将更加专业化及精细化，海昌拥有细分行业的先发优势。长远看，相信随着国内经济发展、基础设施完善、人民收入增长、生活水平的提高以及休假政策的变化，中国国内旅游市场规模还将继续扩大。近年来也有更多的主题公园投入建设，可以预见未来中国主题公园产业将更具规模。

H+A：在发展之初，海昌是经过怎样的考虑，将"主题乐园"作为重点发展方向？

刘：自2002年在大连成功开发运营中国首家以展示南北极动物为主的大连老虎滩海洋公园极地馆，海昌海洋公园控股有限公司正式进军海洋主题公园行业。经过十多年发展，凭借行业领先的极地海洋动物饲养技术，公司将业务模式逐步推广到其他主要城市，展开了海昌海洋公园在全国的战略布局。

围绕主题公园的空间战略分布，我们先后在大连、青岛、成都、重庆、烟台、武汉、天津等全国7个城市中建成6家海洋公园和2家非海洋主题公园，目前，我们拥有中国乃至亚洲最的海洋生物种群，生物总数超过4万只，在全球仅次于美国海洋世界的67 000只。我们的水体总量超过10万 m^3，排名中国第一。

我们的优势包括：1）发展历程长，专业技术与园区运营能力成熟（动物培育与养护、水体\能源等）；2）丰富的海洋生物资源与培育养护技术；3）战略化区域联动市场布局（8大主题园区+2大拟建项目，涵盖中国主要城市群）；4）庞大的既有客群基础（1200万人/年）；5）轻重资产兼备的多元产品形式。随着中国主题公园行业市场空间有待进一步释放，在政策、经济环境、社会氛围、技术等各方面的利好下，中国主题公园行业将迎来前所未有的黄金发展期。

H+A：海昌主题乐园在项目发展战略上取得了哪些成效？各地乐园之间是否有不同定位的侧重点？

刘：海昌海洋公园控股有限公司多年跻身全球十大主题公园之列，目前，已经在中国大连、青岛、重庆、成都、天津、武汉以及烟台成功运营了八座各具特色的主题公园。同时还在上海和三亚两地，规划和建设着"上海海昌极地海洋公园"和"三亚海昌梦幻不夜城"两座全新的世界级旗舰式大型主题公园综合项目。主题公园战略性的布局主要分为三个阶段：第一轮是环渤海、华中、成渝经济圈；第二轮是长三角和海南

国际旅游岛；第三轮是区域中心省会城市和旅游业发达的大中城市。

2014年3月13日，海昌海洋公园在香港联交所成功上市，成为首家在香港联合交易所主板上市的主题公园运营商。进入资本市场后，海昌海洋公园将继续深化品牌建设，按照既定的发展战略，持续打造以海洋公园为核心的主题公园行业内领导品牌，倡导"勇于创新、阳光健康、真诚可靠"的品牌个性和"有梦、有爱、有快乐"的品牌主张，为游客提供集公园游览、餐饮、购物、住宿等为一体的国际一流的一站式综合服务体验。

1）大连老虎滩海洋公园极地馆 于2002年开幕，展示南北极地貌及极地动物，成为我们涉足海洋主题公园业务的首次尝试，并迅速成为大连市标志性旅游景区。

2）大连海昌发现王国主题公园于2006年开园，以冒险为主题，拥有37项大型游乐设施，是中国东北地区最大的游乐园之一。

3）青岛海昌极地海洋公园于2006年在青岛开园，成为中国东部又一座国际知名的旅游景区。

4）重庆海昌加勒比海水世界于2009年在重庆开幕，是重庆南山旅游区的重要旅游景点，为寻求冒险者提供一系列大型水上娱乐设施和适合家庭式体验的水上娱乐项目。

5）成都海昌极地海洋公园于2010年在成都开园，成为我们在中国西部地区成功开发的首个极地海洋主题公园。

6）2010年开园的天津海昌极地海洋公园，是我们在华北，特别是北京周边的旅游市场，持续发展的重要一步。

7）烟台海昌鲸鲨馆于2011年开幕，成为国内唯一一家专注于展示世界上最大的鱼类——鲸鲨的海洋主题公园。该公园也是全球少数展示鲸鲨的主题公园之一。

8）武汉是中国中部地区重要的交通枢纽城市，于2011年开园的武汉海昌极地海洋公园，成为我们在全国旅游战略布局中的重要一环。

H+A：就全球范围而言，您最喜爱哪个主题乐园？它的哪些方面打动了您？国外有哪些可借鉴的先进经验？

刘：随着2016年6月上海迪士尼度假区即将开幕，迪士尼商业模式值得我们学习与借鉴。迪士尼集团产业已经覆盖了主题公园、动漫、图书、服饰、房地产、网络媒体、电子游戏、零食等多个领域，实现了从传统商业模式向新型商业模式完美的转型，影响了整个世界的动漫产业以及娱乐产业格局。迪士尼新商业模式发展成功的关键在于整合了企业内部优秀文化资源，并且进行了有效传播，通过动漫视频的制作传递一种特有的文化含义和人文情怀，后期的产品衍生、转让、建立主题公园等手段实现价值利润的反复获得，拥有较强的实力，实现产品的产业链。

借鉴迪士尼商业模式的成功因素，海昌海洋公园在发展中：第一，要重视产品质量，坚持产品质量为生命的精神，秉持洋为中用的观点，拥有自己的核心产品，不断提升和完善产品质量；第二，要注重品牌延伸，目前我们已经拥有自己的品牌"海昌海洋公园"，未来我们要借此创造品牌效益和知识产权，不断建立属于自己的商业环境，在文化产业上不断延伸与创新；第三，要不断提升企业服务理念，在产品经营中让游客获取快乐；第四，在传播上结合当地本土文化，突出海洋文化特点。

海昌海洋公园在海洋主题公园领域已经具备了成功的经验和较高的行业地位，未来我们将结合国际上优秀的行业可鉴经验，促使我们获得更加长足的发展。

H+A：可否谈谈海昌未来的发展方向与计划？

刘：在政策环境、社会氛围、技术发展等各方面利好的大背景下，中国旅游业及主题公园市场的增长潜力将得到进一步释放，并迎来前所未有的黄金发展期。展望未来，在行业发展的带动下，公司将立足于自身优势，首先持续升级传统公园产品、提升服务质量，优化主题公园周边的商业业态组合，推进海洋特色旅游休闲用地的建设。同时，集团将发挥先发优势，加强跨界合作，在确保上海、三亚项目顺利推进的前提下，通过轻、重资产并举的发展模式实现其他重点战略区域的产业布局；其次，集团将进一步完善管理输出及儿童娱乐业务模式，加快相关产品及服务的标准化进程，并积极寻求在全国范围内复制，以助力公司整体业绩的进一步提升；此外，我们还将继续加强与国内外领先文化娱乐企业的合作，不断提升自身的IP创意及内容制作能力，有效延伸海洋文化娱乐产业链。未来，集团会继续以打造为中国第一海洋文化旅游休闲品牌以及国际化的海洋文化特色旅游休闲平台型企业为目标，不断提升企业的市场竞争力，同时为股东及社会创造更大的回报。

【关于海昌主题乐园的策划、发展及品牌打造】

H+A：可否谈谈海昌在策划阶段的工作？策划如何把握好主题的定位？各地的项目之间有何不同侧重点？

刘：公司新项目的选址会从气候、地域条件、区域经济发展、区域竞争格局和地方政府发展规划等多方面综合考量：当地气候和地域条件是否适合发展全天候

2. 成都海昌极地海洋公园
3. 重庆海昌加勒比海水世界
4. 烟台海昌鲸鲨海洋公园
5. 大连海昌发现王国主题公园城堡正门游客与卡通人偶互动

或延长开园时间；所在城市经济发展和交通条件是否对周边区域有足够辐射能力；所辐射区域的人口基数和消费偏好是否适合旅游项目开发运营；区域内是否已有类似产品类型的旅游项目在建或运营，公司的新项目与其相比的竞合关系如何；是否与当地政府的区域发展规划相适应（是否在旅游动线上）等；通常公司会委托第三方机构进行充分市场调研，对产品定位和投资收益做出分析，以预判项目的市场可行性和投资可行性；新项目的主要风险存在于投资风险、区域市场和竞争格局变化的不确定性、区域发展政策的不确定性等方面；

公司所有存量项目都在二线城市，其一，多为旅游城市；其二，投入小；其三，主题公园重资产，前期尤为重要。未来也会在适当时机考虑进入北京等一线城市的机会。

随着上海项目的成功实施，公司顺应长江经济带国家发展战略，将在长三角地区成功实现布局。同时，上海项目旗舰式海洋公园定位，将继续巩固提升公司在国内海洋公园行业的领先地位。此外，借助于上海项目的国际化发展思路和多元化合作模式，公司将进一步加大与国际行业龙头和跨界领先企业的合作，提升公司整体品牌知名度和运营管理水平。

三亚梦幻不夜城项目是将多个产品的核心优势进行整合，结合海南本土风情打造海棠湾地区最具吸引力的开放式旅游休闲度假目的地，包括海洋主题特色娱乐设施、海洋动物舞台剧、特效天幕电影、国际品牌定制娱乐、海洋主题餐饮商业等产品服务，与海棠湾内未来多个核心景点，形成协同效应。以"海上丝绸之路"为故事线，以海洋文化为主题，突出梦幻、不夜的项目特质，打造包括娱乐体验、海洋主题酒店、餐饮、购物、康养休闲等多功能的海洋文化旅游综合体。

H+A: 海昌目前有几条主题品牌发展线？

刘：海昌海洋公园控股有限公司将持续打造中国第一海洋文化旅游休闲品牌，将引领休闲旅游文化生活方式，为客户提供完美的服务体验。倡导"勇于创新、阳光健康、真诚可靠"的品牌个性和"有梦、有爱、有快乐"的品牌主张。

1）不断提高现有主题公园的利润

（1）依靠在主题公园行业的经验，力争持续改善产品组合，为游客提供更丰富的娱乐体验，从而提高入场人数、延长游客停留时间、增加园内消费及游客重游的概率。

（2）将持续改善餐饮及购物场所等园内服务设施的吸引力及便捷程度，为游客提供更好的消费体验。此外，我们计划开发更多的专有主题消费产品，为游客提供独特及增值的购物选择。

（3）此外，为吸引游客于淡季入园，我们计划采取动态定价模式及一系列季节性促销措施。我们还准备在主题公园自然条件允许的前提下，增加冬季游乐项目（如人造雪上互动游乐项目），并争取使的主题公园成为影视节目拍摄的取景地。

（4）我们还力争通过新的品牌推广活动和持续的营销活动及增加门票销售和扩大旅行社网络，初级更广泛的潜在游客群体。

（5）同时，我们还将借助主题公园运营经验和创新科技手段，继续控制及降低运营成本，从而进一步提升我们的利润率。

2）继续扩大产品组合

我们将继续在中国各主要战略城市发掘新的主题公园项目，以扩大投资组合及增加收入。我们会将建设中的上海海昌极地海洋世界发展成为以海洋和极地动物展示与表演为特色的旗舰海洋主题公园及上海旅游地标之一，并融入现有主题公园的受欢迎元素，将全国同一品牌"海昌海洋公园"打造成为海洋主题公园行业的先驱及领袖。我们还打算将三亚海棠湾梦幻世界发展成为三亚的一个以"海上丝绸之路"为故事线，以海洋文化为主题的旅游胜地，以充分利用海棠湾地区游客大量增长带来的潜在商机。

3）进一步加强配套商用物业的发展

将持续发展现有及规划中的主题公园邻近的配套商用物业，通过销售、出租及经营最能反映整体品牌定位及发展战略的物业，实现收入最大化。

4）全面打造创新业务生态系统

（1）管理输出业务

集团多年传统公园业务运营所积累的经验、技术、人才、动物及品牌优势为后续管理输出业务的开展奠定坚实的基础。同时，随着管理输出业务的广泛开展，对于集团的品牌亦会起到强化及推广作用。

目前在谈项目还有5~6家，预计其中部分会在16年落地。未来，公司将借鉴存量项目运营管理经验以及履约管理输出项目的实际情况，加快推进管理输出业务标准化、规范化，不断丰富、完善产品体系，为新一轮业务扩张做好准备，我们也有信心管理输出业务将在中短期内有效助力公司业绩的提升。

（2）儿童娱乐业态

借助互动多媒体技术打造海洋主题嵌入式娱乐及小型极地海洋主题巡展等产品。

沈阳海昌光影乐园是公司首个嵌入式海洋主题儿童娱乐项目，也是公司推进轻资产创新业务战略的一次重要尝试。另外还开发集移动海洋动物巡展、主题科普展示、多媒体技术互动等元素于一体的创新式"微型移动极地海洋秀"，产品以"海昌企鹅大篷车"巡展为主打，提供用于都市旅游娱乐业态、住宅及商业地产营销活动、城市综合体节庆活动，强力提升引流效应，为活动带来关注度及美誉度。去年11月，该活动已于南宁融晟天河广场成功首秀。

（3）文化IP产业

IP是未来主题公园行业发展的驱动力，所以公司会持续推进IP业务进程。目前，公司已经组建具有海洋文化创意和内容制作能力的团队，并通过国际合作将结合公司品牌战略推出全新的卡通形象，IP资源，正在与国际合作伙伴组织拍摄4D影片《海洋之光》供上海项目和现有公园影院更新片源；此外，还开发美人鱼形象的主题IP，丰富并推广自主IP，包括卡通动物族谱、绘本图书等。未来，公司打造自主IP文化娱乐产品，线上线下结合拓展主题影视、游戏、图书、演艺等业务。

H+A: 海昌是如何打造"极地海洋公园"主题乐园品牌的？

刘：1）为突出业务定位及品牌发展战略布局，"海昌控股"于2015年6月30日正式更名为"海昌海洋

公园";同时,公司将全面启动旗下各项目统一更名"海昌海洋公园",加强母子品牌联动,形成品牌核心聚力,提高了品牌的对外辨识性和行业性,实现品牌重塑。

2)紧密结合海洋文化、围绕品牌整体发展战略,公司将进一步打造全国性品牌活动、加强投入和传播,持续扩大"海昌海洋公园"的品牌知名度,夯实"海昌海洋公园"中国海洋文化旅游第一品牌的地位。

3)我们通过丰富产品内容、提升服务质量、增强游客体验,继续深化品牌理念在消费者心目中的认知,不断塑造口碑,提升品牌影响力与美誉度。随着核心产品优化创新,服务品牌构建与完善,"海昌海洋公园"的品牌内涵将进一步丰富。

4)公司将继续品牌资源跨界合作,优化外在品牌价值,扩大品牌市场渗透力。通过文化创意方面的战略合作,我们已开展了异业间的品牌联盟与创新,进一步深化品牌多领域影响力,提升品牌竞争力。

5)依托品牌产业链的开发与延伸,不断实现品牌资产的扩张力。未来,公司将成立"品牌管理中心",对内进行品牌建设与规范,确保品牌资产保值与增值;对外成立"品牌授权中心",扩展品牌市场容量,进行品牌延展、扩展传播,丰富品牌战略合作,实现品牌资产溢价。

H+A:主题乐园项目会涉及很多各类境外机构的协作,国际的高端标准与经验如何与中国实际结合?会发生哪些情况?

刘:海昌海洋公园与国内外领先的科研机构进行合作,包括我们与西班牙团圆娱乐公园集团、德国柏林动物园、香港海洋公园及台湾花莲远雄海洋公园等知名国际主题公园、动物园和水族馆运营商订立的战略合作协议,以及我们持续加强的与中国科学院及其他科研机构的相互协作及支持关系等。

2014年海昌海洋公寓与香港海洋公园签订了合作备忘录,重点开展品牌及市场推广、人才培养、动物保育、技术交流等活动,以带动全球支持持续不断的环境保育工作,尤其是在保护海洋环境及生物多样性方面。借助备忘录彼此能够分享经验增强在不同领域的专业知识,实现优势资源共享,通过举办动物保

育活动及环保活动来提升品牌的知名度及国际化程度,而更重要的是像公众提倡动物保育及环境保护的重要性。

【关于上海海昌极地海洋公园的策划、项目管理】

H+A:上海海昌极地海洋公园,在主题定位、投资、运营方面有过哪些变化阶段?

刘:上海海昌极地海洋公园占地面积约为30万m²,总规划建筑面积约为20.4万m²,建成后将跻身全球大型海洋公园之列,项目定位世界级第五代海洋公园,具体包括9个大型展示场馆、3个大型动物互动与表演场、2个大型影院以及12项游乐设施设备。项目将展示南北极特色动物以及海洋鱼类,并提供设备娱乐、特效电影、动物科普展示和水上巡游等娱乐活动。

随着区域发展配套成熟和项目本身的可持续发展需要,跟上海政府签约时已经做了准备和安排,现在正在跟上海领导做新一轮储备用地的发展计划,分两部分,一部分是有关保育中心或文化交流中心方面的,具有酒店和住宿功能的用地,占地约6万m²左右,另外一块是项目的现有周边储备用地约30万m²,为公园升级和进一步发展预留空间。

H+A:上海海昌极地海洋公园的开发建筑及今后的运营,对于上海这座城市将会带来怎样的效应?

刘:按照上海市旅游业发展"十二五"规划,上海市政府将加快推进上海建设成为世界著名旅游城市,形成"一圈四区三带一岛"的旅游发展新格局。上海海昌极地海洋世界与建设中的上海迪士尼度假区同属"四区"中的商务会展与主题乐园旅游区,是上海市城市总体发展规划的重点工程。两个项目景点距离仅约30分钟车程,开业后游客可同时规划两个景点的游玩路线,将形成互动协同效应。2016年,上海迪士尼度假区正式开业,将与临港的上海海昌极地海洋世界共同打造东亚最大的旅游目的地和世界级旅游城市核心区,形成共赢的协同效应。

H+A:可否谈谈海昌在上海的海洋公园与海昌其他乐园相比有何特色?

刘:2015年3月29日上海海昌极地海洋公园举行了奠基仪式,这标志着上海海昌极地海洋公园正式破土动工。

上海海昌海洋公园是世界级旗舰式项目,规模是现有最大项目规模的5倍以上,建成后将跻身全球大型海洋公园之列。项目突出独具创意的海洋文化主题,将包含极地海洋乐园、主题度假酒店、配套商业等组成部分。设有9个大型的展馆、3个互动表演场、2个大型的特效影院,以及2个大型的游乐设备。

以突出极地特色与海洋氛围,注重游客体验,营造全方位的休闲游乐氛围,把传统的海洋生物展示与先进的高科技手段相互结合,增加游客游玩的科普性、互动性、参与性。此外,公司还拟委聘国际化管理人与专业团队,负责筹备该项目的建设以及日后的营运管理。

H+A:可否谈谈未来,上海项目将会给上海区域带来怎样的效应?

刘:与上海迪士尼的聚集效应和协同效应。上海项目与迪士尼直线距离约20km,25分钟车程,上海项目所在的11号线与迪士尼所在的16号线会有换乘站,二者属于同一旅游动线;两项目在产品定位,目标客群上存在较明显的差异;两项目有望形成旅游人流聚集效应,协同效应;政府规划:S3高速、浦东川沙临港的轻轨;在上海项目各项工作顺利推进的同时,项目所在的临港地区发展也在日趋成熟,全球最大的冰雪世界项目和上海自贸区文化装备示范中心等多个重大功能性项目相继落户临港,为区域人气聚集起到重要作用。未来上海迪士尼、海昌海洋公园、野生动物园与其他诸多项目各有亮点,差异化协同,将共同打造浦东为东亚最大旅游目的地。

应对大游乐时代的"万达"策略
专访万达文化旅游规划研究院有限公司常务副院长梅咏
'Wanda' Strategy Responding to the Big Recreational Time
Interview with MEI Yong, Executive Vice-President of Wanda cultural tourism planning and Research Institute Co., Ltd.

梅咏，万达文化旅游规划研究院有限公司总裁助理，万达文化旅游规划研究院有限公司常务副院长

【主题乐园产业的现状】

H+A：您如何定义主题乐园，您认为它的意义和价值是什么？

梅咏（以下简称梅）：主题乐园首先是文化旅游产业的一个载体，它的发展与国家的经济节奏是相匹配的。美国乐园的兴起是在19世纪末，那时候美国开始实行工人8小时工作制，大都市的地铁系统开始兴建，民众拥有了更多的可支配收入，在上述条件下一百年前开始有了最初的主题乐园，当然那时的乐园更像是游乐场的性质。同时一些例如做采矿设备的制造商开始推出一些小型的摩天轮、矿山车等游乐设备，并逐步发展为专业游乐设备厂家。在中国随着物质生活的迅速提高，消费者对休闲度假需求越来越强烈，这两年的出境游、国内游份额增长都非常迅猛，相应的主题乐园在中国也进入了蓬勃发展的黄金时代。此外主题乐园把文化和娱乐元素结合在一起是一种非常好的形式。主题乐园与音乐厅、美术馆一类的纯文化消费不同，它是把文化元素、科技以及休闲娱乐紧密结合在一起，拥有更为广阔的受众人群。从每年AECOM的乐园数据统计中可以看出，亚太地区增幅最快，北美地区还好，欧洲地区的经营就相对差些。欧洲乐园经营整体增长较慢，很大一个原因是欧洲有大量的博物馆、美术馆等公共设施都是向市民免费开放的，分流了相当一部分客源。同时博物馆、美术馆的体验方式运用了很多科技手段，像德国宝马、大众的汽车博物馆采用了很多高科技的技术来呈现企业历史和产品，所以在某种意义上博物馆也越来越拥有乐园的娱乐性。

H+A：中国的主题乐园，在主题定位、投资、运营方面有过哪些变化阶段？

梅：其实中国乐园的几个阶段还是较明确的，20世纪80年代末从锦绣中华开始的那几个项目，算是最早一代的乐园，之后国内逐步兴起的基本是机械类的游乐场。这几年开始，越来越多的乐园更注重的是内容的植入。目前机械类的乐园纯靠设备已经比较难形成差异化，所以各个企业现在都加大内容的植入，对IP的引入越来越关注。

迪士尼和环球影城的优质IP都是来自影视作品。虽然万达影业起步比较晚，但在去年万达影业已经是中国最大的民营影视企业，再加上万达收购了美国的传奇影业，下一步的重点是如何把这些资源整合好，把优质的影视IP和万达的乐园进行有机的结合。

H+A：万达如何策划打造自己的主题乐园品牌？策划如何把握好主题的定位？策划有何要点和关键之处？国外经验有哪些借鉴？

梅：迪士尼和环球影城的模式不一样，迪士尼是更偏家庭，环球影城更偏年轻群体。从业绩上看还是家庭型模式盈利更好。因为，你能吸引住孩子就意味着几代人都会来，老少皆宜，它的附加值就相对高。所以，万达选取IP定位优先考虑家庭型的主题，但同时还会兼顾各地的情况，针对年龄层进行项目配置，也就是根据各地的统计数据在家庭型和刺激型之间做一些调配。

H+A：总体而言，当下中国的主题乐园正处于怎样的发展状态？

梅：中国大部分的乐园都面临一个瓶颈，这两年乐园的建设量非常大，但是真正盈利的只有20%~30%，七成处于亏损。最明显的案例是中国前些年各地开发商建设的水乐园非常多。因为投资成本相对较低，只需抓住几个月夏季经营期，其他的时间段不用运营，即可得到快速的投资回报，所以开发商扎堆建设水乐园的现象很普遍，开始出现开业不久就关门的现象。所以国内这种密集同质化的竞争还是存在的，此外随着迪士尼、环球影城的进入，大幅提升中国乐园水平的同时，对国内乐园行业也带来了冲击与挑战，如何在当前这个充分竞争的市场中，打造出符合市场需求同时具有差异化的乐园，是本土企业需积极探索的。

【关于主题乐园项目管理、设计】

H+A：可否谈谈主题乐园项目开发中，万达对传统文化、地域特点的考虑？

梅：万达与迪士尼走的策略不同，全球的迪士尼规划布局跟产品基本是类似的，它的模式是在每个新建的乐园中引入几个全新的娱乐产品，而大部分的产品都是复制的。所以在文旅产品规划上，万达目前不考虑走复制的路线，每个乐园都深度结合地域的文化特点，这是万达目前非常明确的创意方向。因为万达在全国并不只是要建乐园，同时要弘扬地域的一些文化，虽然使用相同的设备载体，但植入的文化内容、影片内容是要根据各地文化特点去打造的。

我们一直在推广万达旅游度假目的地品牌——万达文化旅游城，简称万达城。万达城是一个集各种娱乐业态、消费、酒店群为一体的大型旅游目的地。以南昌万达城为例，该项目拥有大型度假酒店群，同时拥有80公顷的主题乐园，结合在万达茂中的内陆最大海洋馆，以及极具高科技含量的电影乐园。

H+A：在万达所做的这么多项目里，哪一个项目给您留下了特别深刻的印象？

梅：万达文化旅游项目一年一般只开一至两个，对我

1. 无锡万达文化旅游城室外主题公园
2. 西双版纳国际旅游度假区主题公园
3. 南昌万达电影乐园飞行影院

来说每个项目印象都很深刻。最早的万达文化旅游项目是长白山国际度假区。因为以前做的很多都是都市项目，第一次做山地度假旅游产品，包括结合山地的旅游度假小镇，尤其像山地滑雪场，普通的开发商可能从来没有机会去接触此类产品。当时万达请的是加拿大的Ecosign公司，它是五届冬奥会的规划设计单位，非常有经验。所以当时我们也很庆幸能找到国际上最顶级的一些合作单位，一起去打造长白山国际度假区。项目位于长白山的原始林区，大量的市政配套设施都需要万达自己去实现，包括整个度假区的供暖、水处理、变电站，甚至长达百米的跨河桥梁，具有非常大的挑战性。

之后武汉的中央文化区也是一个里程碑式的项目。项目共分两期，第一期是我们打造的楚河汉街，是一条长1.5公里的滨河步行街。这个项目的培育和发展做得非常好，客游量与商铺的租金每年都有大幅增长。尤其二期的汉秀与电影乐园两个项目，建成以后对这条街的人气拉动非常大。汉秀项目把国内舞台演绎的技术含量和艺术创意推到了新的高度，此项目是与创意大师弗兰克·德贡先生的合作成果。汉秀外立面的构思是红灯笼，具有非常强的地域性。汉秀里面的舞台设备绝对是世界最顶级的，三个超大型的机械臂带着LED屏作为舞台变换背景，同时升级座椅台结合演出巧妙的切换干舞台与水舞台。汉秀给观众带来全新的感官体验，完全是一个世界级的演绎项目。武汉电影乐园项目是类似于迪士尼和环球影城里结合影视题材的多媒体项目，把六个最受欢迎的多媒体项目集合在一起，用各种声光电特效形成沉浸式的体验，给很多游客留下了深刻的印象。

H+A: 主题乐园项目会涉及很多各类境外机构的协作，国际的高端标准与经验如何与中国实际结合？会发生哪些情况？

梅：外方会带来很多好的经验与一些技术标准，但在采纳建议的时候是需要双方充分讨论的。就比如最简单一个例子，乐园排队区栏杆的宽度问题，迪士尼的标准是1.1米，国内的标准经常是做成0.8米，1.1米能让排队的人相对比较舒服，而国内的运营商会考虑避免插队的问题。这实际上是国外的标准在中国实际操作时面临的一个的问题。

项目管理其实是万达的强项，万达在如何搭建整个项目团队方面是非常有经验的。作为甲方，我们需要跟各类乙方融为一个团队去推进项目。最重要的是根据各个项目的特点去找最适合项目特点的供方，并在前期就要明确每个供方的分工职责。

同时，还必须建立一个非常良好的沟通机制。因为项目设计中各种变化是正常的，从前期到施工现场，会动态的根据最新的情况不断地进行调整。因此，在一个项目启动之前，除了把各方的职责界面、实行计划编排好以外，很重要一个工作就是把大家的信息渠道搭建好，过程中有任何动态的变化，通过一张联络网随时将信息传递给各方，这样大家就可以同步起来，及时响应这些调整和变化，才能匹配上整个项目的节奏。

另外，万达对BIM的运用也非常重视，BIM已经上升到我们全集团层面的高度，包括万达广场、文化旅游项目，都全程采用BIM系统，在部门协调、进度、成本控制方面发挥着巨大作用。

H+A: 在国内本土的设计团队是不是成长的很快？

梅：国内这两年整个团队的成长还是非常快的。其实，不只是说国内创意能力，最重要一点是管理流程和管理理念。中国设计团队在工作流程、管理方式，包括一些思考问题的方法上，我觉得这些年进步和发展得非常快，还有很大的成长潜在空间。

【未来发展】

H+A: 如何打造属于中国自己的主题乐园类文化旅游项目？

梅：打造真正属于中国自己的主题乐园，应该是包括万达在内很多本土企业的追求。一是要基于中国市场的具体需求；二是要深度结合本土文化特点；三是要有高度原创性和超凡的想象力，要摆脱对迪士尼、环球影城项目的简单模仿。

H+A: 可否谈谈未来，万达在主题乐园方面的发展定位和发展计划？有哪些项目正在展开？

梅：万达的未来规划很明确，到2020年万达商业地产的收入比重将降到50%以下，文化产业收入将会大幅度提升，实现彻底转型。而万达文化旅游城就是此次转型中的一项核心成果。

"文化旅游城是万达集团凭借多年在商业、文化、旅游产业积累的丰富经验，创新的世界首个特大型文化旅游商业综合项目"。目前万达已选定在南昌、合肥、哈尔滨、无锡、广州、成都、桂林等地建设万达城，每个万达城的投资规模均在数百亿元。主题乐园将是每个万达城项目中的重要组成部分。

除了在国内建设大型文旅项目，万达也将目光瞄向了海外。万达计划在印度、法国建设大型文旅项目，希望在未来8～10年我们能将万达城做成具有全球影响力的品牌。

（董艺/采访，罗之颖/整理）

主题公园是人类体验的盛宴
访Adirondack工作室执行副总裁路易斯·艾伦
Theme Park is a Banquet of Human Experience
Interview with Louis Allen, Executive Vice President of Adirondack Studio

作为艺术和创意领域的领头人，路易斯·艾伦带领 Adirondack 工作室在国际市场上为来自全世界的业主提供高质量的服务。路易斯·艾伦的专长是场景艺术和现场艺术指导，他在色彩饰面、色彩系统策略、场景顾问及娱乐行业中对主题艺术质量卓越的把控能力被业内人士广为认同。

主题公园超越了日常的生活体验，为公众提供了一场各种文化价值、理念相交融的盛宴。它一方面娱乐了公园的体验者，一方面对创造者的探索欲和想象力提出更高的要求和挑战，因而刺激了文化发展和文化中心的建立。在这个进程中，主题公园的艺术风格和体验度将成为"点金石"，促进经济效益的增长，进而振兴整座城市。能量之间相互吸引、不断扩展，从吸引公众的目光开始，主题公园逐步提升并带动开发四周社区的潜力，一个景区就是这样诞生的。

1 核心价值在于"沉浸性"和"集成性"

在路易斯·艾伦（Louis Allen）看来，主题公园首先是座娱乐城，也可称之为"21世纪的剧场"。"主题公园采用讲述故事的方式，利用先进的技术优势激发人们的好奇心，以为其带来真实而欢悦的体验为使命。它涵盖了建筑、音乐、电影、舞蹈、动画、游戏、现场表演、虚拟情境、音效设计、灯光和乘骑技术等多种艺术方式，所有要素共同构筑整体体验效果。"路易斯·艾伦认为，主题公园的核心价值即"沉浸性"和"集成性"，一座成功的主题公园应该反映文化的多元性，以及文化交流、文化遗产的精华和积极成果，它不仅是游玩的场所，也提供给人们感知文化的机会。

由于人们更易于对流行的文化故事和人物形象产生共鸣，今天的国外主题公园通常被打造成某种流行文化或电影的延续和衍生品，再配合更加夺人眼球的互动体验项目，使之成为独一无二的旅游目的地。因此，如何创作出更具吸引力的故事以搭配乘骑设备、媒体技术和周边环境，成为创建主题公园时首要关注的部分。"国外主题公园倾向于融入更多的流行性文化体验和当地的风土人情，这种趋势将逐渐成为主流。"关于国外主题公园的现状和未来，路易斯·艾伦如是分析说。

以亲身游历为例，路易斯·艾伦谈到了自己最推崇的几座主题公园，包括环球影城（Universal Studios）、迪士尼（Disneyland）和布希公园（Busch Gardens）。他说这几处精彩绝伦、引人关注的主题性景区将故事、建筑、技术和场景高度完美地融于一体，准确定位了主题公园的质量标准和行业标杆。同时，他也非常喜欢荷兰的艾芙特琳主题公园（Efteling Theme Park）和丹麦的蒂沃利公园（Tivoli Gardens），它们可谓是主题娱乐行业的起源；而亚洲的韩国爱宝乐园（Everland）、日本环球影城和东京迪士尼则将美丽的景观、特色的区域文化和欧美主题公园的经验成功地结合，无愧为家庭娱乐的首选之地。

路易斯·艾伦还分享了 Adirondack 工作室参与的一个在业内颇具代表性的案例——环球影城的哈利·波特景点（Harry Potter Attractions），它被公认为主题公园娱乐环境设计的巅峰之作。整体环境立足于扎实的故事基础，让人瞬间卸下枷锁，完全沉浸其中，轻松自如地在各种游乐与配套设施中体验到先进的特效技术。路易斯·艾伦说，这个项目所经历的点点滴滴都让人记忆犹新，正是由于前期准备充分，对主题娱乐行业、作者和原创电影创意团队等方方面面做出了深入、透彻的研究，又经历了调研、测试、原型模型、细化和全面严格审核的创意过程，才最终呈现出令人欣喜的结果。

2 兼具创造力、专业性和协作性的设计师最受尊敬

当今主题公园的发展模式同质化倾向日趋明显，如何去创新，带给人们持续的新鲜感？谈及这个问题时，路易斯·艾伦态度坚定地回答说："能否做出风格独特的主题项目，关键在于自身是否拥有令人尊敬的创造力量，才能与业主一起把创意和地域文化特色融入到特定项目中，合作双方是否志同道合至关重要。"身为 Adirondack 工作室的执行副总裁，路易斯·艾伦谈到了 Adirondack 最关注的西方剧场艺术，底蕴深厚且独具创意，这也为 Adirondack 工作室的主题公园项目带来无穷无尽的创新之源。

Adirondack 工作室一向致力于提升项目的技术性、故事情节、包装艺术、建筑设计和场景设计方面的专业表达，除了参与到美国主要的主题公园动态环境的创建以外（包括环球影城、迪士尼乐园、六旗乐园、布希公园、海洋世界等），还为百老汇演出、歌剧和其他剧场制作道具和场景。其丰富的剧场设计、制作经验被当作灵感来源和指导范本，为主题公园项目缔造一种"亲临剧场才能观赏到的戏剧性魅力"，这也彰显了 Adirondack 工作室的核心竞争力。

但是，西方剧场艺术如何落定到中国文化的土壤中？文化差异如何避及？路易斯·艾伦认为，武汉万达电影乐园项目中的飞行剧场和互动影院就是中西合璧的最佳例证，展示了文化素材和高科技的独特

1. 新加坡西城商场"西城仙境"
2. 旧金山歌剧院"接骨师的女儿"
3. 奥兰多环球影城"卑鄙的我"

融合。飞行剧场引进了DSL高度成熟的动感乘骑设备，完美的屏幕表面、精确的动感编程和清晰的媒体细节由特效公司Pixmondo提供；互动剧院融合了先进的荷兰Lagotronics项目公司的游戏引擎、精妙的国际知名互动游戏开发公司Pure Imagination的互动游戏和可靠的荷兰ETF公司的乘骑系统……在音响、灯光、投影和包装场景等元素的全方位结合下，使人们体验到非凡的互动乘骑科技和美妙的场景艺术。"虽然再现了一个个线性发展的传统神话故事，在高科技感背景的大力渲染下，人们恍若置身于奇幻世界，更多的好奇和探索意念被激发。这两个剧场大量运用了最新的影音媒体技术，优势在于因更新故事情节而更改媒体时，不必对设施结构做大调整，仅仅需要对周围场景微调，即可注入新的'生命'。"

除了出类拔萃的创意和无可取代的技术优势，作为实操者，主题公园行业里的设计师应该怎么做？路易斯·艾伦的观点是，主题公园是一个由业主、故事编剧、艺术家、技术专家、建筑师和工程师们通力合作创建的集合体，其中涉及的各种角色相互依存、紧密相连，没有人是"孤胆英雄"，重视团队合作的力量才是取胜之道。"成功的设计师首先是某个创意领域中的翘楚，比如建筑、工程、绘图、平面设计、工业设计、景观设计等；其次，设计师必须保持开放的头脑，善于调动各种资源和经验来推动项目的完成。专业精神和协作能力同等重要。"路易斯·艾伦说。尽管个人水平和能力有所悬殊，但身为主题公园的设计师，一定要能深刻理解主题公园的大蓝图，并能密切关注那些可以让世界变得更美好的信息。

3 中国未来的主题公园注定是为公众量身打造的

随着世界级的主题公园在当今中国的快速发展，借鉴欧美模式的同时，中国的主题公园已经悄然形成自己的风格，前景令人颇为期待。中国文化是以"家"为单位的文化，作为文化的一个折射面，主题公园肩负着促进家庭价值观念提升的责任。中国的主题公园只有面向各个年龄段的人群开放才能成功，无论是父亲、母亲、孩子，还是祖父母，身处其中都能找到心仪的、适合自己的娱乐方式。谈及未来，路易斯·艾伦诚恳地说，中国未来的主题公园注定是为中国公众量身打造的，"一方面，它作为中国故事的新载体，糅合了中国五千年文化的精髓、现代先进技术和国外主题公园的成功经验；另一方面，中国业主对于中国文化和公众需求的切身了解和感悟，以及对国外专业资源的充分利用，正逐渐步入一条特色鲜明的发展之道"。

然而，中国主题公园在现阶段仍存在着一些令人担忧的问题，尤其是生命周期短暂的现象。谈到如何才能保证主题公园运营的可持续发展，路易斯·艾伦给出了中肯的建议："只有长期维持环境和场景的完好，才能获得人们的信任，带来更高的重游率，主题公园可续化运营的实质正在于此。为了达成这一目的，需要足够的技术运营和艺术运营人员参与其中；当然，这和延长于馆前测试工作、改善主题公园的前期规划和是否能按既定质量标准和工程进度来执行密切相关，培训、维护和改进这三条线持续不断地向前推进。运营团队必须以严谨、精益求精的态度全身心地投入，小心翼翼地保护主题公园价值体系中的任何一个构成部分，哪怕是微乎其微的细枝末节。这一切归根结底取决于业主是否能够在时间、精力、财力和培训上给予充分的支持和保障。"另外，业主不但要花大力气去维护一些复杂的高科技景点，长期维护好那些系统简洁、组件可靠稳定、故事性体验价值高的景点，则更加现实可行，结果也会事半功倍。

在做中国的项目时，路易斯·艾伦还发现了一些"时间性"的问题，由于前期复杂的审核手续、业主需求的随机多变、创新或技术改进的推进艰难。路易斯·艾伦建议采用更精简的方式来处理，由更高效的团队来负责项目执行，"这也是Adirondack工作室开展工作的方式，业主建立一个内部项目管控部门，并在他们责任范围内行使适当的权利，那么这个团队可发挥的能力将是极大的，效率会更高，最终效果也会更佳"。

采访者简介：

刘琳，女，华建集团现代建筑装饰环境设计研究院公司编辑部，《现代源》杂志主编

不可盲目"短、平、快"
专访华建集团资深总建筑师邢同和
Do Not Blindly to be 'Short, Fair, and Fast'
Interview of XING Tonghe, Chief Architect of Huajian Group

邢同和，华建集团资深总建筑师，教授级高级建筑师，同济大学博士生导师，兼任：华建集团邢同和建筑创作研究室主任。曾任上海现代建筑设计（集团）有限公司首任总建筑师。1962年毕业于上海同济大学建筑系城市规划专业。

【主题乐园的前景】

H+A：您如何定义主题乐园，它的意义和价值是什么？

邢同和（以下简称"邢"）：我认为主题乐园首先必须是大众的，因为它要适合各个年龄段，其功能内容是家庭成员和朋友间都喜欢的；其次，主题乐园必须具有娱乐消费的吸引力，在使人娱乐的同时，也具有让人消费的吸引力，主题乐园可以通过娱乐来寓教于乐，所以有很多人，包括政府都愿意去投资；第三，主题乐园必须是可持续发展的，可以随着我们的经济和科技的发展，不断增加新的内容。第四，主题乐园通过主题的塑造和创意，会形成一个规模的效应，必须有一定的规模，否则不能称之为主题乐园，创意使主题乐园产生差异化。

H+A：当下中国的娱乐业又处于怎样的发展状态？

邢：我用几个字来形容当下的娱乐业发展状况吧：一个是"热"，一个是"追"，也就是说，一旦某个主题热门起来后，就会有人跟风。

这两个字所带来的问题就是——"雷同"，这也是在娱乐业快速发展的同时，我们所担忧的问题。比如，有段时间大家非常喜欢大转盘，然后到处搞大转盘，那就雷同了。还有一个状态就是品质问题，主题里面应当包含什么内容？是文化的还是科技的？我觉得这个是当前我们发展趋势里面需要注意的。

H+A：现在特别多流行一些小型的，或者是单向放在商场里面的主题乐园。您觉得室外的主题乐园与室内的主题乐园有何不同？

邢：其实无论大小或者室内、室外，以我考察了许多国外主题乐园的经验而言，首先一定是有很强的参与互动性；第二个就是要有差异性，不重复，个性化才能使各个城市和地区都可以做。

H+A：具体而言，如何去寻求主题乐园之间的差异性？

邢：最重要的着力点就是文化历史的差异性。我们可以根据这个城市的自然环境、历史底蕴来创造。

第二个就是策划的着眼点，比如说现在很多商场都会增加了一个类似幼儿生活馆、幼儿娱乐园之类的场所，把商业设计在里面，家长带着孩子在其中可以吃喝玩乐。对于儿童的乐园来说，这是一个新增的功能。所以我觉得，命题不一样、主题不一样，就产生了出彩的地方。出彩的这个特点，可以来源于创造故事以吸引各种各样的人群，这是在城市中心的主题乐园的着眼点。另外在郊外，比较多的是大型的，与水景、山体相结合的主题乐园，因为这是城市人所不常见的。

H+A：您觉得我们国内主题乐园的发展前景怎么样？

邢：大有潜力可挖。为什么这么说？首先，主题乐园可以多元化，它可以大主题也可以小主题。第二，创意也可以多样性，它可以单独形成一个主题，也可以在大的乐园里面增加一个主题。

H+A：主题乐园与娱乐场馆之间的异同及延伸如何？

邢：一般而言，主题乐园应该是室内外结合的，跟场馆不一样，它有外景，又会在室内来具体叙述这个故

1.2.4. 国外同行考察
3. 美国迪士尼乐园

事,然后又可以让你去体验这个故事。此外,就是游乐设施的技术和设备的发展会相对快一点,这使主题乐园更具有生命力。

为什么美国的迪士尼文化、好莱坞文化能长盛不衰,而且能"辐射"全世界。它就是用这种文化结合科技,带来自己的个性创意,往往能让游客在园内待上半天到一天,从而带动园内的其他消费。大众的、高档的都有,各种年龄、各种消费层次的人都适合。而我们所谓的急于求成反过来就要产生经济效益,因此显得我们粗糙,导致我们会"短、平、快"去做项目,它的生命活力就比较少了。更有一种是有些政府或者私人老板在这个操作过程当中,环境意识比较差,往往增加进去的项目反而影响了整个风景区。迪士尼的占地面积很大,但是逐步增加的,这也是我觉得主题乐园和场馆很不一样的地方,场馆有一定的限制性,但好的主题乐园往往是场馆的内外结合,并不孤立。

从商业效果来讲,主题乐园也好,场馆也好,现在都在发生一些改变。改变什么呢?就是将消费的热点进行转移。现在的消费热点是:人们希望能体验到一些具有震撼力或者印象深刻的东西,可以是很刺激,也可以是很安静的。

H+A:设计机构在主题乐园项目建设过程中可以起到哪些作用?

邢: 就设计方面而言,前期很重要,特别是规划,它一定要跟城市的规模、城市的性质、城市的特点、城市的定位相匹配。比如一个主题乐园,它的文化娱乐设施应该定位在哪里?具体规模怎么样?如果一个30万人口的城市,要做几个主题乐园?在哪里打造?这些要有一个规划。

第二,策划主题要结合当地的历史文化与地域特点。像深圳的世界之窗、锦绣中华,它们以打造世界建筑与民俗文化为发展点的,再从这个文化点发展出它的互动性。

第三,设计师要充分了解游乐设施的发展状况,才能做到建筑与相关设备的完美结合。这方面是我们可以做很多创意性的设计的着力点。有了足够的了解,再来进行建筑创造,就事半功倍了。

第四,要不断地跟上国外的步伐。我提倡的是要更多的合作与参与。

【迪士尼的启示】

H+A:作为上海迪士尼乐园的评审专家,你在它的建造过程中,有没有一些与美国团队合作的故事可以与我们分享?

邢: 我是作为专家参加了整个过程中每个片区的评审,从总图到6个片区,体会还是很深的。对于中美双方来说,其实就是应该怎么样把中国国情和实际需求,与迪士尼本身的文化、游乐设施和相关要求结合起来。通过这次合作,我们学到了新鲜的知识;对他们来讲,提高了迪士尼项目的落地性。举例来说,无论是规划也好,单体建筑也好,我们中国的特点是人多,所以造成大家在排队时都很急躁。喜欢往前冲,不是像国外游客那样,能休闲排队。所以结合这个特点,我们必须在结构、设备、安全度上做充分的考虑。而在创意上,是我们要向美方学习的,上海迪士尼乐园新增了一个"未来世界"的片区,这在其他地方是没有的,作为评审专家,我非常赞同新增这个片区。因为迪士尼文化也要发展,里面会有一些太空元素,也集合了一些"世界奇迹",将这些东西结合在一起,代表着未来世界。

所以,我觉得我们在这些创新、创造方面要向世界学习,这有利于丰富和提高我们自己。另外一点是,要提高品质,还需要有一个过程。

H+A:迪士尼"落地"到了中国,我们也很想了解一些具体的落地的细节。

邢: 有几个"落地"。第一,迪士尼的几个片区中涉及的建筑设计非常多,包括里面最高最大的城堡建筑,如何做?首先是我们专家通过这个评审知道了上海的迪士尼乐园里面将会呈现的几个特点与亮点是什么,哪几个是迪士尼文化不能或缺的,哪几个是可以更新创造的。我们要了解,然后才能提出我们的想法去支持。

第二,对中国国情的充分考虑,首先是我们人多,喜欢家庭为单位的旅游活动,这些特点决定了园内的生活功能应该是怎么样的。另外,中国人都不太喜欢预约,宁愿多一个小时进行排队,所以排队的人多,这对场地的要求也就不一样了。如果我们不考虑这些,将来运营过程中就会很被动。

H+A:这些都会牵涉到设计规范问题吧?美国和中国的规范可能会差别很大,如果遇到不符合我们国内规范,怎么处理呢?或者是我们国内没有规范,又怎么处理?

5. 国外同行考察
6. 展览会
7. 欧洲乐园
8. 美国哈利波特乐园

邢：我们没有规范不要紧，向美方学；我们有规范，设计中必须执行。从项目初期开始的沟通，慢慢地，美方也就信任我们了。设计团队也是这样，开始时，美方和中方的设计团队讨论比较多，后来也就放心给我们团队做了。

这是我看到的一个比较大的变化，就是从美方对中方不那么信任到慢慢开始信任。合作之初美方的态度是：中方团队一定不能改，一定要这么做，通过慢慢地沟通，也感到我们提出的很多东西是有道理的，磨合得比较好。所以，最后的方案都是中美"交融"下来的成果。

【"大世界"的未来】

H+A："大世界"曾经是上海比较出名的一个标签，您也负责了它的改造项目，可否谈谈上海"大世界"改造项目的策划工作？

邢：老上海们都知道"大世界"，它是1917年开办的，到明年正好是100周年。首建是由一个叫黄楚九的建筑师做的。然后在20世纪30年代，黄金荣又做了一次完全不同风格的改扩建。

在黄楚九时代，他做出了绝妙的创意，将各式各样民间曲艺杂耍集中在一个游乐场所里面，把大世界打造成了具有游乐性质的娱乐场所。

在黄金荣时代，可谓迎来了大世界的辉煌期。建筑规模变大了，建筑的品质也提升了。从原来一个比较简单的建筑结构慢慢变成了一个比较完整的形态。我们现在对大世界的修缮保护重点就是抓住黄金荣时期，将这个辉煌时代的建筑特征与特点都保护下来。把这个时代原有的细节都保留下来，再把新中国成立后破坏掉的重新修复出来。

H+A：在具体的修缮工作中，遇到过哪些挑战？

邢：新中国成立后，"大世界"首先变成了人民游乐场，到"文革"就停止了，后来就变成了青年宫……

我们保护修缮"大世界"面临的几个挑战是：其一，这次改造里面以保护哪个时期的风格为主？我们采用的是以20世纪30年代辉煌时期黄金荣的建造风格为保护源头的源；第二，我们的工作的依据是什么？要保护哪些东西，还有留下来的元素特点、建筑文化元素与特点，我们尽量保留下来，比如说著名的哈哈镜……那些当时有特点的东西，我们尽量保留。

保护修缮的难点是：它现在变成了一个危房，怎么从安全角度出发解决问题？我们现在都有一套完整的规范，"大世界"原来的状态早达不到这个规范了。比如，它原来的结构已经不适应现在大量人上去、建筑的楼梯疏散等一系列的问题。当年设计的时候完全不存在这种规范，但现在的情况不同了，都必须按照规范补上。

另外，原来"大世界"里面就只有几个空调，大多数还是电扇。上海这天气，夏天和冬天肯定都不行，所以在这次改造里面，需要在不破坏建筑的情况下，把这些设备安装进去，这是我们面临的第二个挑战。

第三个挑战到现在来讲，还没有完全解决。我们在"十三五"规划里还没有把它明确，还没写进去。就是如何焕发现有建筑物的生命活力？其实就是怎么用的问题，是社会效益跟经济效益之间平衡的选择，要平衡选择，选择什么呢？建筑面积和空间都是有限的，但在里面可以搞很多创意。"大世界"的历史限定了它过去是我们称为"三民"的娱乐建筑。什么是三民？民族的、民俗的、民风的。现在来看怎么变，这个"三民"到底留不留？完全用现代语言来重新定义它，还是继续用传统的"三民"？从经济效益来讲，"三民"的经济效益与现在完全数码电子时代的效益完全不同，所以我觉得这个是一个新的挑战。再一个就是它的使用功能，"大世界"今后生命活力的发挥和我们的组织者、主办者有关。所以我觉得这个挑战，目前还没有解决，但是我相信会在创意无限里面找到解决之道，使得我们的大世界真正再发挥它的生命活力。

（官文琴／采访，丁晓莉／整理）

中国主题乐园的发展需要运营检验
专访同济大学建筑设计研究院（集团）有限公司副总建筑师陈继良
Chinese Theme Park Development needs Operational Test
Interview of CHEN Jiliang, Vice Chief Architect of Tongji Architectural Design (Group) Co., Ltd.

陈继良，同济大学建筑设计研究院（集团）有限公司 总裁助理、项目运营部主任、集团副总建筑师

【现状、产业、策划】

H+A：您认为主题乐园和娱乐公园有何区别？

陈继良（以下简称"陈"）：主题乐园最本质的特点在于其具有主题性，我们通常称之为IP（Intellectual Property的简称，即知识产权）。IP的成功与否在于是否可以产生有生命力、可持续营销的衍生产品。当主题乐园拥有了精彩的IP和衍生产品后就可以获得大量的附加值收益。然而并不是所有的乐园都具有主题性，那些不具有主题性的乐园从实质上只可称为娱乐公园，比如嘉年华和各类游乐场，这些在国外也是很多的。比如一些美国小城市的水上乐园就是没有任何主题的纯娱乐公园，主要靠运营、门票、餐饮等其他服务而非乐园的主题和衍生产品来盈利。

在国内，我们通常把两者混为一谈，几乎将所有的乐园都称为主题乐园，但是在开发时应该对乐园的属性进行明确的定位。当下，国内主要通过主题乐园开发带动周边地块升值的方式回收乐园的开发、运营成本以及获得盈利。中国基于地产开发模式的主题乐园大部分是娱乐公园，和国外通过主题性来主推衍产生品的主题乐园是两种不同的开发、盈利模式。

H+A：中国的主题乐园发展经过了哪些阶段？

陈：中国的第一批主题乐园大约诞生于20世纪90年代左右，起始点是深圳的"世界之窗"和"民族村"。从那时起，大家发现运营公园能够带来收益，就纷纷进行投资开发。第一批主题乐园主要以仿造景观和单纯设置游艺项目为主，在IP定位和运营经验方面不够成熟。随着国家开放，仿造世界各地景点的乐园对公众的吸引力日渐消退，游艺设备也限于当时的有限投资而显得陈旧、缺乏设施更新。因此，第一批主题乐园中的90%后来都无以为继。

第一批中比较特例的是上海的"热带风暴"水上乐园，从1997年开业至今依然运营良好。一方面，它的投资比较少，大概只有两亿左右；另一方面，"热带风暴"通过运营还对周边地块进行了开发，获得了很好的收益；再则，水上乐园一般只有三个月的运营期，这样使得运营成本相对集中，并且聘用的服务人员也相当于季节工，因此在财务方面没有压力。

第二批主题乐园则发展得很稳健，以华侨城、海昌、长隆等为代表。在人流测算、设备提升、主题定位等方面，第二批乐园从第一批的发展过程中获得了不少经验，第二批所面临的市场竞争压力也相对较少。

第三批主题乐园在最近的五年内得到了集中开发，以迪士尼的建设作为契机，开发形式主要还是"以地养园"。第三批以万达为代表，采取在全国范围内先进行布点，再按顺序按系列开展有计划的开发。在第三批中，相对于过山车等传统游乐项目，航空、水族、冰雪等主题是比较有特色的，可复制性更小，也更具备优势。

第三批的开发也存在着问题。我们知道，做主题乐园首先要进行人流量测算，对乐园每年可以接待的游客量有一个预估，这是乐园运营成败的关键。通常有三种测算方式：第一种，从技术角度结合运营设备、后勤服务、流转时间、空间密度等测算场地物理空间能够容纳的人流量；第二种，从运营和商业角度测算需要多少人流量的门票能够收回成本；第三种，从市场角度进行测算，来判断乐园所辐射的区域人口能否实现第一、第二个人流量数据。第三个数据实际上是完全的预估，也是最不确定的。因为只要设计和运营做好，第一、第二个测算值都能比较精确的得到，但是第三个预估值是非常不可控的。以南昌、重庆、南京、武汉为例，纷纷都建设了好几个主题乐园，我认为，在同一个省、同一个区域的范围内，过于激烈的竞争对实现第三个预估值会造成一定的困难。

H+A：为什么在最近5年内，会出现第三批主题乐园集中开发的现象？

陈：我认为可能有三方面的原因。首先，上海迪士尼乐园的开发建设作为一个契机，带动了全国各地的主题乐园开发。其次，政府提倡中国智造、大力发展文化旅游产业，在政策导向上给予了支持。第三，人民生活水平、消费水平这些年来得到了极大提升，大家已经不再满足于传统的城市公园模式，对更为丰富多元的休闲娱乐方式有着大量的诉求。这些因素使得主题乐园在最近五年得到了集中开发。

H+A：主题乐园如何选择落点城市？

陈：有两方面的情况。对于国外的具有极好IP的主题乐园而言，通常会选择中国的一线城市，比如迪士尼选择上海、环球影城选择北京。而其他的主题乐园为了避免和上述乐园产生正面竞争，往往会选择到二线城市、三线城市进行开发。而且，中国的开发者也

1.2. 上海热带风暴
3. 恒大海花岛主题乐园
4.5. 中弘济南主题乐园

往往会以其自身角度来选择落点城市，如水上乐园会考虑气候因素，航空主题的乐园也会考虑和其飞机制造基地的分布因数。

H+A：就全球范围而言，您最喜爱的主题乐园是哪个？

陈：毋庸置疑是迪士尼乐园。迪士尼乐园的主题非常有趣，所涵盖的游乐类型也非常丰富，比如美国奥兰多迪士尼乐园就包括了水上乐园、动物园、夜间公园等数个分主题的乐园，体验感极佳。而迪士尼乐园最打动我的，也是我认为最重要的，是其非常注重营造温馨的家庭式游园体验模式，在美国的迪士尼乐园经常可以看到三代同游的情景，而这在美国其他地方是很少见的。此外，在我们与迪士尼乐园的合作中，他们无论是在创意设计、场景营造、环境营造，还是土建质量上，无论是看得见的还是看不见的部分，都对建造品质有着极高的追求，这种对游客体验的重视确实让人钦佩。

H+A：现在的小朋友可能没看过米老鼠、唐老鸭的卡通片，迪士尼是如何考虑这一点的？

陈：对人们而言，米老鼠、唐老鸭、灰姑娘、奇幻城堡等已不仅仅是卡通形象，迪士尼更是把它们塑造成为名著一般的经典，所以即使小朋友没有看过那些影视作品也不会对这些名词感到陌生。更为重要的是，迪士尼乐园最大的特点在于不断更新，他们会根据新的动画经典形象不断设计新的游乐项目和衍生产品，以此始终拥有不同年龄段的所有受众。

【项目管理、设计】

H+A：可否谈谈主题乐园的设计过程包含哪些内容？

陈：主题乐园设计的第一步是进行创意、确定主题，围绕着故事情节进行场景、环境的营造。此时，这些内容都是非常概念性的构思，不同的公司也往往会有不同的做法。比如迪士尼乐园在创意阶段会依托于它的动画团队，而其他一些主题乐园机构则会请专门的创意公司。

主题乐园设计的第二步是规划游览动线，在动线里设置不同的主题，然后把游艺设备大小错落地布置其中。这前两步对创意和游艺的专业性要求比较高，往往是以外方设计团队为主导的。

设计的第三步是转到建筑、工程与结构（Architecture, Engineering and Construction, AEC）公司来配合前两步的设计方案直至施工图。在国内，AEC公司的工作内容往往由建筑设计院承担，因为这一步的工作内容主要是土建设计及报批。

在土建以后的下游工作就是包装与深化设计，如黑暗骑乘等等。如果国内的相关单位想在主题乐园的行业里获得更大的成就，那么就应该在切入AEC阶段后一定要选择往上端或者往下端继续发展。

实际上，上述主题乐园的设计阶段有很多时候是平行的工作，现在国内能胜任这些工作的单位不多，这其中要整合好前端的创意、游艺设计，以及后端的包装设计和声、光、电等多媒体设计是有一定难度的。此外，做好主题乐园还需要把控、协调不同的专业界面，把握好彼此之间恰当的切入时间也是关键。

H+A：如何在策划时把握好主题定位？

陈：策划内容包含三个方面。一方面是项目背景，策划时首先应该关注乐园建成后能否盈利，需要考虑地域背景、市场背景和人流量测算数值；另一方面是项目定位，策划时需要明确IP定位和针对人群，比如乐园是以水上、水族、冰雪等特殊内容为主，还是以游艺、展示、演出内容为主，是选择放松休闲的游乐项目，还是面向年轻人的刺激的游乐项目；第三个方面是故事主题的策划，需要考虑主题故事是否会产生丰富的衍生产品及其这些衍生产品可能涉及的产权保护问题，因为只有独特的、不可复制的衍生产品才会有利润优势。

H+A：主题乐园在运营方面存在哪些问题？

陈：主题乐园的运营团队有着最大的话语权，决定着主题乐园的管理运营方式。运营团队应该把运营中可能会碰到的所有问题都考虑清楚，并且要充分、深入地介入项目。中国的成熟的运营团队并不多，并且往往是在项目建设过半才介入，这样会引发很多的设计不确定性。

是否会出现类似酒店管理公司的主题乐园运营团队？试分析如下：首先，国外的运营团队往往捆绑IP，比如Hello Kitty、乐高、迪士尼。但可能开发者并不需要这个捆绑的IP，或认为捆绑IP后运营管理费用过高；其次，酒店的CI在不同的城市基本上是一致的，但主题乐园应该具有不同的地域特色，因此在个性化方面与酒店管理是不同的性质。这两个原因造成现在缺乏专业的主题乐园运营团队，但我相信将来应该会有。

H+A：主题乐园项目中会与一些境外机构合作，可否谈谈合作后的感受？

6.7. 万达南昌主题乐园
8. 恒大重庆主题乐园
9.10. 万达无锡主题乐园

陈：我感觉，境外的主题乐园机构对土建方面在中国的合规性及本地化还是有所欠缺，特别是符合目前中国的设计环境、法规环境，还是施工环境等国情方面，往往显得水土不服。同时，他们往往也会由于不适应中国的工程进度、报批流程而遇到一些困难。

但是，就目前主题设计的设计来看，从目前的创意和品质来看，境外的主题乐园机构还是有很大优势。我希望，将来中国也会产生一些专门设计主题乐园的设计机构，而且，随着大量的开发，本土设计实力将逐步提升，文化产业逐步成熟，将来也会产生出世界一流的IP和一流的主题乐园设计机构。

H+A：主题乐园设计如何考虑中国传统文化和地域特点？

陈：目前，本土乐园对传统文化和地域特点往往缺乏深入的思考而流于某些形式表达。即使邀请境外优秀的创意公司来创作，它们对于中国文化也不够深谙，始终没有表达出文化的精髓。但是从主观意识来说，大家已经认为需要不断地吸收表达中国传统文化和地域特点，只不过在探索更深层次更有韵味的表达，也就是我们说的传神。

【未来发展】

H+A：面对"十三五"发展规划，中国主题乐园有何发展趋势？

陈：我个人相信在未来5年内，中国还会有一批主题乐园集中开发，这场开发达到一定规模后，必然会有一个自我修正期。因为如果一直不修正，就会变成越来越大的泡沫。当下第三批主题乐园的开发非常集中，基本上还都未曾经过"运营考试"。可能在经过市场考验，在过了修正期后，等大家对主题乐园有了更深入的认识后，会有更高质量以及更稳步的发展。目前主流的主题乐园的游艺设备规模通常在20~30项之间，投资规模通常在十几亿，开发规模比较一致，将来可以形成一个梯级的形态来更有利于形成良性竞争。我认为，未来可能有两个发展趋势：一个是多样化，既有大型的综合性主题乐园，也有小型的单一的娱乐公园，如水上乐园、冰雪世界等等，甚至在城市综合体内也会增加一些体验式的项目；另一个是持续性，中国的消费水平在不断提升，三线城市、四线城市未来会有更多的文化产业需求，因此中国的主题乐园还会有不断的建设发展。

H+A：如何打造中国自己的主题乐园？

陈：可能要通过三个方面的努力。第一，通过中国相关文化产业的发展而获得一些成熟的具有影响力的IP。第二，通过中国几十年主题乐园建设而获得的成熟的建设经验来有助于形成中国自己的主题公园产业链。第三，通过一批能深刻理解、准确表达中国传统文化精髓的人才来推动主题乐园的策划、设计及运营。有了这三方面的积累，打造中国自己的主题乐园、文化旅游产业就会水到渠成。

H+A：如何借鉴国外主题乐园建设的先进经验？

陈：纵观全球，国外的主题乐园建设比我国早起步了至少50年，国外主题乐园的发展时间比我们要长得多。对我们来说，国外主题乐园无论在开发模式、主题研发、还是在设计方法、品质管控、运营管理等方面都是有很多经验。一方面，通过合作开发，比如上海迪士尼乐园项目，我们可以接触到它们的策划、设计及运营过程，获得国外的先进经验；另一方面，当我国主题乐园产业发展后，必然会产生专门的人才，通过这些人才在行业间的流动也可以传递宝贵的先进经验。

此外，大家也许认为国外的主题乐园无论大小规模，都很不错，这其实是他们经过了几十年自我积累获得的成果，而我们目前的发展阶段还来不及进行长时间的自我积累，相信，随着时间的推移，我们的主题乐园开发建设也会形成很多很好的经验。

H+A：可否谈谈您所在机构在主题乐园方面的发展计划？

陈：我们TJAD在主题乐园设计方面参与了很多项目，也积累了一些经验，进一步的发展计划主要是这两个方面：一方面，形成一个成熟的文化旅游的产品线，建设专门的管理平台，通过它来共享知识、调配资源，把整个集团的优势集中起来。另一方面，我们也注重在主题乐园设计的策划、创意、土建、包装、游艺的衔接，形成一个全过程的解决方案，做到设计总包服务或叫全过程服务商，使业主得到更高质量及更完整的服务。

陈继良先生设计的主题乐园项目：

上海热带风暴
上海迪士尼乐园梦幻世界片区
上海迪士尼乐园迪士尼小镇
万达南昌主题乐园
万达无锡主题乐园
中弘济南主题乐园
恒大重庆主题乐园
恒大海花岛主题乐园
嘉年华青岛主题乐园

（董艺、官文琴/采访，高静/整理）

SIDELIGHTS ON SHANGHAI HAICHANG POLAR OCEAN PARK DESIGN

项目名称：	上海海昌极地海洋公园
建设单位：	上海海昌极地海洋世界有限公司
建设地点：	上海浦东新区临港主城区 NHC10101 单元
建筑类型：	主题公园
设计／建成：	2015/在建
总建筑面积：	204 771m²
建筑高度：	24m
容积率：	0.43/0.46/1.20
设计单位：	华建集团上海建筑设计研究院有限公司
合作单位：	GODDARD GROUP（概念设计）
	大连理工大学土木建筑设计研究院有限公司（维生系统）
项目团队：	周静瑜、徐志春、关欣、刘威、樊荣、李荔、潘家欢、刘桂然

上海海昌极地海洋公园
创建海洋文化新体验

刘威 / 文　LIU Wei

1. 总平面图
2. 总体鸟瞰图

　　上海海昌极地海洋公园由中国最大的海洋主题公园开发及运营商海昌控股投资建设，项目将打造成为世界级、旗舰式的海洋主题公园，为游客展示数量最多的动物种群、呈现效果最棒的互动表演、提供内容最全的科普知识、奉上最令人难忘的综合娱乐体验。由于该项目尚在开发建设之中，文章主要采用片段化的介绍方式，分享设计中的探索与思考。

1 以动物之名

上海海昌极地海洋公园共规划建设有9座动物展示场馆,动物种群数量和个体数量均为世界之最。根据种群特征,公园内展示的动物被分为"极地"和"海洋"两大类。这一分类方式,成为指导整个公园总体规划、单体设计和专项设计的根本出发点。

公园核心游乐区分为三个片区:除入口片区外,根据展示动物的不同,分为"极地世界"和"热带世界"两大片区,分别展示在高纬度地区生活的极地动物和在低纬度地区生活的其他海洋生物。

两大动物展示片区内的各类场馆,从建筑形态、装饰风格上均以极地世界和热带世界作为母题。极地世界被打造成一座北欧雪国小镇,各类场馆多采用对称性的布局和符号化的元素,装饰风格上色彩浓烈、细节丰富,烘托出浓烈的圣诞节日气氛;热带世界则被设定为一片雨林中的建筑群落,建筑场馆与雨林特有的自然风貌相交织,如同天外来客嵌入丛林深处一般,未来感十足。

在景观、包装、室内等专项设计中,同样都充分响应"极地"和"热带"两类风格的设定,从大环境到小细节均在强化和突显这两者的特色,使一座公园的两个片区形成鲜明的风格对比,为两类动物的展示提供充分的场景感和带入感。

2 以娱乐之心

相比以往的海底世界、海洋馆等项目,上海海昌极地海洋公园最大的不同在于引入了各类游艺、演艺设施和内容,为游客在观赏极地海洋动物的同时,更添加了一份的精彩。这些游艺设施主要包括了5个大型游乐设备和近10个小型的游乐设备,而演艺内容则涵盖了四维、天幕等多个影院和陆上、水上共三个巡游表演项目。

公园内的大型游乐设备有的直接落位于建筑场馆之内,有的安放在建筑场馆之上,有的与场馆紧密相邻。这些各不相同的布局关系,加上建筑场馆内有特殊的动物展示需求,给总体规划和单体设计带来了极大的挑战。

首先是公园内的动线组织,既要考虑展览性场馆游客的快速流动,又要考虑大型游乐设备周围游客的聚集等候。经过反复的推演、对比、选择,大型游乐设备的出发站台、等候区等最终均被布置在与游客主动线保持一定距离,而又具有极强可达性的位置。

另一方面,从大型游乐设备与建筑场馆的单体关系出发,也同样有一系列的技术问题需要协调处理。例如,为了彼此之间能共享服务设施,在单体的出入口设置上就需要保证既能相互独立,又可彼此联系,并且要避免流线交叉;为了确保紧急情况下的安全疏散,就要确保在防火分隔、防火间距等问题上采取合理可靠的决定和措施;为了避免游乐设备对动物产生噪音、震动等影响,就需要采取相应的断缝、减震等特殊结构设计。

3 以人文之魂

上海海昌极地海洋公园建成后预计年游客量超过600万人次,设计最大日游客量达到4.8万人,这对一个观展与游乐并重的主题公园而言,无疑是设计过程中必须特别关注的内容。

设计团队结合以往工程经验,通过与业主交流、游客访谈、实地调研等多种方式,分项

3. "极地世界"片区氛围效果示意图
4. 天幕影院室内效果示意图
5. "热带世界"片区氛围效果示意图
6. 冰山北极馆效果示意图

7. 沙塔餐厅效果示意图
8. 火山鲸鲨馆效果示意图

作者简介

刘威，男，华建集团上海建筑设计研究院 副主任建筑师，国家一级注册建筑师，美国认证项目管理师（PMP）

梳理总结了大量动物展示的相关数据。这其中既包括代际展示理念的变化与差异，也包括具体种群最佳展示方式的甄别；既包括最受游客欢迎展示动物的名单，也包括小种群动物展示的解决之道；既包括动物展缸的合理水深、净宽、景深等数据，也包括游客观展的最佳位置、高度、进深等资料。

例如，通过分析总结，企鹅是极地世界里最受游客欢迎、观展时间最长的动物种群。针对这一结论，设计团队首先确定了企鹅展示独立成馆的基本原则，然后在此基础上利用多种方式提升游客体验和展示效果。这些方式包括：通过双层（水上、水下）展示拉长游客动线，通过两栖（水面、地面）展示丰富观展内容，通过企鹅互动提高展示品味，通过孵化展示增强科普趣味，通过扩大出口商店增加衍生产品销量，通过设置餐厅提升二次消费营业额等。无一例外，公园的每一个建筑场馆，都经历了这样的总结、设计、推敲过程，才逐渐成形的。

4 以科技之力

需求各异的极地动物和海洋生物、形象鲜明的极地世界和热带世界、人数众多的观演场馆和游乐设施、功能复杂的建筑空间和后勤用房……这些的实现都离不开精彩的创意和精心的设计。因此，上海海昌极地海洋公园里出现了完全覆盖建筑场馆的假山、宽度达到十几米的地下管线连通道、悬臂超过30m的场馆屋面……而这些的实现则离不开科学的设计和科技的力量。

覆盖建筑场馆的假山设计不同于以往的"为山造山"，而是充分考虑对山体内建筑场馆的影响，特别是建筑场馆内还存在亚克力板、维生设备、活体动物的吊装需求。设计团队创造性地将正向设计与逆向设计结合进行，通过模型扫描、三维设计全过程地判断和分析建筑与山体之间的相互关系、施工与维护工况的不同结果等，成功地完成了方案落地、技术可行、经济合理的设计目标。

为了避免在日常运营过程中对前场游客产生影响，公园内各建筑场馆间的设备管线联系主要通过地下连通道的方式。同样异于以往项目的是，地下连通道内的管线除了常规的机电管线外，还有大量的动物维生系统管线，连通道最大断面处宽达14m、多达上百根管线。设计团队在全过程中采用BIM技术，对全管路进行动态的设计与协调，特别是对管线的引入和翻出进行逐点设计，为工程的合理性和准确性提供了保障。

5 结语

上海海昌极地海洋公园的设计，是一个与动物为伴、为娱乐而生，充满开心与爱心的过程，更是一个以游客为重、为至臻而行，充满精心与匠心的过程。彼时，设计团队的才思，勾勒为一张张散发着氨水味的图纸；此时，他们的深入探索与充分验证，正随着公园的建设实施渐入佳境。

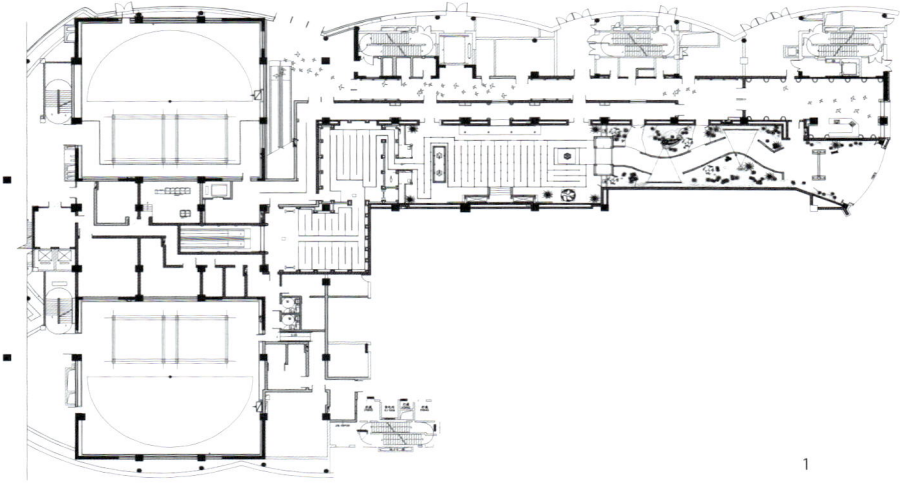

1

ANALYSIS OF OVERFLYING AND INTERACTIVE THEATRE IN WUHAN FILM PARADISE

解析武汉电影飞越和互动剧场
穿越西游斗魔去

沈洪林,詹扬文 / 文　SHEN Honglin, ZHAN Yangwen

武汉万达主题乐园是世界上首个拥有多个项目的室内电影互动体验主题乐园,共有六大主题展区,涵盖4D/5D/飞行、互动、体验及太空等多种电影娱乐类型。其中飞行剧场和互动影院为最大的两个场馆,分别以"飞越湖北"和"西游斗魔"为主题,借助网络、结合高科技影视技术和动感体验设备而打造的,环境院承担了创意深化、影音特效、特种设备等方面的设计。

每一个场馆都在讲述一个故事,每一个细节都是为烘托故事而存在的,无论是"飞越湖北"还是"西游斗魔",在设计的演绎过程中,团队经历了各方面的挑战,也趁此机会把主题娱乐行业的各类特种技术,淋漓尽致地发挥了一遍。

1. 飞行剧场一层综合平面图
2. 整体项目室内公共中庭空间
3. 飞行剧场入口过道
4. 飞行剧场入口处

项目名称: 武汉电影乐园飞越剧场 & 互动剧场DBV设计、建造工程
建设单位: 万达集团
建设地点: 武汉市武昌区沙湖旁武汉中央文化区乐园内
建筑类型: 多层建筑
建成时间: 2014
总建筑面积: 20 000m²
建筑层数: 地上4层、地下1层
设计单位: 原方案设计加拿大FORRCE公司、美国Adirondack工作室
深化设计: 华建集团上海现代建筑装饰环境设计研究院有限公司
项目团队: 沈洪林、范云、王金龙、姜蓉蓉

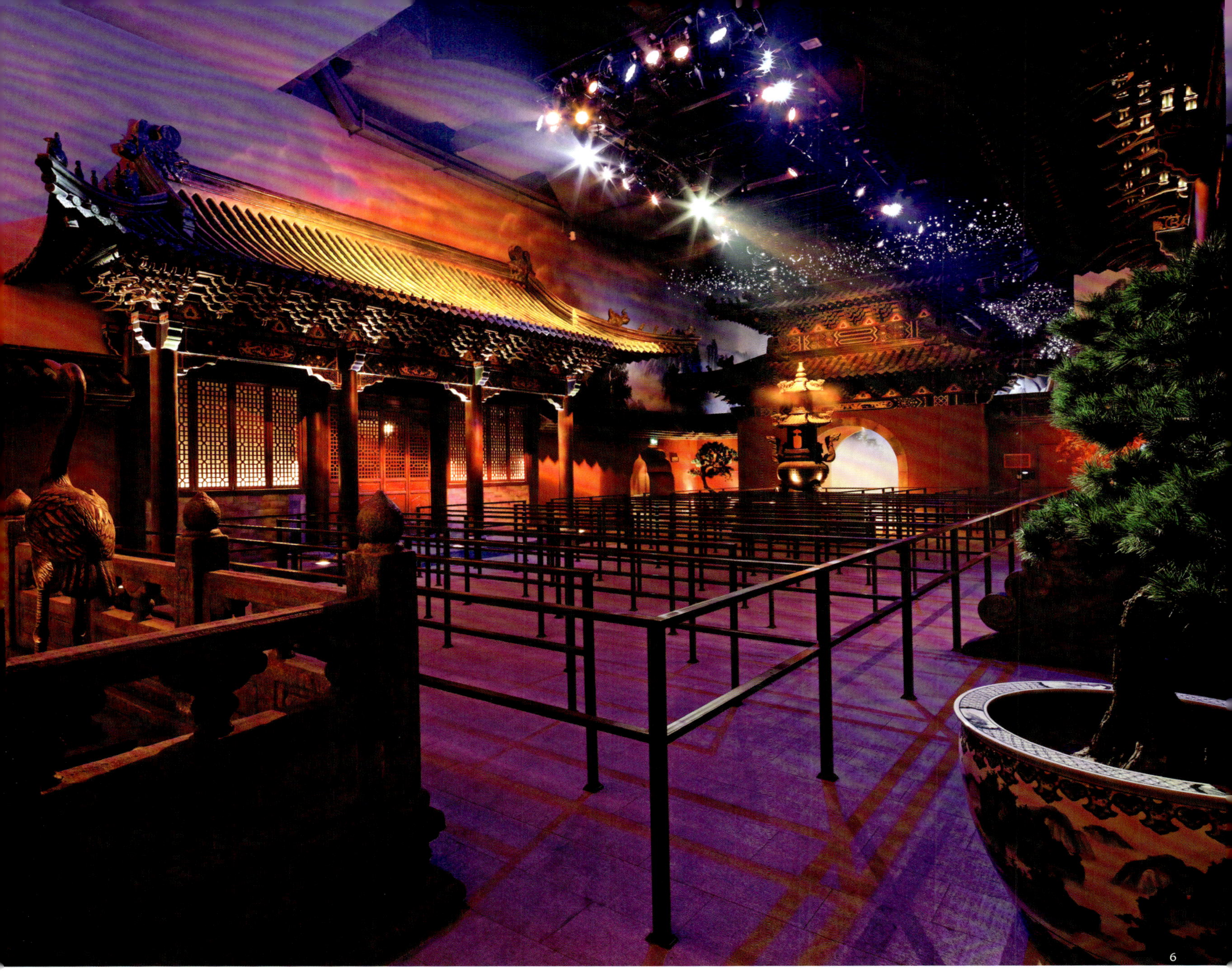

6

7

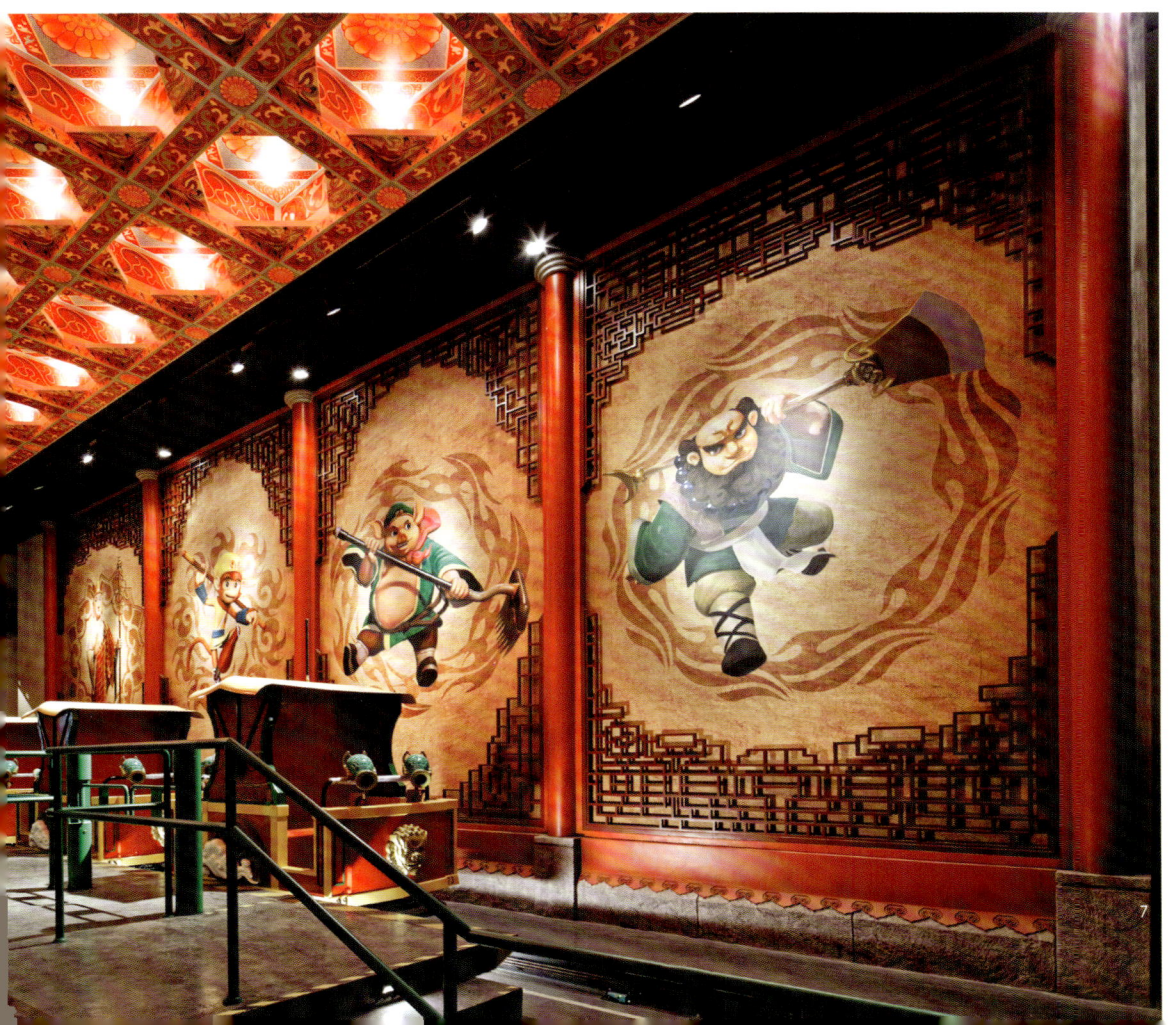

5. 飞行剧场 VIP 通道
6. 飞行剧场的排队区域
7. 互动剧场的排队上车平台

1 飞越湖北

设计的综合体验，考验多种专业团队的配合。"飞越湖北"剧场运用假山岩石、视觉特效、灯光特效、媒体特效和壁画给予游客一种行走于山间甬道的感觉，比如从磨损的岩石倾泻而下的瀑布，用手触摸时，其表面会转变成水墨画的花朵随之而动，这是异形光雕投影和体感互动技术的无缝结合。游客穿过纪念大门时，整个预演厅内的每个人都会体验到青铜色编钟鸣响的回音，这是定向声学设计上面加载了体感互动和RFID技术的成果。当游客进入到主影厅时，鲜活生动的水墨画徐徐展开，球幕技术会为他们带来完美的沉浸式体验。过渡到下一个场景，乘骑设备突然下降，流畅地带领游客领略湖北的旖旎风光，这是六自由度垂直机械平台带着游客模拟骑在哈利波特的扫把上自由飞翔的享受。

2 西游斗魔

"西游斗魔"的故事家喻户晓，要求场景道具和故事情节设计必须为剧场布景和游戏提供真实可靠性，预演区的设计灵感来源于西游记神话中的一些重要地点，与故事相关的媒体片段相辅相成。游客登上奇幻黄包车以后，将迎来大风，随着故事的进展，穿越许多场景。为了保护唐僧，游客"射击"各种妖魔鬼怪，得到成绩和排名，这是游戏射击互动系统来帮我们记录骄人战绩。

设计师尤其注重对细节的把握，力求把每个场景都还原到真实的感官效果中，并通过场景设定的表达，通过各种手段来实现身临其境的感觉，一方面把建筑原有的结构、梁、柱、门扇、消火栓等硬件设施通过再次装饰、包装，隐秘地延伸融入场景中去，使这些细部不会破坏整个场景的完整性和整体感觉的烘托。

另一方面，实用的现代装饰材料与古建建筑结合，考虑到场景的时代、时间、季节、环境、光源方向及色彩等因素，通过对具有现代感特征材料的再次加工和包装，使其更好地融入整个大环境中，这些都是神奇的主题包装技术的奇特功效。

3 灯光的氛围烘托

灯光设计在场景表达和空间氛围烘托上的费尽心思。故事总是有时间和空间上的转换表现，如日出日落、夜晚至黎明、月夜星空、季节变换、地点和地域的变化。为了达到飞行馆观影通道"漫天星空"的效果，设计师尝试了不同的表现手法和材质，最终以星星灯的水平、垂直分布密度，以及位置高度、灯具数量等，通过局部与整体的画面构图控制灯光、色彩和照明区域，以面积大小、形状、数量的不同来表现整个星辰的视觉画面，在超越时空的场景中共同构成具有声、光、色、形等多维因素的视觉和听觉的创意空间，并随着时间及情节场景的转换而延续发展。

4 结语

任何一个成功的项目，总是会延伸出很多背后的故事，项目越是复杂，故事也会更精彩。电影主题乐园是一个融合多种专业和跨界人才的行业，其复杂程度超过了以往项目。现代环境院通过此项目的成功，积累了很多宝贵的经验，为后续类似项目打下了坚实的基础。有成功的经验固然很重要，更重要的是经历这些项目的人，依然保持着无限的激情去迎接下一个项目的挑战。

8~11. 飞行剧场的局部场景
12. 互动剧场的射击游戏平台及轨道

作者简介

沈洪林，男，华建集团建筑装饰环境设计研究院 副总经理，工程管理中心 总经理，CIOB 英国特许建造师

詹扬文（新加坡籍），男，华建集团建筑装饰环境设计研究院主题乐园事业部 总经理，MBA，一级建造师

1. 晚间泄湖水景
2. 水上乐园区域开发
3. 水上乐园主体建筑
4. 过山车
5. 渔人码头入口细节
6. 主题公园到达区

THEME PARK OF XISHUANGBANNA INTERNATIONAL TOURISM RESORT

琳达·洪 / 文　Linda Hung

西双版纳国际旅游度假区主题公园
万达首个室外主题乐园设计探索

项目名称：万达西双版纳国际旅游度假区主题公园和水上乐园
建设单位：万达集团
建设地点：中国西双版纳
设计单位：弗莱克有限公司
项目规模：64.1万 m²
开业时间：2015年
工作范围：总体规划，概念设计，方案设计，扩初设计和现场创意指导

1 主题公园和水上乐园

2015年9月，丛林式主题公园和水上乐园在云南景洪举行了盛大的开幕仪式，绝对能为您提供一次难忘的娱乐体验。这两个公园的设计灵感来源于这个地区多元的文化特点，丰富的历史及繁盛的自然美景。主题公园分成了四个特色鲜明的区域，分别是蝴蝶王国、丛林冒险、茶马古道和渔人码头。水上乐园是另一个独立景点，其设计令人感觉置身于一个植物园之中，园内有各种超常规大小、形状的植物。这两个文化独特的公园中有太多可以吸引、愉悦游客的东西，并且没有一样是偶然随机放置的。开幕前，设计人员花费了数年的时间，做了无数次的计算和考量，克服了许多巨大的挑战。

2 丛林设计

设计伊始，设计人员的考虑重点之一就是要确保公园的设计必须着重考虑西双版纳的地理位置——位于植被茂密、生物种类繁多的云南省。设计方案提供了3 423棵树荫和标本树、2 755棵棕榈树、1 869棵观赏树木、1 717棵灌木及数千丛灌木和地表植被。由于弗莱克有限公司（以下简称"弗莱克"）30多年以前是以景观建筑事务所起家，因此，即使公司的业务范围已扩展到全球娱乐设计，景观建筑设计仍旧是公司不可或缺的专业之一。

3 克服场地的困难

每个场地都有它的特殊性，而这个场地被一道26m宽的人工运河从中间分割成了两块。虽然这样的构造有利于将主题公园和水上乐园分离开来，但也成为入口广场设计的潜在瓶颈。这条尚在使用中的人工运河无法被掩盖，只好用竹子等一些植被从视觉上将其掩蔽。游客被宽为32m的桥引导，从入口广场进入主题公园，感觉是从花园中穿过。设计团队在桥的两边设计了两道绿色的帘幕，并使其成为桥梁永久的屏风。除了这座在南端充当主题公园主要入口的桥梁，在北端有必要再添加一座可供后勤动线和紧急车辆流通的桥梁。

4 到达战略是关键

极佳的游客体验是从抵达的一刻开始的，本项目的导引范围包括停车区、到达广场汇售票区。通过对搭乘各种交通工具的人数分布统计进行仔细研究，合理地确定了停车位数。当游客从停车区出来，沿着一条宽阔的曲径穿过巨竹林，来到巨大的开放式入口广场，映入眼帘的是15m×45m的大瀑布。在入口广场部分，必须通过精密的计算来确定所需的售票窗口和闸机数量，以宽裕地应对客流。

5 水处理方案

在西双版纳主题公园内部，特色的巨大中央泻湖又向设计提出了挑战：如何处理和循环超过70 000L水？设计师在公园北端设计了一个过滤站，从现有的运河中取水，水经过处理后被排放到泻湖之中。在公园南端则设计了一个溢出监控设施，以便时时监控水位，同时也承担起丛林冒险区的水体补给工作，最后将余水排回运河。

万达西双版纳水上公园内设有造浪池、休闲池、水疗池、青少年活动池、激流河、11条水滑道4个儿童玩耍区域。需要处理的水量超过15 000L，根据这个情况，设计人员考虑了多个过滤方案。每个水上骑乘设备配备一个过滤房和平衡槽看上去经济些，但这会导致后勤设施出现在游客区。由于所有的骑乘设备和景点都过于分散，实际操作上并没有足够的空间可以容纳下服务于所有骑乘设备的巨型水处理设备用房。最终落成了5个机房，其中3个位于食物和零售设施之下，并且每个机房都可从后勤区直接服务，负责一个或多个骑乘设备，这样使得管道不必运行过长，可以节省成本。

6 骑乘设备的主题故事

弗莱克设计的主题公园都有一个显著的特点，就在于公园内由第三方供应商提供的设备通常都是为公园所创主题故事的核心组成部分。故事主线在很大程度上影响着骑乘设备和景点的结构以及排队区域的设计。然而，除非供应商确认最终选定的骑乘设备及每台设备精确的占地数据，否则弗莱克是不能给出最终确定的周边建筑和空间允许范围。西双版纳项目扩初设计阶段，不断更新的设备信息需要不断地设计协调，确保最终达到理想效果。

7 游客考量

哪里有人，哪里就有餐饮需求。设计师基于高峰期的公园容纳能力对餐饮服务要求进行了计算，包括：不同的服务类型（餐厅、外卖等）每小时需要服务的人数、逗留时长、每小时的用餐轮次和座位数量等。同时也密切关注垃圾箱、长椅和盥洗室等辅助设施的数量问题，因为这些细节会对游客的体验重要产生影响。

在水上公园，更衣室和淋浴设施至关重要。游客们不仅需要更衣和淋浴的空间，同时也需要安全收纳随身携带的财物。根据不同性别游客的要求，添加配套的盥洗室设施，并且使之节省空间、使用舒适也曾是设计师需要攻克的主要问题。

这些物质上的舒适性可能不会成为一个主题公园最精彩的部分，但是它们会对游客体验产生巨大的影响。如果游客记住了这次有趣的旅行，那么故地重游便成了可能性极高的事情。

每一个被详细规划、不断完善并最终付诸实践的细节让万达西双版纳主题公园和水上公园可以顺畅有序地运营。创造出极具趣味性和吸引力的公园，使其在运营上获得成功并且取得财务上的回报是弗莱克最擅长的事情。

作者简介

琳达·洪，女，弗莱克有限公司主题公园板块高级总监，合伙人

西双版纳国际旅游度假区主题公园景观设计
彰显地域文化

刘丽，应博华 / 文　LIU Li, YING Bohua

LANDSCAPE DESIGN OF XISHUANGBANNA INTERNATIONAL TOURISM RESORT

万达西双版纳国际旅游度假区中的主题公园是万达集团的第一个室外主题乐园。依托于西双版纳独特的热带雨林景观及傣族文化环境，设计将地域风情与乐园主题氛围营造相结合，突出展现热带雨林中奇妙、丰富的游玩体验。

项目名称：西双版纳国际旅游度假区主题公园景观设计
建设单位：西双版纳国际旅游度假区开发有限公司
建设地点：云南西双版纳
建筑类型：主题乐园
设计 / 建成：2011/2015
主题公园占地面积：59.69hm²
方案设计：加拿大弗莱克公司（FORREC）
深化设计：华建集团上海现代建筑装饰环境设计研究院有限公司
项目团队：应博华、李佳毅、陈敏、汴立佳、岩路、刘丽、费景波、李先波、方亮、吴爽、戴雯婷
获奖情况：2015 年度第三届上海市风景园林学会优秀风景园林规划设计二等奖，2015 年度景观设计蓝圈奖（中国区）专业组最优秀设计奖

1. 西双版纳国际旅游度假区主题公园鸟瞰
2. 蝴蝶王国鸟瞰效果图
3. 入口商业街夜景
4. 瀑布广场门楼

万达西双版纳国际旅游度假区位于西双版纳傣族自治州首府景洪市西北部，占地 5.3km²，包括主题公园、雨林体育公园、高端酒店群、傣秀剧院、商业中心、三甲医院、旅游新城等七个功能区，是西南地区投资额最大、内容最丰富的文化旅游项目。

主题公园是万达集团的第一个室外主题乐园。乐园有六大主题区——入口广场区、丛林探险区、渔人码头区、茶马古道区、蝴蝶王国区和水上乐园区，每个区都有鲜明的主题特色。

1 异彩纷呈：各个主题区的主题打造

1）主题乐园入口

主入口用一个榕树造型大门吸引游客，门头上雕塑着婀娜多姿的孔雀、门口闲庭信步的大象、隐约露出的小乘佛教寺庙尖顶等，与郁郁葱葱的植物搭配，预示着即将进入一个充满热带风情的乐园。

2）入口广场主题区

入口广场采用先抑后扬的设计手法，人们穿过一片掩映的竹林之后，视线变得豁然开朗。泼水广场的周围环绕着傣式风格的建筑，可以让游客尽情体验西双版纳特色"泼水节"；站在种植着高大的华盛顿棕榈的圆形广场上，人们抬头就能望见瀑布从 15m 高的假山飞泻而下；景观桥连接着圆形广场与商业街，桥两侧盛开着浓绿的秀竹、缤纷的花卉；最令人兴奋的是商业街尽头的临水广场，广场中高大的橡皮榕像一把巨型的伞盖，由四个水火台呈现出"水火交融"的神奇景象；临湖广场视野开阔，游客可将沿湖的四大主题区尽收眼底，优美的景色配着湖中心华丽的音乐喷泉使人沉醉。

3）丛林探险主题区

茂密的植物充分体现了西双版纳的原始热带雨林特色。高大的榕树盘根错节、枝繁叶茂，藤蔓缠绕在山石和树丛中，游客们可以看到雨林中特有的"绞杀"现象，不时还会见到大象、大猩猩等调皮的动物出没。从湖中心延伸过来的溪流清澈见底，周围的植物摇曳多姿，水中不时有调皮的鳄鱼、河马、火烈鸟在嬉戏，溅起朵朵水花。在模拟自然泥土地的土黄色道路上，人们在偶然间会发现大象或其他动物的脚印，但想去寻找时，它们早已消失在丛林远处。游客可以随意坐在路边的景石上，或斜倚着路边的树杆休憩，一边陶醉于层次丰富的热带雨

林景观,一边惊叹着穿梭于丛林中的过山车。

4）渔人码头主题区

嵌有船锚图案的青石板路、古朴的木平台、渔网造型的栏杆、充满民族风情的渔家路灯、高大的椰子树和雨树、停泊的渔船、水中错落的栓船木柱、古老桥头边高大的榕树……在这里,前来游览的人们可以充分体验澜沧江畔淳朴的渔人生活风光。

游客可以倚在栏杆边,观看水中精彩的"打水仗"和"碰碰船";或者坐着漂流船穿梭于山石丛林中体验水上漂流;或者尝试水上过山车的惊险刺激;还可以闲坐在临湖的木质码头边,一边享受美味的渔家美食,一边欣赏湖对岸各个主题区的美景。

5）茶马古道主题区

茶马古道主题区地形自然而多变,山石嶙峋,以滇藏茶马古道的自然风光为主题,建筑风格源于滇藏古道边的民居。植物以古朴的阔叶乔木和自然灌木为主基调,配植攀爬地被于假山边,当地特有的茶树形成古朴自然的主题空间。崎岖的山石路上还留有马蹄和车辙的痕迹,草丛和乱石中偶尔露出驮满货物的马匹和马车、堆放的茶叶和器皿,高大山石上生长的树木顽强而坚毅,满山遍野的野花争奇斗艳,远处的茶山层层叠叠。

6）蝴蝶王国主题区

西双版纳是花的王国,争奇斗艳的花儿吸引着缤纷的彩蝶。蝴蝶王国主题区为孩子们营造出五彩缤纷欢乐的蝴蝶世界。建筑及游乐设备色彩明快鲜艳,充分融入蝴蝶和昆虫元素:模拟昆虫纹理的铺地、色彩亮丽的曲线形花坛、蝴蝶图案的栏杆大门,花朵及蝴蝶造型的小品点缀于繁花丛中。蝴蝶王国的植物以"花"为主题,植物种类以开花乔灌木为主,搭配色彩缤纷、规整的模纹花坛,营造出活泼绚丽的氛围。

7）水上乐园主题区

西双版纳长夏无冬,是避寒的圣地,水上乐园就建在这片温暖的绿洲上。这个区域以棕榈科的植物为主,与造波池、温泉泳池、滑道等设施结合,充分展现了热带风情。整个区域空间明亮开敞,以蓝、黄、粉、紫为主色系,建筑形式简洁活泼。马赛克、碎瓷片拼贴出的各类水生动物图案、花朵造型的小品、动物造型的仿真植物、海浪图案的景墙、高大的椰子树与艳丽的三角梅……构成了热情与水花交融、音乐与活力常在的奇妙水世界。

2 注重地域特点的设计

迪士尼乐园的主题故事是迪士尼动漫及卡通形象等的延伸,国内其他主题乐园注重游乐设备或动物表演等,而西双版纳主题公园是万达主题乐园设计模式的探索——尝试与地域特色相结合的主题氛围营造。这是一种新的主题乐园设计方式,它旨在打造一个既有主题内涵、又有地域特色的乐园。对于设计团队而言,也是一种全新的设计体验,需要结合地域文化、民族风情、气候环境等因素进行设计,其间克服重重困难,经历3年多的设计及施工配合过程,呈现给游客一个惊险刺激、妙趣横生、树木葱茏、花团锦簇的游乐园。

3 让每个故事栩栩如生

为了丰富每个区域的主题氛围,在原有的主题风格基础上,设计者深化了故事线,并加入了主题小品等设施来营造故事场景,使游客能身临其境地体验故事情节。如茶马古道主题区中,由一个指示茶马古道起点的路线图和地雕开始,沿途放置的货物显示当时物资交流带来的繁荣,骑马从树丛中窜出的土匪是马帮艰险路途的写照,菩提树下的佛掌石是文化传播的见证,云遮雾绕的茶山是茶马古道物资的源头。

4 愿景:精益求精,继续前行

完成西双版纳国际旅游度假区主题公园项目后,设计团队综合能力得到了进一步的提升,公司主题公园的相关业务也不断扩大,随后又承接了合肥万达主题乐园、无锡万达主题乐园、青岛东方影都影视产业园、上海海昌极地海洋公园等景观设计项目。旅游休闲产业顺应社会需求成为一种越来越重要的商业模式,在当下的社会发展阶段,我们也期望继续发挥在主题公园设计上的优势,坚持精益求精的设计精神,参与更多顶级乐园的设计建造,为人们带来更多欢乐。

5. 茶马古道区,主题小品
6. 渔人码头区,水上过山车
7. 丛林探险主溪流"丛林之河"
8. 茶马古道区,主道路
9. 丛林探险主,道路景观
10.11. 丛林探险区溪流剖面图

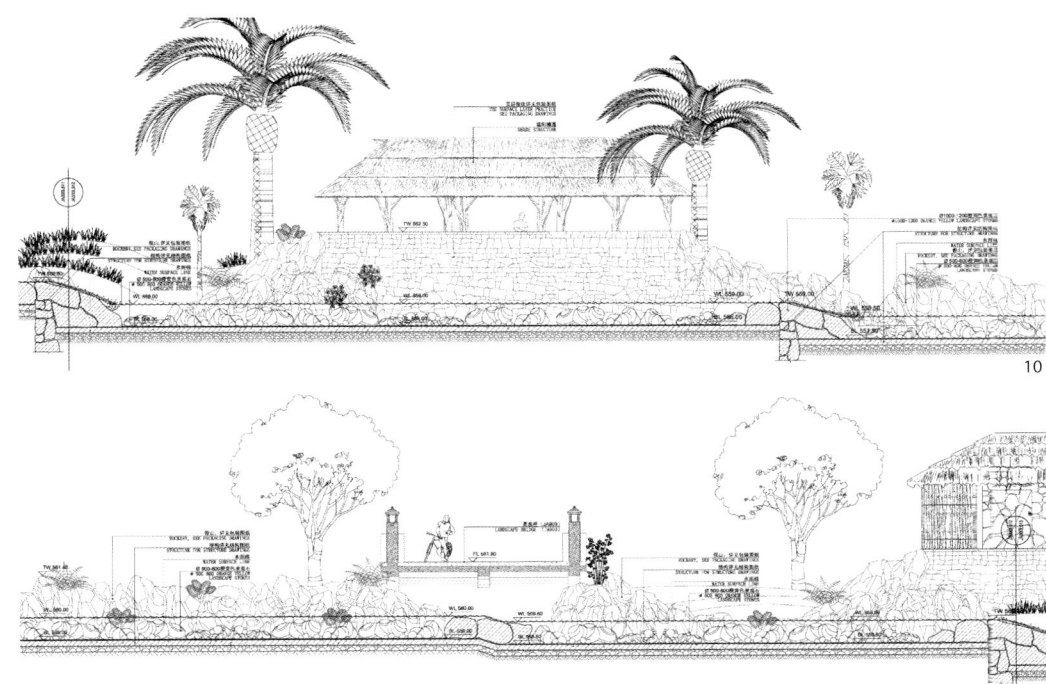

作者简介

刘丽,女,华建集团建筑装饰环境设计研究院 景观设计师

应博华,男,华建集团建筑装饰环境设计研究院副总经理、公司园林景观院院长兼总工程师、日本北海道大学建筑学硕士、加拿大注册景观建筑师、中国风景园林学会风景园林规划设计分会理事

珠海长隆国际海洋度假区位于珠海市横琴新区，是世界顶级海洋主题乐园。广州市设计院作为主要项目设计团队，参与了珠海长隆国际海洋度假区的全过程设计。

ZHUHAI CHIME-LONG INTERNATIONAL OCEAN RESORT

珠海长隆国际海洋度假区
享海天一色的休闲王国

马震聪，张伟安 / 文　　MA Zhencong, ZHANG Weian

项目名称：珠海长隆国际海洋度假区
建设单位：珠海长隆投资发展有限公司
建设地点：珠海市横琴新区
建筑类型：主题乐园、剧场、酒店
设计 / 建成：2014
总建筑面积：约 71 万 m²
设计单位：广州市设计院
合作单位：PGAV（概念方案）
项目团队：马震聪、胡世强、万志勇、张伟安、钟慧华、赖海灵、谭志昆、胡晨炯
获奖情况：TEA2014 年度"主题公园杰出成就奖"

1. 珠海长隆海洋王国总平面图
2. 珠海长隆国际海洋度假区效果图
3. 冰山过山车，体验极地寒冷的生存环境
4. 鲸鲨馆大厅，世界首屈一指的海洋鱼类展馆"鲸鲨馆"是珠海长隆海洋王国里最重要的单体建筑之一，拥有现今世界最大的海洋鱼池

5

6

珠海长隆国际海洋度假区位于珠海市横琴新区富祥湾，地处珠海市南部，与中国大陆相连，东部有高速公路直达澳门。自然地理条件优越，拥有起伏的地形、连绵的水岸和良好的植被。用地周围三面环山，东临南中国海。度假区于2014年正式开业，首期投资达200亿，由海洋王国主题公园、国际马戏城、横琴湾酒店、企鹅酒店等项目组成。

1 珠海长隆海洋王国

珠海长隆海洋王国作为度假区的重要组成部分，坐落在度假区的核心区域，园区总规划用地52.46hm^2，总建筑面积14.6万m^2。海洋王国开放后仅一年时间游客量就突破了500万人次，黄金周客流日峰值均在8万人次以上。项目更荣获全球主题娱乐协会（Themed Entertainment Association，TEA）2014年唯一的"主题公园杰出成就奖"，这是中国主题公园品牌首次获得当今主题公园行业的最高荣誉奖项。

珠海长隆海洋王国共有9大分区，8个各具特色的分区围绕中心湖区布局，包括入口区、缤纷世界区、极地探险区、雨林飞翔区、海象山区、海豚湾区、海洋奇观区、中心湖区和后勤区。分区将呈现各具特色的异域海洋风情，使游客在轻松愉快的氛围中近距离观赏各种海洋动物。

5. 马戏剧场，2013年承办了"中国第一届国际马戏节"，拥有2800个座席
6. 企鹅馆，营造白色、寒冷、圣洁的冰雪世界
7. 横琴湾酒店，一条近1000m长的景观河接连着酒店与长隆海洋王国，客人可泛舟其中，往返两地
8. 企鹅酒店，拥有2000多间主题客房及多间风格鲜明的特色主题餐厅

入口区（海洋大街）：游客进入该区即可感受到海洋世界的乐趣。该区布局简单明了，具有很强的导向性，给游客带来清晰的方向感。一幅巨型LED天幕，让游客恍若置身海底世界，同时也为提供了一个绝佳的拍照留念场所。该区大多地方设有遮阴构筑物，以便游客在高峰时期也能舒适地等候。欢迎游客的游行表演将持续一整天，在游客高峰期尤为热烈。

缤纷世界：这个区域表达了源自家庭生活的乐趣和喜悦，是海洋王国的亲子乐园。建筑的色彩丰富而深刻，梦幻的景观带有强烈的人工修饰的味道。可爱、滑稽的主题包装理念充满了童真趣味。

极地探险：该区讲述了生活在地球两极的动物的故事，并介绍了它们与人类之间的渊源。在此游客将会看到稀有的极地动物，并在游览过程中体验极地寒冷的生存环境。极地区的主题氛围以印象中寒冷的北欧国家芬兰、瑞典、拉脱维亚和挪威等为蓝本，营造白色、寒冷、圣洁的冰雪世界的体验。

雨林飞翔：该区既有趣又略带神秘和惊悚，它将带您进入著名的亚马逊河流区。整个区域营造出一种被遗弃的海岛岸边环境，暗示着一个崇拜淡水流域文明族群的存在。

海象山：这个分区是关于生活在地球上被海水冲刷岩石地区的动物——海狮和海象。这些动物看起来滑稽和愚笨，如庞大得不可思议的海象、温和有趣的海狮。除此之外，该区还设有飞溅型和波浪形的坐乘游乐设施。海狮/海象区的主题是嬉戏与谐谑，呈现岩石海岸地貌。

海豚湾：这个分区的主题印象是阳光明媚，以南太平洋沙滩群岛为范本。这里传达出一种人与动物共鸣的亲切信息。该区域展示了世界上未受污染地方的真实面貌。分区主题是亲切、互动与友善。

海洋奇观：这里拥有堪称是公园最为震撼的奇观，它便是世界首屈一指的海洋鱼类展馆——"鲸鲨馆"，是珠海长隆海洋王国里最重要的单体建筑之一，建筑面积近2.7万m^2。这是现今世界最大的海洋鱼池，饲养了鲸鲨、鳗鱼、鳐鱼和珊瑚等海洋生物。各鱼池的设计要求需符合海洋生物的生活习性，游客将会在这里体验到被海洋生物包围的奇特观感。

中心湖（横琴海）：该区域的景致宁静而充满诗意，为游客提供了一个放松和缓冲的休闲空间。该区充分利用现有自然地貌，地形略带起伏。在这里，周围的建筑物都成为低调的背景，游客的目光将聚焦在视线开阔的中心湖面上。

2 国际马戏城

国际马戏城由马戏剧场、横琴湾剧院和马戏酒店组成。为2013年承办"中国第一届国际马戏节"而建设的马戏剧场总建筑面积约1.2万m^2，拥有2 800个座席。横琴湾剧院是横琴长隆第二座马戏表演场馆，占地约28 000m^2，建筑面积达15 000m^2，馆内设近5 000个观众座席，与现有马戏剧场隔河相望、遥相呼应，同时连接酒店、海洋王国，营造出国际马戏小镇的独特景观。

马戏酒店毗邻马戏剧场，酒店以典型欧洲小镇为蓝本，以颜色各异的建筑单体和造型独特的钟塔，打造充满欧洲小镇特色的异国风情。酒店拥有700间马戏主题客房、两大别具特色的主题餐厅及各式特色风味餐厅。

3 横琴湾酒店

横琴湾酒店坐落于长隆国际海洋度假区的入口位置，只需五分钟车程便可抵达横琴口岸，直通澳门。酒店总建筑面积达30万m^2，拥有1 888间客房、套房及9间风格各异的餐厅和酒吧，提供中式、西式、日式及亚洲特色美食的餐饮体验。移步酒店室外，更可享受园林景观、海豚池、室外泳池、人造沙滩、横琴湾水世界及海天一色的壮丽美景。一条近1 000m长的景观河接连着酒店与长隆海洋王国，游客可泛舟其间，往返两地。

4 企鹅酒店

企鹅酒店紧邻海洋王国，拥有难得一见的企鹅馆，主题客房数量达2 000间，总建筑面积约18万m^2。酒店拥有多间风格鲜明的特色主题餐厅、两大户外休闲美食广场、大型休闲商业区，是家人朋友享受温馨与欢乐的主题式度假酒店。

作者简介

马震聪，男，广州市设计院副院长，总建筑师

张伟安，男，广州市设计院第三设计室 总建筑师

ICE AND 'FIRE' THEME PARK
冰与"火"主题乐园
巨型矿坑华丽蜕变

汪涛 / 文　WANG Tao

废弃的矿坑，这一片片在城市工业化进程中创造过奇迹和辉煌的土地，现在却逐渐退变为城市成长进程中的"疤痕"，资源的枯竭让这些区域逐渐远离人们的视线。狰狞的岩石、破碎的土地、被污染的水系，满目疮痍的矿坑似乎很难与生机勃勃、活力四射的主题公园联系在一起。然而长沙大王山冰雪世界项目，正是充分挖掘废弃矿坑的资源优势，通过特色性主题的植入，以建筑、景观等独到的处理手法唤醒沉睡多年的工业遗迹，建立起一座崭新的载有城市记忆的主题乐园。

1. 西南侧鸟瞰效果图
2. 潇湘大道西线鸟瞰图
3.4. 水乐园透视图
5. 雪乐园主体表皮解构
6. 屋顶水乐园与雪乐园关系分析
7. 矿坑地貌及施工准备场地

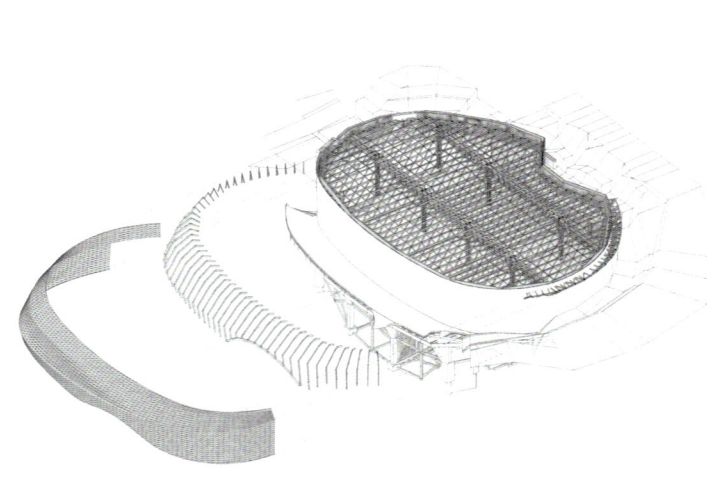

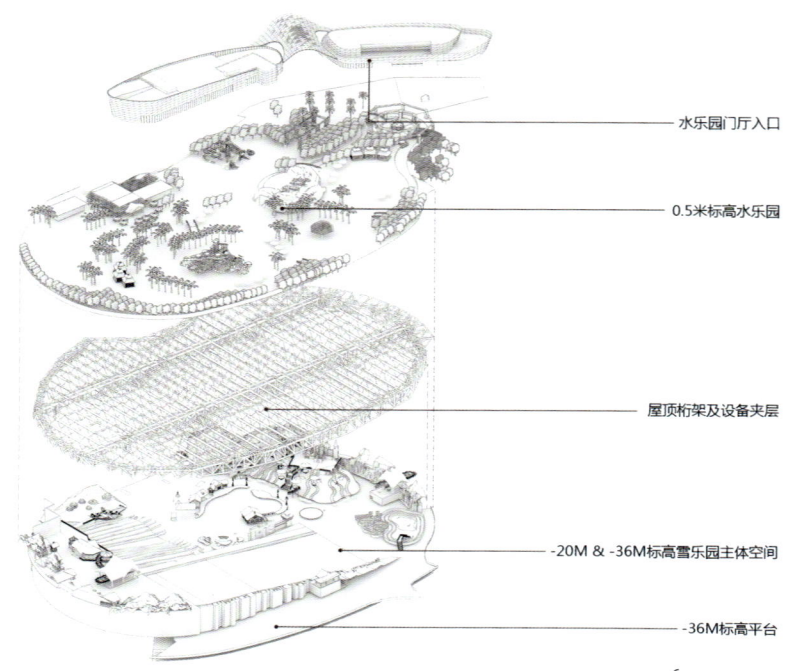

水乐园门厅入口

0.5米标高水乐园

屋顶桁架及设备夹层

-20M & -36M标高雪乐园主体空间

-36M标高平台

项目名称：矿坑生态修复利用工程冰雪世界项目
建设单位：湖南湘江新区投资集团有限公司
建设地点：长沙市大王山旅游度假区
建筑类型：文化旅游建筑
设计/建成：2013—2016/2017
总建筑面积：92 232m²
建筑高度/层数：37m
容积率：0.45
设计单位：华建集团华东建筑设计研究总院
合作单位：Forrec（水乐园策划设计）、CTC 西姆科（雪乐园策划设计）、SWA（景观设计）
项目团队：司耘、王丹芗、汪涛、方超、高芳、林菱、周健、张耀康、王帅、王斌、周铭铭、谭奕等

8

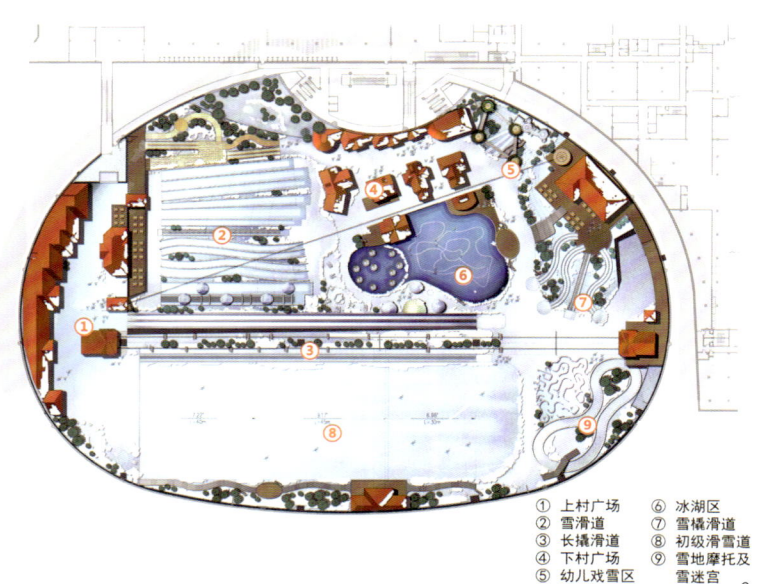

① 上村广场　　⑥ 冰湖区
② 雪滑道　　　⑦ 雪橇滑道
③ 长壩滑道　　⑧ 初级滑雪道
④ 下村广场　　⑨ 雪地摩托及
⑤ 幼儿戏雪区　　 雪迷宫

9

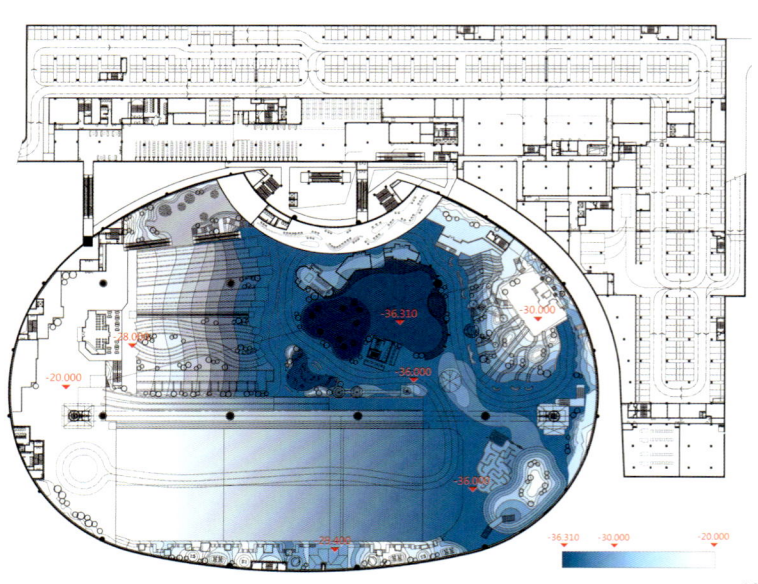

10

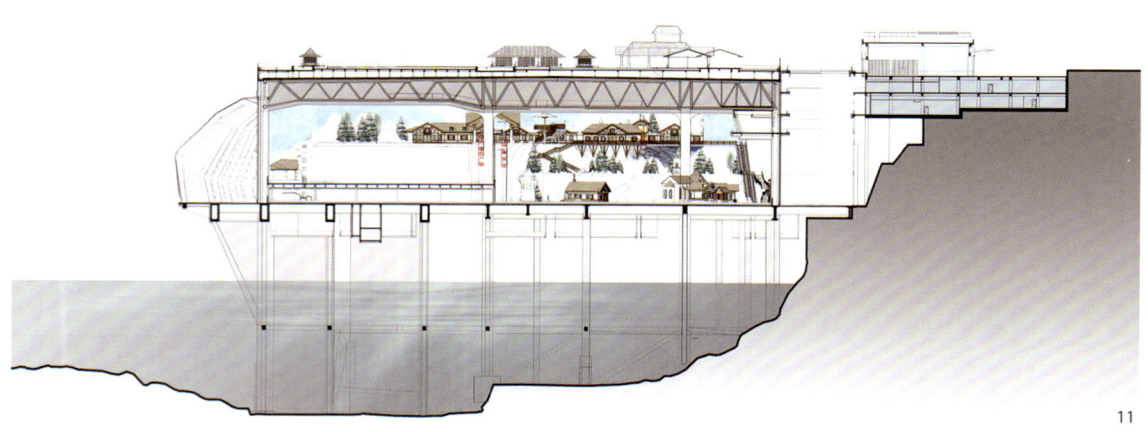

11

8. 水乐园鸟瞰图
9. 冰雪乐园功能分布
10. 雪乐园标高分析
11. 雪乐园剖面图
12. 室内冰雪乐园

项目位于长沙市大王山旅游度假区，是湘江欢乐城的核心区域，其前身是曾使用了半个世纪的废弃水泥采矿场。设计将南北跨度300m、东西跨度200m、场地最大高差100m的废弃矿坑，以生态修复的方式转化为"两型"主题乐园，即室内冰雪乐园以及室外水乐园。室内冰雪乐园以阿尔卑斯风情为主题，集中设置于场地中部矿坑之上，水乐园以探索玛雅文明为主题，分为屋顶区、上区、下区三大主题区域。该项目建成后将成为世界首个矿坑上冰"火"主题"两型"乐园。跨度大、落差高的矿坑地形以及复杂的功能属性为设计和建造带来了极大的挑战，冰"火"主题在不同空间及矿坑各标高层面的有机转换为设计创造崭新机遇。

以保护矿坑内自然水体及微生态景观环境为出发点，有效利用矿坑岩层在不同标高上垂直地势关系，深入探究矿坑岩土地质结构，设计方案将220m长、160m宽的巨型室内雪乐园主体建筑体量悬浮于深坑之上，同时为减少建筑形体对城市界面及现状自然环境的空间压迫，设计师巧妙利用地景式建筑的处理手法，将3万m²的欢乐雪域悬挂于深坑上，隐匿于崖壁间，创造出漂浮于坑底水面之上的人造建筑奇迹，这种设计理念既保留了工业遗产的历史文脉价值，其人工与自然的有机生长关系又将赋予矿坑一种新的活力和意义。

1 集滑雪、戏雪等于一体的室内极地风情

室内欢乐雪域以阿尔卑斯山为主题背景，构建一个高低有致，真实、永久的冰雪休闲乐园，是国内首个集滑雪、滑冰、嬉雪、雪滑、极限挑战等众多功能于一体的大型综合室内冰雪乐园。长120m，宽45m，依深坑地势而建的室内主滑雪道是冰雪乐园的室内主体空间；以上村、下村、阿尔卑斯小镇为中心，设置了雪屋村、雪地高尔夫、雪地摩托、雪堡等近30项雪上冰上游乐项目；模拟自然山脉、雪松旳室内景观、悬浮于空中尽揽雪域全景的空中餐厅、智能化可调节的室内光线及昼夜氛围、极地动物王国蹒跚巡游的极地企鹅，让游客足不出户就能领略到异国的极地风情。

2 崖壁间的立体式水上乐园

以水平的方式组织主题乐园是较为常见的乐园架构模式，本项目突破性地将部分水乐园活动置于雪乐园的屋面之上，形成"水"与"雪"主题的垂直叠加。这种做法既让嬉水的游客尽情领略矿坑的自然风光，又为雪乐园独特的室内保温环境提供了天然的隔热屏障，并且这种绿色的设计理念也有助于减少雪乐园高额的运营及维护成本。矿坑岩壁及自然渗水点均以自然修复的方式保留下来，因地制宜形成的40m落差的上下区水乐园，更为360°环景观崖壁餐厅及独一无二的水上极限运动提供了前所未有的刺激与挑战。

3 掩映于深潭的海底世界

水上乐园的设计融合了古代玛雅文明和现代游乐体验，近7万m²的水上乐园与矿坑自然的地势关系相交融，在这里，古老的玛雅文明和自然生态交替流淌于矿坑及水体之间，为游客带来无限的神秘韵味。坑底天然水资源经过过滤、净化等处理后，可以用做戏水池及景观水的补给；经特殊水处理的海豚表演戏水区及潭底鲨鱼互动探秘区，将成为水公园又一独特的风景线。

作者简介

汪涛，男，华建集团华东建筑设计研究总院 总建筑师助理，建筑学硕士，国家一级注册建筑师，高级工程师

WUHAN SHIMAO CARNIVAL THEME PARK
武汉世茂嘉年华主题乐园
启航扬帆，屹立武汉

王翔 / 文　WANG Xiang

项目名称：武汉世茂嘉年华主题乐园
建设单位：世茂集团
建设地点：武汉市
建筑类型：商业
设计 / 建成：2011
总建筑面积：47 183.59m²
建筑高度 / 层数：40m/4 层
容积率：1.56
设计单位：华建集团华东建筑设计研究总院
合作设计单位：ALTOON+PORTER ARCHITECTS LLP、光禹国际集团
项目团队：邵亚君、廖森林、王张杰、张煜、耿建、王翔、张雅东、谷亚兰、陈曦

1. 室内 1 层无柱网鸟瞰
2. 世茂嘉年华主题乐园鸟瞰

主题乐园是一种以娱乐为目的的拟态环境塑造，其最大特点是赋予娱乐活动以某种主题，围绕既定主题来营造娱乐的内容与形式，园内所有的色彩、造型、绿化等都为主题服务，形成易于游客辨认的特征和游园的线索，是当今流行的娱乐旅游方式。

1 转变——主题乐园的狂欢

1955年，美国加州的洛杉矶迪士尼乐园开业，由此开始了世界性的主题乐园发展。我国主题乐园的建设始于20世纪七八十年代，期间经历了孕育期、发展期、萧条期，而1998年欢乐谷的成功又引发了新一轮主题公园投资热潮。

武汉世茂嘉年华商业中心正是在这样的大环境下开始方案策划的。该项目以综合性商业、餐饮、大型室内主题公园、酒店公寓功能为主。基地占地面积536 001m²，一期用地390 620 m²，其余为预留用地。现有功能为：购物卖场、奥特莱斯购物中心、湖滨公寓、室外湖滨商业街、特色精品、餐饮店，以及一座极具吸引力的多元化大型室内主题游乐园。

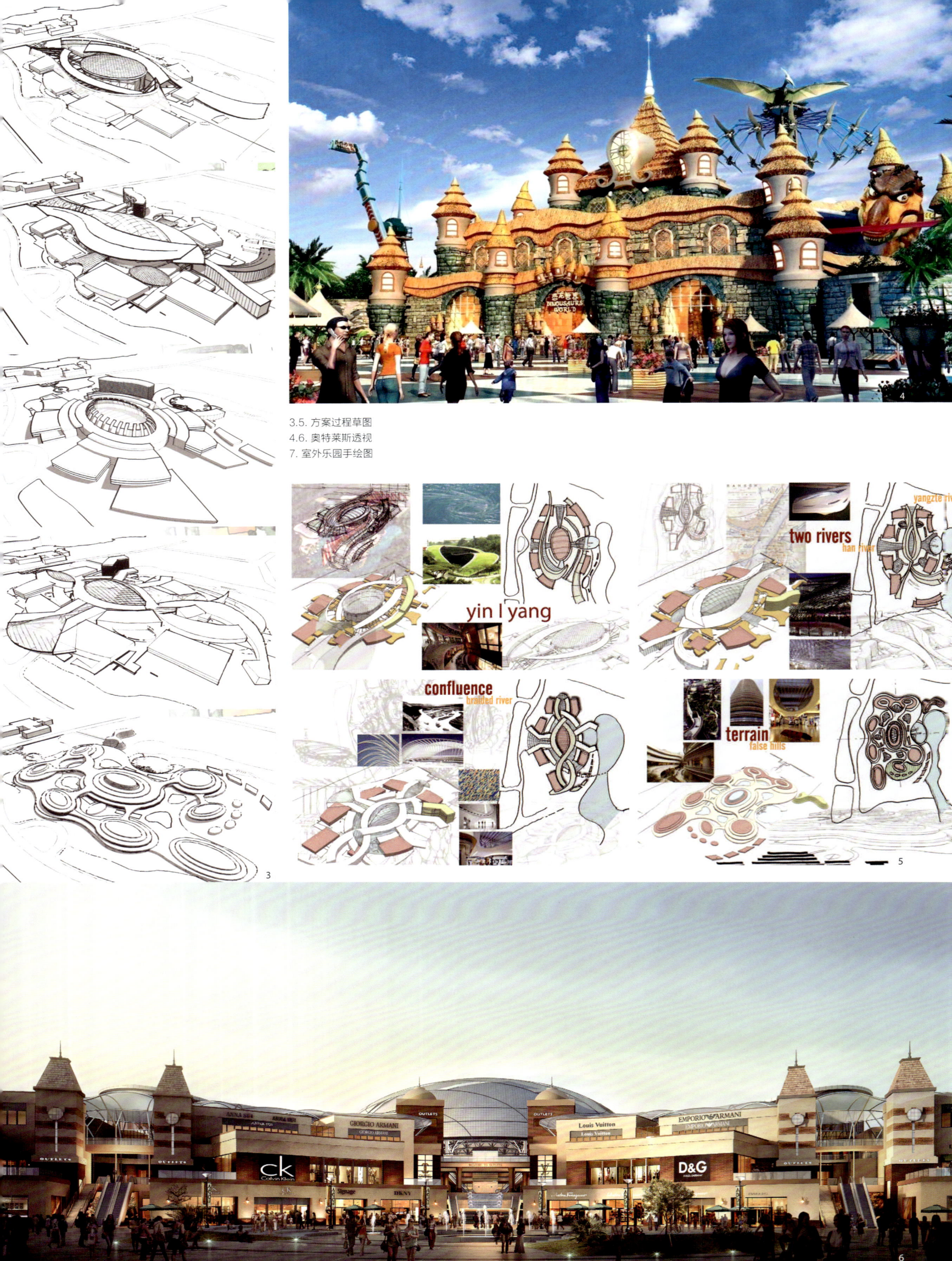

3.5. 方案过程草图
4.6. 奥特莱斯透视
7. 室外乐园手绘图

2 灵感——宛如奔腾的河流

本项目的设计灵感源于武汉纵横交错的河流湖泊。在设计上将武汉的历史与自然地质条件有机地结合，用若干截然不同的"景点"与区域来丰富整个项目的架构。商场与店铺成拱形围绕着椭圆形的游乐园，宛如河流一般，在建筑物之间刻画出一个生动的、层次分明的"峡谷"，峡谷内以店面、天窗和桥梁区分出若干精彩有趣的休憩、活动空间。

3 穹顶——行驶的方舟

从远方看世茂嘉年华商业中心，首先映入眼帘的便是主题乐园的穹顶。乐园主入口的屋顶犹如停泊在绿洲中的一艘方舟，使人联想到周边湖泊的水面。乐园外商业街由状似树干的巨型柱廊四周撑起形成天窗，犹如绿树构成檐篷的意向，营造多元且优雅及自然的空间感。广场入口主要由一系列自然空间组成，包括一个雕塑公园、休闲广场和一个宁静的、可以沉思和舒缓情绪的水景区。

4 改造——优化商业业态

2010年ALTOON+PORTER设计方案商业部分业态主要为量贩店、家具店、百货、影院等，随着互联网商业队实体百货的冲击，原先商业业态对人流并没有足够吸引力。改造后的嘉年华商业部分取消业态及量贩式店，增加儿童主题Mall及奢华文艺Mall，引进奥特莱斯商业，以零售餐饮完善商业配套。项目的核心运作主要以主题乐园及奥特莱斯为双引擎驱动，以主题乐园为游乐核心，以奥特莱斯购物为消费核心，以多业态的休闲度假综合体为补充，带来相应的客户人群。

5 特色——功能多样化

武汉世茂嘉年华商业中心，集室内外主题乐园、商业街、奥莱、酒店及公寓为一体，全方位解决游客购物、饮食、娱乐、住宿的需求，对游客具有强大的吸引力。

1）室内主题乐园

椭圆形的主题公园位于项目核心位置，是地标性的大型建筑，其高大特殊的外形使得游客在远方的公路上就能看见，犹如漂浮在绿洲中的一叶方舟。建筑表面由菱形的铝合金板组成，有大型天窗引进自然光。光滑的表层使这个"庞然大物"显得简洁大方。在日光下，铝板球体犹如一个发光的天外之物。在黄昏后，隐藏在铝板接缝里的LED会制造出动感的灯光效果，让主题公园和武汉世茂嘉年华日夜不失声色。

主题乐园南北长230m，东西宽140m，总面积4.7万m^2，最高点为40m。在基地西侧主入口通过过山车将入口商业广场人流引入主题乐园内部，增加主题乐园内部人流量，丰富主题乐园空间趣味性。

乐园定位：世茂武汉嘉年华乐园定位于拥有IP（知识产权）的线上线下互动型主题乐园，通过线上世茂IP动画片的播放及推广，带动实体乐园及衍生产品的推广和销售。

项目规划及主题设计依据：根据世茂IP动画片主题故事及场景，结合武汉市场特点，确定武汉项目的故事线、人物及场景，指导项目分区、项目落位及主题风格。乐园平面布置、立面装饰、道具小品等都围绕乐园主题故事展开，具有高度的原创性，提高游客游玩时的兴趣，每一层的设计都围绕一个主题故事，布置与主题相适应的游乐设备，形成各自的风格。

2）室外主题乐园

室外乐园占地面积约3.6万m^2，以火山元素为主题，故事上前半段的主轴是"恐龙宝宝寻亲"，后半段则是"阻止火山爆发"，乐园中配置了"激流勇进""波涛翻滚""街车站""高空飞翔""大摆锤"及过山车项目，同时在室外广场中心配置有餐饮等配套设施。

3）商业主力店

主入口广场设置在场地西侧，儿童Mall和奢华Mall的广场位于主入口广场的南北两侧。其余各商业入口广场分设在场地的东侧、南侧和西侧。

本项目在设计上利用了建筑的造型和外墙材料来解决原本刻板的建筑体。在造型上运用了高低起伏、表面凹凸不平的立面设计，让原本平面的单体建筑在视觉上有多体建筑的效果。与室外步行街的概念相似，主力店外墙由多种材料搭配而成，如金属板、金属横条、玻璃幕墙、石材、木材、木条，甚至雨篷、遮阳板、大型看板等，这些元素都经过精心设计，务求为建筑披上华丽的外衣。

4）商业街

商业街如同一个生动的、层次分明的"峡谷"，峡谷内以店面、天窗和桥梁区分出若干精彩有趣的休憩、活动空间。这种体验空间顺着流线型的商业、娱乐、餐饮规划向东南延伸，直至变成另一个截然不同的户外环境，其包含一座用丰富的色彩及材料建造的人行空桥和阶梯花园。

5）奥特莱斯

武汉世茂嘉年华商业中心项目在基地南侧入口打造约7万m^2的奥特莱斯商业项目，通过商业街将商业主力店和奥莱结合起来，打造功能齐全、具有强大吸引力的商业综合体量，与主题乐园结合，为人们提供购物、餐饮、娱乐等全方位的服务。

作者简介

王翔，男，华建集团华东建筑设计研究总院，建筑师

OUTDOOR THEME PARK OF WANDA CULTURAL TOURISM CITY IN WUXI

无锡万达文化旅游城室外主题公园
愈发自信的中国式主题乐园

尹航，高一鹏，陈继良 / 文
YIN Hang, GAO Yipeng, CHEN Jiliang

项目名称：无锡万达文化旅游城室外主题公园
建设单位：无锡万达城投资有限公司
建设地点：无锡滨湖区，南湖北路以北，缘溪道西侧
建筑类型：主题公园
设计 / 建成：2014/ 在建
总建筑面积：11万 m²
容积率：0.2
设计单位：同济大学建筑设计研究院（集团）有限公司（初步设计及施工图设计单位）
合作单位：RVJA（美国）
项目团队：陈继良、高一鹏、尹航、阮永辉、钱梓楠、王昌、秦立为、王希星

1. 运河人家区营造传统的江南建筑风格，游客可以搭乘乌篷船游览全区，亦可漫步于各色小店之间
2. 紫砂传奇区的茶山，勾勒出一个世外桃源
3.4. 立面图

占地60hm²，超过120个建筑及构筑物，40余项游乐项目，包括多座大型过山车、室内外剧场、黑暗骑乘等项目，其中不乏世界领先的创新项目，作为万达新一批的主题公园项目，无锡万达文化旅游城室外主题公园以愈发自信的态度向临城上海的迪士尼乐园发起挑战。

无锡，作为有着3500年历史的文化名城、著名的鱼米之乡、民族工业的发源地之一，有着太多的传奇可以向世人展示。而挥舞着文化旅游大旗的王健林决定将这些美好的故事搬上万达文化旅游的大舞台，使之成为规模最大、内容最全、创新最多、科技含量最高的世界级文化旅游城的重要组成部分。

1 无锡文化之旅

无锡万达主题公园以无锡文化为主线，通过六大主题片区，引领人们感受一段奇妙的旅程。

"运河人家"奠定了全园的基调。几百年以前，连接北京至杭州的京杭大运河的开通，带来了无锡的繁荣与进步，而这便是该片区设计灵感的来源。传统的江南建筑风格在这里呈现，同时也将该地区著名的运河文化汇聚到了镁光灯下。原生态的地域街区形式和特有的建筑细部处理，包括特色的青瓦白墙，表达了无锡特有的地域风情并提升了主题氛围的品质。游客可以搭乘乌篷船游览全区，亦可漫步于各色小店之间，感受当地的特色艺术情怀。

"泥偶仙踪"将惠山大阿福的传统工艺与欢庆的活动氛围巧妙地编织在一起，创造了一个比现实更生动多彩的世界。闪亮的灯笼、微笑的娃娃、欢乐的笑声、美妙的旋律萦绕在大庙会中。游乐设施的主题包装灵感来源于无锡当地传统民间艺术及地方特产，例如以无锡著名的蜜桃为灵感设计的自旋滑车，又如以手工艺老虎鞋为灵感设计的碰碰车，当然最有趣的还是以大阿福为主题形象的室内剧场。

"霞客奇旅"将著名行者徐霞客的故事带入现实生活，通过多样化的环境营造，带给游客享受自然美景、激发冒险精神的旅程。该区的主题外观以中国疆域多变的自然环境为背景，结合了山体、峡谷、森林与河流。特色项目飞翼过山车，更能让游客穿越祖国大好河山。当游客进入到该区，便能够身临其境地体会到过山车的擦肩而过，欢乐的尖叫声不绝于耳。

"蒸汽时代"是对无锡工业崛起时代的追忆。通过西方工业厂房的主题环境，体会工业时代的生活，这个时代的建筑风格横跨欧洲、北美，甚至中国部分地区。引人注目的砖砌建筑、具有历史感的海报、古董汽车和自行车共同营造出怀旧的氛围。而该片区的大型过山车更是通过奇幻的机械工艺结合管道、铆钉、嘶嘶的蒸汽声，强化了工业主题氛围。

穿过浓浓蒸汽，"紫砂传奇"又将游客带回乡土氛围之中，让人追忆起无锡传统艺术工坊，主题包装围绕无锡重要的茶文化和紫砂壶进行打造。深绿色的茶叶结合该分区紫砂土的色调，勾勒出另一个世外桃源。通过巨大的茶壶与青翠的茶山包装，"激流勇进"这一经典游乐设备也成为该片区的标志性项目。

最后，"吴越春秋"带领游客回到激动人心的春秋时代。神秘的双龙出水过山车、激烈交锋的水战船、高耸入云的越女剑，配合整个片区粗犷的建筑原生木料，呈现出激动人心的春秋战国景象。

2 有机整合

一个成功的主题公园，离不开精彩的故事线和形象构建。通过多年的积淀，一个形象饱满、内容丰富的欢乐世界已渐渐浮出水面。

同时，一个人性化、具有良好娱乐体验的主题公园也离不开富有经验的运营团队支撑，而万达在打造了西双版纳、南昌等第一批主题乐园后，其运营团队也在不断壮大。通过快速的经验吸收与总结，已经形成了一套较为完善的运营体系。

此外，作为一个大型复杂的综合体，主题乐园在设计上能成功落地，同样离不开一个能协同各方、进行高效设计整合的团队的技术支持。40余项游艺项目，配套大量餐饮、零售、后勤设施，超过100个单体的精彩呈现，需要合理组织的市政作为骨架，需要富有层次的景观作为映衬，需要别致有趣的包装烘托氛围，需要别开生面的演艺增添趣味，当然还有诸如泛光照明、特殊机械等各个专业的有力支撑。而同济主题乐园设计团队从90年代我国第一代游乐园起，经过20多年的历练，依靠深厚的设计及设计管理能力，将项目参与各方的成果有机整合，确保一座主题乐园成功地落地。

可以说，在多方的共同努力下，无锡万达文化旅游城室外主题公园必将呈现给世人愈发自信的中国式主题乐园。

5. 霞客奇旅区将徐霞客的故事带入现实生活，使游客享受自然美景、体验冒险精神
6. 紫砂传奇区围绕无锡重要的茶文化和紫砂壶进行打造，将游客带回乡土氛围
7. 吴越春秋区高耸入云的越女剑，带领游客回到激动人心的春秋时代
8. 霞客奇旅区的特色项目"飞翼过山车"
9. 无锡万达室外主题公园总平面图

作者简介

尹航，男，同济大学建筑设计研究院（集团）有限公司建筑师，本工程总图专业负责人；

高一鹏，男，同济大学建筑设计研究院（集团）有限公司 主管建筑师，国家一级注册建筑师，本工程项目经理；

陈继良，男，同济大学建筑设计研究院（集团）有限公司 集团总裁助理，国家一级注册建筑师，本工程项目负责人

上海梦中心 B 地块
永不落幕的文化聚集地

杨琳 / 文　YANG Lin

　　上海梦中心B地块以提供一个文化与艺术交融的公众活动场所作为发展目标，全力打造一个以"时尚文化体验"为主题的黄浦江岸边永不落幕的文化剧院集聚地、文化产业创新发展新高地、国际都市休闲娱乐新地标。在保留旧有的工业建筑特色的同时，标致性的新建筑丰富了基地的多元性和活跃性。

SHANGHAI DREAM CENTRE B BLOCK

项目名称：上海梦中心 B 地块项目

建设单位：上海梦中心创意文化发展有限公司

建设地点：徐汇区黄浦江的滨江区域，西岸传媒港开发的九个地块的东侧（东至黄浦江，西至龙腾大道，南至绿化，北至油罐公园）

建筑类型：文化建筑

设计 / 建成：2014 年（待建）

总用地面积：105 224m²

总建筑面积：155 713.1m²（地上总建筑面积：101 178.3m²；地下建筑面积：55 000m²）

建筑高度 / 层数：地上 13 栋建筑单体（除保留建筑外，新建建筑限高 20m，局部 24m/ 层数不超过 4 层，地下室 1 层，局部地下室 2 层）

容积率：0.93

设计单位：华建集团上海建筑设计研究院有限公司

合作单位：The Oval Partnership/ Schmidt Hammer Lassen Architects

项目团队：徐志春、庞均薇、关欣、杨琳、刘承彬、路岗、陆文慷、朱喆、蒋明等

获奖情况：荣获"亚洲国际房地产设计金奖"

image by The Oval Partnership

1. 鸟瞰夜景
2. 总平面图

近年来，各类大型的主题乐园如雨后春笋一般遍布国内。如果说那些传统意义上的公园、游乐园开始逐步变身为主题乐园，那么在市中心如何体现城市文化的主题，将传统的商业中心逐步转变为一种以文化体验为主的建筑群体和主题空间将成为一个新的研究方向。上海梦中心B地块以"东方梦工厂"为依托，开始了这项新尝试，以提供文化与艺术交融的公众活动场所作为发展目标，全力打造以"时尚文化体验"为主题的聚集地。在保留旧有工业建筑特色的同时，标致性的新建筑丰富了基地的多元性和活跃性。

1 设计目标

本项目建成后将依托强大的投资方和国际化运营团队，策划和引进一系列丰富多彩的文化演艺活动，例如大片首映礼、顶级电影活动、动画艺术的互动娱乐展示、全球顶级创意表演、大型马戏表演、体育竞技活动将长年不断，推动上海和全国文化演艺市场全面复兴繁荣，有望比肩纽约百老汇与伦敦西区，推动上海尽快成为国际文化大都市。

作为徐汇滨江的旗舰项目，本项目的建设将持续引爆"东方梦工厂"落户上海产生的巨大产业溢出效应。在功能定位上，紧密依托"东方梦工厂"带来的影视制作、文化娱乐等产业基础、配套的高端精品商业和优质办公资源，通过对保留建筑合理改造与新建相结合的方式，充分发挥区位交通与滨江资源优势，引入一批具有国际水准的剧场、音乐厅、设计中心、艺术家工作室、时尚展示中心等文化设施，以文化演艺功能为龙头，综合发展会议博览、艺术教育培训、时尚主题娱乐和休闲娱乐等多业态服务。

2 设计概念

作为上海水泥厂的原址，规划将五个工业时代的遗留建筑进行保留、改造，使之重获新生，成为城市发展历史的见证。整体的规划是通过配置一系列活动空间，包括公共广场、主要节点空间、林荫大道、滨水长廊、小街和巷道、中心广场来创造出多元化且独特的区域。

一条南北走向的林荫大道和滨水长廊形成了地块内部的主要流通环线，它同时连接了2个中心广场（入口广场和活动广场）与5个核心文化设施（"梦想巨蛋"、"梦剧场"、"第二剧场"、"音乐厅"、"艺术与设计中心")。从林荫大道继而分支出来的街道和巷道，可以到达不同的庭院、小广场和露台，使游客可以体验不同文化场所。

除了一些紧邻保留建筑的广场外，基地的部分地面抬升了1 m，与现有黄浦江防汛墙的高度相若，充分展现出上海滨江景观的天际线。人们可以通过龙腾大道的缓坡自由进出地块。

规划预留了3条贯穿东西的视线通廊和公共通道，提高了场地的渗透性。沿江南北走向的自行车道、人行道与周边的地块相连。

3 设计特色

由于其地块位于原上海水泥厂的旧址，该项目除了满足各类文化功能的需求，对保留建筑的复兴再利用也成为它的另一个特色。

工业遗产保护并不是静态的、简单的，而是注入新的功能和城市活力的再生发展，在改造开发的过程中，除了要满足遗产保护普遍的历史性、原真性等原则外，更要注重公众的参与性。采取功能置换的方式对工业遗产进行改造与更新，能使更多的人认识到工业遗产的价值，达到保护与更新的最终目的，故而成为国内外工业遗产再利用设计的最常见方式。

设计遵循以下三个原则。

（1）真实性原则：尊重历史，真实反映徐汇滨江地区的工业建筑特征，在安全的前提下，尽可能使用原构件。

（2）可识别性原则：为满足现在的安全、舒适、功能要求，新加设的体量、增设的电梯、消防、空调设备等设施设备执行可识别性原则。

（3）可持续利用原则：对典型工业建筑特征的原有结构、构件保护性利用。同时合理设计功能，更新材料等，使之适应现在使用的保护性利用。

顺应徐汇滨江"后世博效应"的功能转型，保留原上海外滩西岸标志性的水泥加工厂基地中具有突出历史价值及艺术价值的五栋工业建筑及构筑物，在不改变其建筑原有形式及工业遗产特征的前提下，置入全新的以休闲文化为主的新型功能，将其打造为徐汇滨江新时代背景下的又一个文化地标。

上海梦中心B地块被定位为黄浦江岸边永不落幕的文化剧院集聚地、文化产业创新发展新高地、国际都市休闲娱乐新地标，将为全体市民提供更多共享的优质滨江休闲空间，是倾力为消费者打造体验美梦与幸福的文化艺术类标志性项目。

图片来源：图1、图3、图4来自合作设计公司：The Oval Partnership，图6、图7来自合作设计公司：Schmidt Hammer Lassen Architects，版权属于上海梦中心创意文化发展有限公司

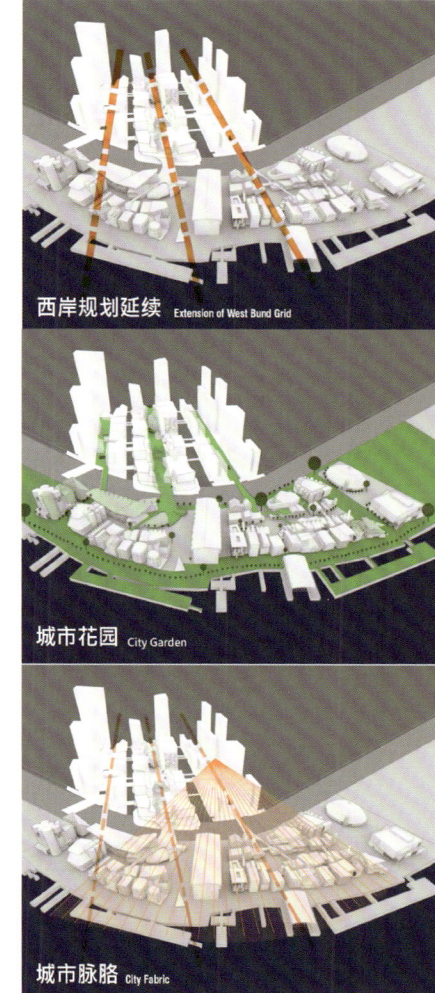

5

3. 鸟瞰夜景
4. 鸟瞰日景
5. 总体分析图
6. 保留建筑 Arthub 改造效果图
7. 保留建筑 Dome 改造效果图

作者简介

杨琳，女，华建集团上海建筑设计研究院 主任建筑师，国家一级注册建筑师，东南大学 硕士

三亚海棠湾亚特兰蒂斯酒店（一期）及水上乐园

海水包围的一整块陆地

黄溯 / 文　HUANG Su

SANYA HAITANG BAY ATLANTIS HOTEL (FIRST PHASE) AND WATER PARK

三亚海棠湾亚特兰蒂斯酒店项目是我国首个、也是全球继迪拜与巴哈马之后第三个亚特兰蒂斯综合型旅游酒店项目，拥有顶级七星级酒店及水上乐园。本文就项目概况、分项特色、项目进程等几方面进行介绍，以期对该项目有一全面、快速而细致的了解。

1. 鸟瞰图
2. 总平面图
3. 水上乐园概念意向图
4. 现场照片

在梭伦九千年前左右，海格力斯之柱对面，有一个很大的岛，从那里你们可以去其他的岛屿，那些岛屿的对面，就是海洋包围着的一整块陆地，这就是"亚特兰蒂斯"王国。

——柏拉图《蒂迈欧篇》

1 首个综合型旅游酒店

三亚海棠湾亚特兰蒂斯项目是我国首个、也是全球继"巴哈马—天堂岛与迪拜—棕榈岛"之后的第三个亚特兰蒂斯综合型旅游酒店项目。酒店位于海南省三亚市海棠湾滨海岸线中部，滨海路和风塘路交界处东侧；基地北侧自滨海路北段起，至南段海滩缓坡而下。

项目用地面积537420m²，总建筑面积达30万m²，总投资约70亿元。集七星级酒店、海洋公园、娱乐购物、美食演艺、国际会展及特色海洋文化、海洋公园体验于一体，同期建设大型室外水上主题乐园。该项目共分为酒店一期、酒店二期、水上乐园一期、水上乐园二期。

2 天涯海角"双子岩"

酒店一期主要建设内容包括塔楼和裙房两部分。经过多轮国际招投标最终选定HOK的"风帆"造型方案。该方案主要着眼于双子形式，取自海南岛"天涯海角"的传说，概念基于海浪边缘的双子岩——当海浪拍打在天涯海角上激起一朵巨大的浪花。双子形式还寓意海豚嬉戏及情侣相拥。

该形式可以在人们抵达时营造垂直动态体验：细窄的垂直空间一分为二，形成光线槽从而定义了塔楼的形式。酒店大堂呈阶梯状下降到海边，通过开阔的玻璃幕墙展现远方的海景。建筑底部呈波浪形起伏流动着和缓的曲线，形成"巨大浪花"下的水滴意向。塔楼与裙房相结合，具有开阔无遮挡的楼顶，塔楼以阶梯形式向下延伸到水上乐园和游泳池。塔楼客房设

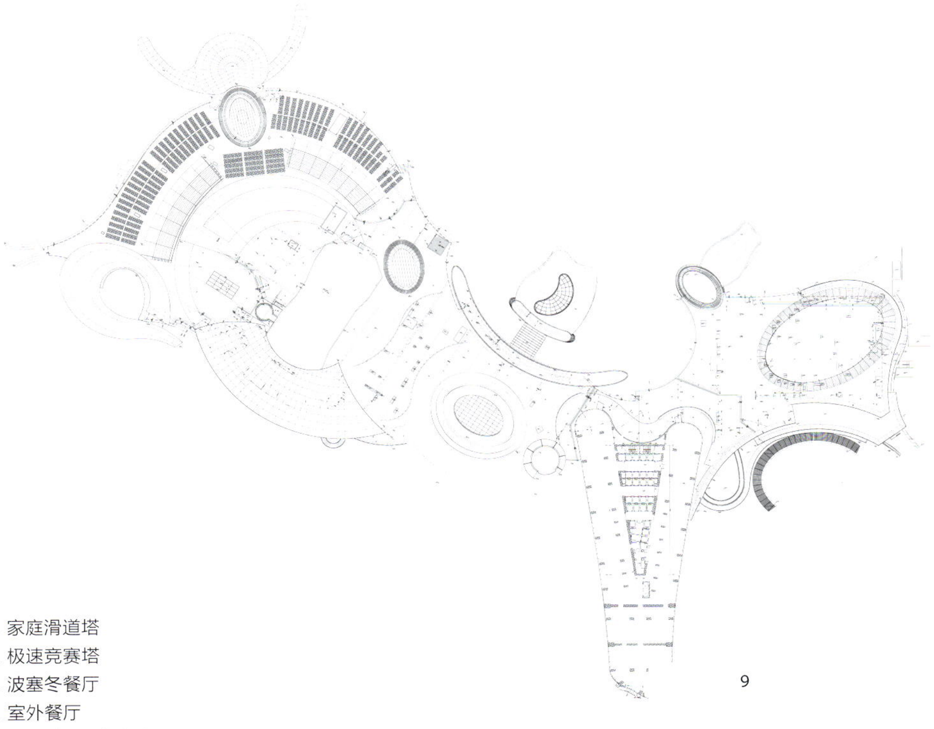

5. 家庭滑道塔
6. 极速竞赛塔
7. 波塞冬餐厅
8. 室外餐厅
9. 酒店（一期）裙房屋顶图

项目名称：三亚海棠湾亚特兰蒂斯酒店项目（一期）及水上乐园工程
建设单位：海南亚特兰蒂斯商旅发展有限公司
建设地点：海南省三亚市海棠湾海岸线中部，滨海路和风塘路交界处东侧
建筑类型：酒店（一期）为一类高层建筑
设计时间：2013—2014
总建筑面积：酒店一期 251 040m²
　　　　　　　水上乐园 79 988.11m²
建筑高度：酒店主楼高 227.5m
建筑层数：酒店（一期）：地上 47 层 / 地下 2 层 / 裙房 2 层
客房数：约 1 300 间
容积率：酒店（一期）0.523
　　　　　水上乐园 0.171
设计团队：蔡淼、曹辉、汪彦、黄溯、包佐、熊天齐、芮强、蒋明
设计单位：华建集团上海建筑设计研究院有限公司
合作单位：HOK（建筑方案与初步设计）、ARUP【奥雅纳工程咨询（上海）有限公司】（结构与机电）等超过 30 家国际及国内知名顾问公司

10.12. 失落的海底世界
11. 酒店塔楼日景图
13.14. 海豚湾

计有釉面阳台相互连贯，为塔楼带来动感，从而营造出光影在建筑上不间断变幻的美妙韵致。建筑顶部灯光打亮后，可形成耸立近30m高的巨型灯盏。

酒店塔楼拥有行政套房、豪华套房、总统套房、皇家套房、联桥套房及行政酒廊。客房平面垂直于海岸风景线，缓缓展开如同展翼，使所有客房皆可坐拥绝美海景。

裙房部分则分为失落的世界、波塞冬庭院、宴会大厅、全日餐厅、水下餐厅等。特色在于以大水缸、白鲸池和失落的海底世界等一系列展缸组成的大型水族馆，拥有超过约3800万L的海水及超过60种海洋生物独立展品，如白鲸、海豚、海狮、鲨鱼、龙虾等。客人可以与海洋生物近乎零距离接触，并开展与海洋相关的嬉戏活动。

裙房部分内最有看点的是波塞冬庭院，从大厅进入，占据核心空间，正对大水缸近10m高的亚克力玻璃侧壁，可一边享用美食一边欣赏悠然自在的海洋生物。另一大卖点便是位于大水缸南侧的水下套房，创造性地将展缸侧壁设计为客房侧墙，可以极大地满足客人的好奇心，提升体验新奇度。

3 功能复杂的水上乐园

水上乐园为大型水上娱乐、动物观赏、科普教育综合性游乐公园，具有建筑功能复杂、游乐流线众多、外部机电分包商交叉配合繁多的特点。

整个漂流河将园区划分成若干区域。乐园拥有505辆车位的地下停车库、海豚湾，其他娱乐设施包括急速竞赛塔、家庭滑道塔、男女更衣间、餐饮中心、零售亭、海滩屋、漂流河等组成。其中游乐水滑梯系列包括标志性急速竞赛塔、家庭滑道塔、激流速滑水滑梯、儿童水寨滑梯、儿童区滑梯等。

4 逐一攻克难题

整个项目在后期深化过程中逐步纳入JBI、JWDI、MWH、HBA、ARUP等国际知名的设计团队。施工图深化设计为上海院。设计团队集中了有类似工程经验的优秀设计力量，对各种技术难题逐一分解和攻关，提炼了项目的精华，规避了项目风险，加快了设计进程。

项目自2013年底开始至2014年底，完成了方案审批、结构超限审查、施工图审查等重要节点，共分为酒店一期、酒店二期、水二乐园一期和水上乐园二期等。

目前现场施工紧密开展，主体塔楼正在进行40层的结构施工，裙楼主体结构已全部完成。大堂、水族馆结构吊装已完成，大水缸亚克力玻璃施工已完成；水上乐园海豚湾暂养池、表演池主体结构已完成。主体塔楼正以每周一层的速度建设，预计将在2016年7月结构封顶，酒店计划于2017年10月正式对外营业。

作者简介

黄溯，女，华建集团上海建筑设计研究院 第二事业部，同济大学建筑与城市规划学院 硕士

天津欢乐谷项目
北方全天候旅游的有益探索

伍冀 / 文　WU Yi

1. 天津欢乐谷

TIANJIN HAPPY VALLEY PROJECT

天津欢乐谷是华侨城欢乐谷系列继深圳、北京、成都、上海、武汉之后的第六个作品，是华侨城集团深耕都市主题旅游，针对中国北方地区的气候和人文特征，做出的一次富有前瞻性和开创性的尝试。

项目名称：天津欢乐谷
建设单位：天津华侨城实业有限公司
建设地点：天津市东丽区东丽湖旅游度假区
建筑类型：主题公园
设计/建成：2011/2013
总建筑面积：15万 m²
建筑高度/层数：30m/单层大跨度钢结构建筑
容积率：0.5
设计单位：美国 RVJA 建筑设计公司
合作单位：众多
项目团队：祖峰、彭韶辉、刘子英、吕涛、谢刚、祖峰、张诚、刘洪福、吕靖、曲凯、刘洪福

1 融合北方气候特征

天津欢乐谷一期规划总占地面积约为25万 m^2，由水、陆两个公园和演艺中心组成。其中，陆公园由欢乐谷系列经典的"欢乐时光"区、北欧海盗文化主题的"维京海港"区和圣诞老人文化主题的"圣诞村"区组成，这里集中了国内最长、最高的单轨式木制过山车、国内首个包裹式弧幕及动态影像跟随的黑暗乘骑等众多高科技游乐设备；水公园由"海洋之心"区和"飞跃加勒比"区组成，室内室外的双造浪池和双漂流河的配置，在国内水公园项目里也是独树一帜。

与其他欢乐谷相比的最大不同之处在于，天津欢乐谷在规划时就已充分考虑到了北方冬季的气候特点和旅游市场需求，在创新和丰富陆公园与水公园传统的室外娱乐模式的同时，融合北方气候特征及东丽湖地域资源优势，运用现代高科技手段，建造了演艺中心、欢乐时光、海洋之心3个总建筑面积逾10万 m^2 的室内场馆组合，实现了室内四季文化娱乐、全民游玩的全新场馆创新构建，填补了北方地区冬季旅游市场空白，已成为冬季旅游的一大热点。

2 大跨度室内场馆——"欢乐时光"

"欢乐时光"占地面积约3万 m^2，采用空间桁架结构，单榀桁架跨度达到110m，之所以采用大型钢结构形式，是为了保证室内娱乐空间的灵活性和完整性。"欢乐时光"是最具激情与刺激的陆地公园室内场馆，四季欢乐不受季节与天气限制，可同时容纳1.2万余人。大馆内拥有适合全家游玩与儿童游玩的20多项设备，不再局限于偏爱刺激冒险的年轻群体，较偏重亲子游市场，打造了国内首座温馨娱乐的家庭娱乐中心，更符合旅游市场的发展趋势。

3 四季如春的冬季乐园——"海洋之心"

"海洋之心"占地面积约2万 m^2，采用空间网壳结构，大空间内部可同时容纳近3 000余人。它最明显的创新之处就是打破了北方冬季水游乐的瓶颈，契合了北方旅游市场特点，利用现代先进膜结构建筑技术及可拆装幕墙系统，冬季"海洋之心"开口处封闭，室内恒温可达30℃左右，并利用地下温泉水形成的棕榈海滩，水温舒适如夏，环境优美宜人，创造了四季如春、寒冬仍可戏水游乐的奇迹，打造了"水游乐+温泉"全新冬季游玩模式。

4 亚洲最大跨胶合木结构——"演艺中心"

演艺中心是国内首次在大型公共建筑中采用胶合木结构，跨度达到85m，建成后成为亚洲最大跨度的胶合木结构单体建筑。演艺中心同时连通水、陆公园，可同时容纳1 800余人观看表演。

天津欢乐谷还尝试了许多其他的新工艺、新材料，为了充分发挥大馆的温度调节作用，改善微气候，降低能耗，天津欢乐谷的筹建团队投入大量精力，对大馆的物理环境、幕墙形式、外维护材料等重要技术课题进行了深入研究，在此基础上选择使用高透光率和优良保温性能的ETFE膜气枕结构、可拆卸幕墙技术、地热利用技术等，获得了较好的夏季自然通风和冬季节能运营效果。

5 丰富的互动体验

结合水、陆两座大馆设备，天津欢乐谷在游乐设备规划和游玩体验设计上也做出了大胆创新。设备与建筑、设备与设备之间设计了大量的相互穿插和互动，比如激流勇进和矿山车交错的轨道及2个设备从陆大馆内穿出室外、钻入山体的设计；水磁过山车、水滑道、漂流河在大水馆室内外和水族馆之间穿插的设计等。这些设计不仅使公园的室内外区域之间，获得了更丰富的空间层次和观感，更重要的是，让游客在游玩的过程中，获得了更为独特的体验。

水、陆两个大馆的投入运营，克服了中国北方冬寒夏闷的气候限制，让游客不论炎炎夏日还是数九隆冬都可以尽情体验各类精彩的游戏，对于相似气候地区的主题公园类项目，具有重要的指导意义。天津欢乐谷，必将成为中国北方最具特色、不受季节和天气限制、四季开放运营的娱乐文化主题公园典范。

作者简介

伍冀，男，深圳市华侨城旅游策划顾问有限公司项目经理，硕士研究生

2.3. 天津欢乐谷鸟瞰图
4. 天津欢乐谷总平面图

陈奕，尹航，陈继良 / 文　CHEN Yi, YIN Hang, CHEN Jiliang

青岛海上嘉年华主题乐园

大型室内主题乐园的消防与结构设计策略

QINGDAO RIO CARNIVAL THEME PARK

随着文化旅游的兴起，国内涌现出大批主题乐园，在北方地区，大型室内乐园更成为开发建设的新宠。不同于室外主题乐园，室内乐园不受冬季严寒气候限制，管理运营相对便捷高效，游玩路线更易组织，主题氛围也更加强烈。但同时，由于其自身的大空间、多设备、重包装等特点，也使消防、结构等问题成为此类项目在设计上的重大挑战。本文以青岛海上嘉年华项目为例，探讨相关问题的解决之道。

1.2.3. 青岛海上嘉年华，两座相对独立的室内乐园之间围合形成室外水上乐园

1 空间与功能有机结合

青岛海上嘉年华项目由两座相对独立的室内乐园组成，并由天桥连接，乐园之间围合形成室外水上乐园。

两座乐园建筑面积约25 000m²，高度24m，一层层高8m，二层层高10m。每座乐园长约160m，宽约80m，内部以超大中庭作为乐园空间划分、流线组织与主题营造的核心区域，最大跨度达到80m，有效串联起大型开敞式游乐设备（如：梦幻飞行器、疯狂巴士、海马骑士、大摆锤等）及周边封闭空间游乐项目（黑暗骑乘、鬼屋等）。

2 "大空间"引发的难题

除流线型建筑外轮廓带来的属于建筑设计本身的难度以外，该项目的设计重点及难点在于解决大空间带来的消防问题以及由设备、包装引发的结构界面、结构安全问题。

1）因地制宜的消防性能化设计策略

室内主题乐园为满足设备运行以及游乐体验的需要，通常具有面积大、空间相互贯通的特点，本项目的两座室内乐园游乐区通过高大的中庭贯通一、二层空间，无法进行防火分隔，在消防设计中面临防火分区过大、疏散距离过长的问题。通过消防性能化设计，本项目得出如下主要解决思路：

（1）利用中庭的空间高度。本项目的超大中庭部分空间高达22.6m，而高大空间较通常室内空间具有更强的烟气蓄积能力，烟气下沉的时间也明显延长，火灾发生后，烟气短时间内不会沉降至威胁地面人员逃生的高度，从而能够为人员的疏散提供更长的安全疏散时间。其次，高大空间能提供更加开阔的视野，一方面有利于室内人员快速寻找疏散出口，另一方面也有利于救援人员进行救援工作，这些都能作为可运用的有利条件。

（2）将"房中房"作为"防火单元"进行设计。所谓"房中房"，即在大空间内局部通过围护结构围合而成的用房。室内主题乐园中骑乘类、影院类、迷宫类的游艺项目较多都是以相对封闭独立的单元方式布置，将这样的"房中房"采用耐火极限不低于2h的隔墙和耐火极限不低于1.5h的楼板进行保护，防火隔墙上的门须为甲级防火门。单个防火单元的面积不宜大于2 000m²，否则需用防火墙进行分隔。"防火单元"的设置，将整个建筑空间划分为三个层次的区域：公共大空间区域、防火单元区域、其他防火分区。由于房中房处于大空间内，而大空间其他高火灾荷载区域也都设有专门的保护措施，使大空间防火保护有的放矢，层次分明。

项目名称：	青岛海上嘉年华
建设单位：	海上嘉年华（青岛）置业有限公司
建设地点：	青岛市经济技术开发区唐岛湾江山南路西侧，滨海大道南侧
建筑类型：	民用建筑
设计／建成：	2012年／在建
总建筑面积：	52 160m²
建筑高度／层数：	23.25m/2 层
容积率：	1.626
设计单位：	同济大学建筑设计研究院（集团）有限公司
合作单位：	新道信集团（概念方案设计）
项目团队：	王建、陈继良、高一鹏、陈奕

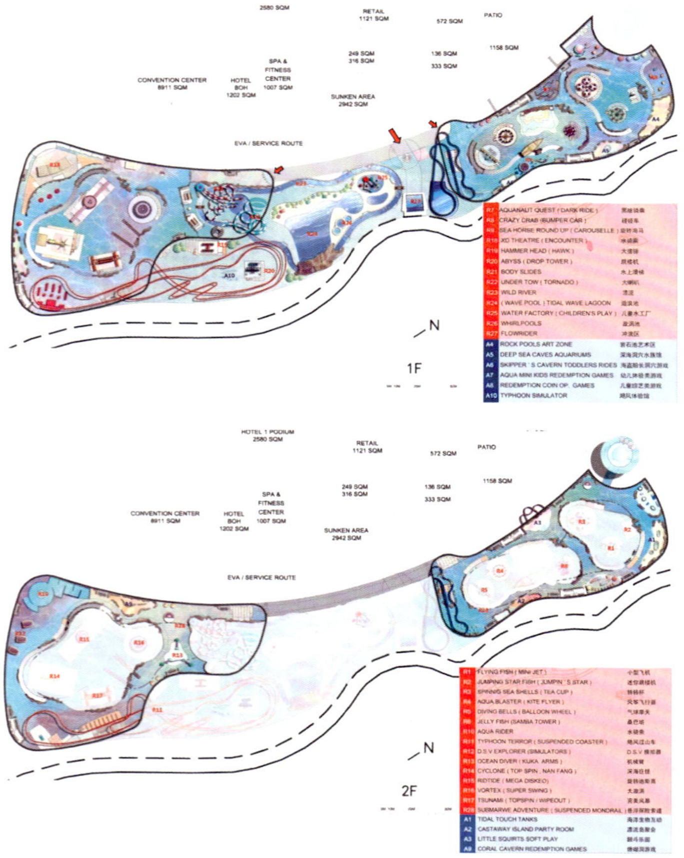

4.8. 室内乐园外形如轻盈的飘带，最大跨度达到80m，有效串联起大型开敞式游乐设备，如：梦幻飞行器、疯狂巴士、海马骑士、大摆锤等
5. 剖透视图
6. 设备平面图
7. 总平面图

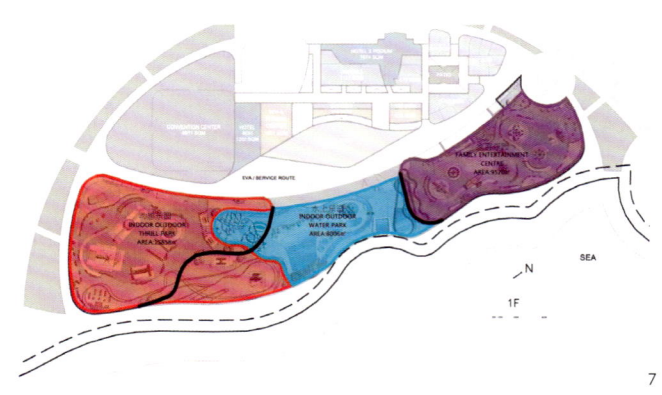

（3）对排烟措施的加强。除依据规范设计机械排烟外，可考虑增加备用自然排烟设施，自然排烟设施兼备自动打开和手动打开功能，且排烟面积不应小于防火分区面积的2%，以作为机械排烟系统失效时的备用系统。

（4）对装饰材料的限制。项目中的装修装饰材料应该使用不燃或者难燃材料，其防火等级不低于B1级，以降火灾荷载和降低发生火灾的概率。此外，加密疏散指示标志、采用大空间智能灭火系统，也都是提升项目消防安全性能的有效措施。

2）超越常规的结构考虑

不同于常规建筑，大型室内乐园项目在结构设计时需理清与游乐设备及包装的界面，并结合实际情况充分考虑游乐设备及包装的荷载对主体结构的影响。

针对游乐设备，在结构设计时首先要明确设备提资中的载荷是标准值还是设计值，如果是设计值，是否仅为考虑了设备安全系数的"设备荷载设计值"，即土建结构计算中的标准值。设备的误差要求也是结构设计前需重点明确的对象，由于土建误差通常为厘米级，而游乐设备的误差可能达到毫米级，故当游乐设备基础与土建基础结合设计时，对结构设计的要求也更加严格。此外诸如预埋件是否有方向要求、二次灌浆要求或结构配筋避让要求等问题，都应在设计前与设备供应商进行充分的沟通。

对于包装对结构设计的影响，首先由于大空间的结构体系下的包装通常也需要超高的包装龙骨，这就要求结构更多地结合包装考虑增加、增强基础或梁的性能，以确保相关结构的稳定性。部分体量化的包装，如大面积的假山，由于造型独特，难以按照常规包装进行载荷估算，需要包装设计单位明确其荷载重量。如果在结构设计阶段，包装设计单位无法提供准确有效的载荷要求，将为结构施工带来较大隐患，存在后期进行结构加固的风险。

3 新挑战需要新思路

大型室内主题乐园作为新兴的业态，对现行规范与传统的设计思路提出了新的挑战。例如，对游乐场所的消防分区面积、对场所内的人数计算、游乐设备自主疏散与救援时间等都缺乏相关规范的明确界定。而传统设计思路中市政设计先行、设备后提资等方式，都有可能导致乐园整体设计上的大量修改和复核。

对于此类大型、复杂、综合性极强的项目，需要以人性化和安全性为出发点，项目各参与方积极协作，确保项目的成功实现。

作者简介

陈奕，女，同济大学建筑设计研究院（集团）有限公司，主管建筑师，国家一级注册建筑师，本工程项目经理

尹航，男，同济大学建筑设计研究院（集团）有限公司，建筑师

陈继良，男，同济大学建筑设计研究院（集团）有限公司，集团总裁助理，国家一级注册建筑师

NANCHANG WANDA FILM PARADISE FLYING THEATRE

项目名称：南昌万达电影乐园飞行影院
建设单位：万达文化集团
建设地点：南昌九龙湖
建筑类型：室内主题乐园
设计/建成：2016
总建筑面积：1.57 万 m²
建筑层数：2
设计单位：万达文化旅游规划研究院有限公司、北京笔克展览展示有限公司
项目团队：王元、梅咏、王一鸣、许原象、徐新、王健、宋继芳、韩月娥

南昌万达电影乐园飞行影院

飞越江西，瓷梦之旅

梅咏 / 文　MEI Yong

在中华民族驾驭水、土、风、火的文明进程中，一代又一代的景德镇人，他们点土成金，把普通的泥土，变成贵比黄金的陶瓷。

1. 飞行影院平面图
2. 飞行乘骑设备与球幕
3. 磬音堂
4. "大瓷瓶"投影秀

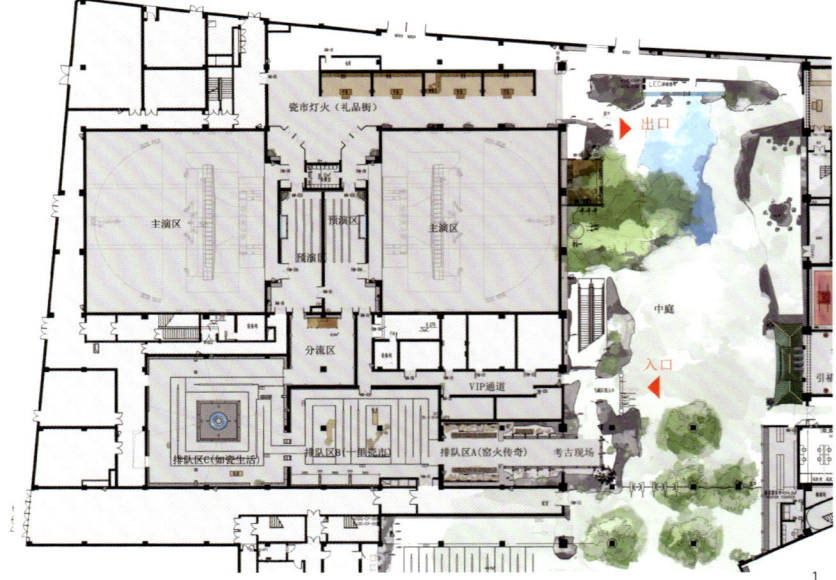

"飞越江西"取景江西景德镇，通过讲述胚瓷土经历"窑"的泥火传奇，随后经过"市"变身器物流通市场，成为"家"中珍宝的线索，带领观众融入瓷之梦的故事。在瓷之梦中，体验翱行天空，俯瞰江西大地的飞行之旅。

项目坐落于南昌万达茂中的飞行影院，为世界打开了一扇崭新的江西文化之窗。集文化、艺术、科技和教育于一身，用"美"的方式吸引了无数游客参与体验。飞行影院总建筑面积3 700m^2，可同时容纳144人观影。除了震撼的视听效果外，动感座椅、烟雾和风配合会强化飞行体验。

故事从一块瓷泥化身器物开始。走进飞行影院，从大理石的牌楼下穿过，幽暗的山洞中散发着玄妙的气息。路旁的山体上露出一片片的碎瓷，不知经历了多少年的日月侵蚀，满是时代神秘感。游客沿着铺满瓷片的碎石路行走，便穿越到了那个窑火通明的时代。窑洞中炽热而明亮，一件件精美的瓷器正在经过高温的锻造，火焰跳跃着，讲述刻画在瓷瓶上的古老文化。

穿过窑洞，便置身于喧闹的景德古镇中，马头墙上的是一幅幅生动的十里瓷市图，百米长卷诉说着那个繁荣活力的年代。看天空中掠过的鸟儿、茶馆闲坐的老人、放风筝的孩子、渡口上络绎不绝的陶瓷运输……这张趣味盎然的画卷，用动静结合的方式为我们带来了无尽的想象。

在灯笼高挂的街道上，两组雕像将游客带到了制瓷的现场，镇远堂瓷艺的店中，拉坯的老人专注而卖力；昌南彩器的店旗下，孩子们正围在彩绘的手艺人身边，惟妙惟肖。

穿过写着"磬音堂"的牌楼，进入了大户人家的院落，院中玄妙的瓷乐叮咚作响，参天高的大瓷瓶伫立在庭院中，与空中的大屏幕相呼应，相得益彰，巧夺天工。

令人惊艳的"大瓷瓶"为现场观众带来了一场视听盛宴。世界级的实体投影技术，也为观众打开了新的视野。瓶身和穹幕天衣无缝的演绎出了一幅幅浓墨重彩的影像，美轮美奂的瓷文化跃然瓶上。从传统陶器的制作开始，拉坯、画坯，随后经过高温烧制，最终大瓷瓶变身承载美的器物。或是水墨竹林，或是鱼跃荷塘，或是青龙游弋，令人惊叹不已。池中映日莲，莲叶何田田，鱼戏莲叶间；鱼跃鱼潜乐自如，出瓶一跃化神龙——经过水墨的演绎，更加出神入化。

穿过大户人家的厅堂，进入预演区，透过墙上的海棠窗，人们看到了熟睡的瓷娃娃陶陶，一束月光温柔的洒在陶陶稚嫩的脸上。远处渐渐飘来悠扬的音乐，陶陶被唤醒，他热情的带领观众参观自己的瓷器乐园，这里有风趣可爱的小动物们，更有中国的四大名瓷。经过了一番游历，陶陶为观众讲解观影须知并邀请大家进入主演区。

进入主演区的飞行舱，一场瓷梦之旅正式开启。古风的音乐响起，观众飞入瓷的世界，这里的一花一草一木都在展示着瓷的清、瓷的净、瓷的美。正当观众为这从未体验过世界惊叹不已时，清风拂去万物表面的釉色，江西壮美的风景将观众包围。观众如同飞鸟，翱翔于江西上空，时而在庐山云瀑中扶摇而上，时而在婺源金黄花海中驰骋，时而俯瞰斜阳倾斜鄱阳湖之上，时而仰望光芒万丈的滕王阁……晚霞洗空，在江面上近距离感受"落霞与孤鹜齐飞，秋水共长天一色"的震撼。最终，夜幕降临，观众带着感动与回忆再次回到了瓷的世界，结束了难忘的瓷梦之旅。

万达飞行影院革新了传统的观影体验将电影和游乐设备智慧地结合起来，用沉浸式的体验创造出令人震撼的真实性，成为游乐行业的又一亮点项目。

作者简介

梅咏，男，万达文化旅游规划研究院有限公司总裁助理，万达文化旅游规划研究院有限公司常务副院长

修龙，研究员，享受政府特殊津贴专家。现任中国建筑设计研究院院长、中国建设科技集团股份有限公司董事长、中国建筑学会理事长。

传承发展，引领未来
中国建筑学会理事长修龙先生专访
Inheritance and Development Leads Future
Interview with XIU Long, Chairman of The Architectural Society of China

修龙 / 受访　董艺 / 采访　高静 / 整理
XIU Long(Interviewee), DONG Yi(Interviewer), GAO Jing(Editor)

编者按：2015年12月，中央城市工作会议时隔37年再次召开，聚焦了城市建设改革和发展热点。《H+A华建筑》特邀中国建筑学会理事长修龙先生，就未来中国城市的科学发展进行了采访，采访聚焦城市化进程、绿色建筑、建筑师的未来机遇等内容，观点具有前瞻性和启发性。

【关于中央城市工作会议】

H+A：如何看待中央城市工作会议所提出的一些城市发展方向？

修龙（以下简称"修"）：上一次中央城市工作会议是在1978年召开的，时隔37年，再次召开了中央城市工作会议。30多年来，我们国家的城市发展取得了举世瞩目的成绩，但是也有一些需要总结的方面。举个简单的例子，现在很多房子使用30年就拆掉了，平均寿命只有30年，但是这些房子没有质量问题，它们的设计基准期都是50年，这类现象就是城市工作不够科学带来的。我们一直处于大拆大建的发展模式，这并不是一个可持续的发展状态。本次中央城市工作会议强调更多的是规划的问题，就是要总结以往的经验，使得城市有更科学更理性的发展。现阶段，"城市"这个概念已经成为非常重要的内容，过去我们一直讲发展，很少把"城市"的概念提到这个高度。

从中国建筑学会（以下简称"学会"）角度来讲，应该有一个"大建筑"的概念，需要思考当人们的生活需求发生变化以后，我们如何去做城市设计，如何获得更为理性的发展。学会在这方面可以发挥智库的作用，承担一定的责任。

H+A：如何看待当前城市化进程中，建筑师的角色和所应当承担的责任？

修：城镇化进程中其实有很多大的历史问题需要解读，很多是社会学的问题，是需要社会学专家来解决的，比如人民生活状态的问题、农村人口走向城市的问题、就业的问题，甚至社会稳定的问题，这些都是相关联的。社会学问题从某种角度来说就是历史发展阶段的问题，不同的历史阶段会产生不同的功能和需求变化。

过去30年中国走了西方300年的路程，这么短的时间内能够取得这样的成绩是非常了不起的。今天我们国力强盛，有着由衷的自豪感。当前的历史阶段，我们需要坚守好文化和传统，在此基础上挖掘、发扬我们的文化，创造出具有独特文化传承的特色，这是当前历史阶段我们的责任。建筑师应该在树立城市形象、优化城市整体形态、传承文化、保持各个地区的地域文化方面做出努力，这也是建筑师的责任。

中央城市工作会议也好，城镇化进程也好，都是国家大战略、大进程中的一个历史阶段。建筑师要解决的是在特定历史发展阶段中，从技术角度帮助解决社会问题。对于城镇化进程，建筑师可能更多地还是从技术和学术的角度，配合好国家的工作，做好一定的技术支撑工作，能够让我们的发展更理性，少走弯路。这是从业技术人员的社会责任。建筑师可以通过学术和理论研究，发出自己的声音。

在这方面，学会要发挥专家的作用，组织好业界的专家，可以做出非常大的贡献。使得我们在这个历史阶段能够走得更好、更具特色。若干年后，回过头来看这段历史时，我们这一代建筑从业人员，我们的建筑师们，也给历史留下非常精彩一笔。

1. 中国建筑学会理事长修龙先生

H+A：当前城市化工作中最需要解决的问题？

修： 城市化中最需要解决的是可持续发展的问题。过去的大拆大建浪费了很多资源，一年20亿m²的建造量是不可想象的，进入新常态后我们也不会这样了，这是有共识的。当下，改造的建筑量已经占越来越大的比重，在未来的城市化进程中，必将持续成为建设领域的主角，新建的建筑量会慢慢减少，这是历史发展的趋势。我们行业的工作重点会转移，会有更理性更可持续地发展。

对于改造，我的个人观点不是拆除，而是通过再利用把历史接续下来，同时在功能上满足现在和未来的需求，在传承文化的同时又节约保护了资源。通过理性的规划、科学的建造，从技术上做保障，这些我们都能做到。现在建筑结构的寿命和建筑配套的部品部件的寿命是不一样的，结构安全使用50年、100年都没有问题，在结构不变的条件下，我们通过部品部件的内填充体的调整，完全可以调整建筑内部空间功能，既保留了建筑的历史外观，又适应未来的发展。现在讲的产业化概念、绿色概念，都是在现阶段的历史进程中，使得建筑能够可持续、长寿命地使用。

当下，一些具有引领作用的单位、一些大的学者和专家，都在研究这些课题，但是大部分设计院还没有认识到。学会有责任有义务把我们在做的这些研究和实践告诉我们政府，使社会各界都认识到现有的建筑是可以传承与可持续使用的，历史建筑是可以保护的，在传承文化的同时，功能也能满足未来的发展。这些方面都是学会今后的重点工作，学会要配合好中央的工作，做好支撑。

【绿色建筑发展】

H+A：中央城市工作会议中强调绿色节能的发展理念，您如何理解这个问题？

修： 对于城市发展，国家也在进行理性的思考，其中就包括绿色建筑。"十三五"提出的五大发展理念中，一个重要理念就是绿色。绿色建筑不单单是技术问题，虽然它离不开技术的支持，实际上它是一个时代的要求，它有更高的理论方面、政策方面的一种历史责任的要求。我们要对历史负责，对子孙后代负责，"不绿色"是不可以的。

绿色建筑在中国推行了十多年，进展非常好。从大家不知道什么叫绿色建筑，到今天广泛地被社会认可接受。但是绿色建筑发展并不均衡，也有很多值得进一步探索的问题。绿色建筑迅猛发展到今天，我们已经取得了非常好的成绩，但我个人认为它也进入了一个平台期，也进入到需要理性思考的阶段。

H+A：我国当下绿色建筑发展现状怎样？

修： 我们要从建筑全生命周期的角度，来研究房屋的建造使用和运营维护。我们对绿色建筑的定义、概念都很清楚。但是建造起来也发现一些需要改进的方面。比如说，现在对绿色建筑设计的认证多，运营评价的少，为什么？这就是下一步我们要去总结的工作。从建造成本上讲，绿色建筑是有增加成本的，增加成本的过程，我个人认为是增加了能耗和排放，但是从全生命周期来讲，它应该是节省的。但是否如此，我们现在没有对它进行后期的评价，现在还做不到。当不敢或不能做运营评价时，说明这其中或前期设计还是有问题的。这方面也是学会下一步要做的重点研究。

产业化也是绿色建筑的一部分。其中有一些误区，现在都只把混凝土预制件（Precast Concrete，PC）作为产业化，这是大错特错的。产业化一定是若干个工业化的集成，才叫产业，再加上个"化"，即自动化生产。产业化一定包含着结构、内填充体、外围护体。产业化中，设备也是产业的重要组成部分，但是这方面根本没有人提。现在建筑不好改动的很大原因是因为上下水不通，如果同层排水能解决的话，卫生间也可以不在一条线上，建筑内部就可以灵活改动。

人们提的更多的是工业建造，对于产业化的工业化过程很少有人提。如果房子盖完之后，100年后还在用，内部能得到不断更新，像欧洲一样，这才是产业。这个产业化可以无限地循环下去，子子孙孙都可以用下去。当连理念都没有搞清楚时，容易产生误区。只把PC作为产业化，就有很大的局限。这时候，专家就应该发声了。对于科学发展，首要的应该要搞清楚什么是产业化，对此，学会大有发挥的价值空间。从专家角度、从学术角度，学会也有必要研究好产业化，也是我们下一步的一个重大课题。

H+A：在哪些方面可以形成突破点或者关键技术？

修： 回顾绿色建筑发展，整个推动过程中政府起着非常积极的作用，包括机电、空调、水、设备在内的一些综合专业人员也有着积极投入，但是建筑师的投入和热衷度还不够。世界绿色建筑大会上，别的国家去的全是建筑师，中国去的是研究单位和机电工程师。我们的建筑师在哪里？

绿色建筑一定是建筑师统筹下的一种创作，而不是各个技术专业的先进设备的堆砌。绿色建筑再前进的话，建筑师要挺在前面。一些"奇奇怪怪"的建筑，确实又浪费面积又浪费土地，又是黑房间又不节能。因此建筑师的责任就很大，这对建筑师也提出了更高更全面的要求。照明再节能不如没有黑房间好，空调再节能不如自然通风好。

比如地道风技术，中国早就有了，用地道风就可以不用空调，在地下走一圈，地上温度就下来了，而且都是天然的。这种技术的应用，其实在我们的设计里很多，崔愷院士做的敦煌莫高窟游客中心就是很好的创作。他把房子的大部分都放到地下，这本身就是节能的。那地方都是黄土沙子，上面盖个高楼大厦也很难受，放到地下首先是结合了地貌，建筑不抢眼了，协调了环境，这就是建筑师的价值所在。在这个基础上建筑师也可以做出很多有创造性的东西，建筑师也有很多可发挥的空间。同时，放到地下又是节能的，地下那种恒温恒湿的自然条件就用上了。

这种创作很值得我们去研究和推崇。崔愷院士一直在提"建筑的伦理"，我特别同意他的观点。应该提倡对功能、伦理、道德的重视，而非所谓的感官刺激。在学校的前期教育上，就应该重视这方面意识的培养。这种价值导向是应该要倡导的。现在已经开始有这种理念了，但是真的远远不够。

绿色建筑应是一种相对要接地气的，结合本土，提倡自然，强调功能，没有太多抢眼东西的一种理念，更需要一种深刻的思考。所以，没有建筑师的绿色不是真绿色，都是伪绿色。

在这方面，学会应该做的是把建筑师组织起来，发挥建筑师的统筹和引领作用，这个是任何一个学会协会都做不了的，只有中国建筑学会能做，这也是配合中央城市工作会议、绿色发展的理念、城镇化进程的一项重要工作。所以，如果再升级绿色建筑的话，学会的价值就会凸显出来。

H+A：对于设计行业来说意味着怎样的机遇和挑战？

修：当下，设计行业面临着一些挑战。对于上述提到的这些方面，设计院如果及时转型、及时提质增效，做好这些专项方面的研究，还不至于被淘汰。在新的建设量不够的情况下，如果还是传统设计院的理念，就不太容易生存了。"沪上生态家"这个房子就很有说服力的，它过去是个展览建筑，现在做了可持续的改造，这些事设计院以后都应该去做。

【中国建筑学会展望】

H+A：能给我们介绍下中国建筑学会的使命和目标是什么？

修：中国的建筑行业有许多协会、学会，但是中国建筑学会应该是其中最受业界崇敬，历史最久，很有品位的学会之一。它的品位、地位、学术追求，特别是理论探索，是行业内任何一个学会、协会都替代不了的。它就像殿堂一样，甚至是庙堂，充满了精神上的敬仰和追求，大家都很崇敬它。业界无论是学校、企业，还是从业人员，大家都很尊重学会，因为它一直引领着理论探索。

学会是新中国建立后成立最早的协会，有60多年历史，并代表中国政府行使一部分的外交职能，参加一些国际上非官方的活动，更是引领行业发展的学术组织。中国建筑学会发展到今天，历史的责任轮到了我们这一代人身上，包括我本人在内，包括行业内各个企业、学校在内，都有责任有义务把学会做好，对得起历史。我们要把学会的工作做得更好，也需要得到全行业的支持，也需要得到华建集团的支持。

H+A：未来中国建筑学会有些什么工作计划？

修：中央城市工作会议召开以来，包括更具体的绿色建筑等议题，都是我们当前行业发展的重要话题。在当前的历史阶段，学会的工作一定要引领好行业的理论探索、支持好政府、服务好会员，一定要做到这三个特色。

其中，理论研究深索要放到最重要的位置。我们轰轰烈烈发展了30年，到了这个阶段确实需要冷静，需要慢下来想一想接下去该如何发展，需要静下心来在理论上进行深入探讨，指导好我们今后的实践。既要在原有基础上发挥得更好，走得更好，又要理性地少走一些需要反思的路。在此阶段，学会要做好理论探索工作。

我们要服务好政府，起到智库的作用。大家都对建筑学会充满了向往，它汇集了行业内全国最优秀的顶级专家。国家要科学地发展，特别是现在提出的五大发展理念：创新、协调、开放、绿色、共享，这些都和我们在行业内开展智库工作是紧密相连的。建筑学会有这个条件，为我们国家持续地科学地发展做好支撑，做好国家的智库。我们确实有这个能力，也唯有中国建筑学会有这个能力，发挥好智库的价值，把大家的智慧、能力都贡献出来。

我们还要服务好会员，通过学会的引领，帮助我们整个行业的科技进步，帮助会员单位、个体会员和个人，能够在学会这个大的组织机构里，得到培养、培训和不断进步。

H+A：当下的建筑设计行业，建筑师应做些什么？

修：对于行业的科学发展，建筑师应该起着很大的作用。这些年行业发展下来，建筑师的职责在萎缩，由于职能划分和资质限制，建筑师由过去的全面负责已经退到只是做一个形体，无法做到精细化设计，因为那种职责已经被拆解掉了。职责功能切分到最后，建筑师甚至都不知道哪些石材好，哪些石材不好。为什么有那么多粗制滥造？就是因为建筑师连最后把关的权利都没有了，既关注不到问题，也没有责任担当，他就放弃了。最可悲的，老建筑师觉得建筑师的功能在萎缩，而刚毕业的年轻建筑师觉得这不是我的事。这不是对作品负责到底的态度，但这些已成为现在的实际情况。

建筑师应该做什么？是不是学会应该告诉政府、告诉业界，科学的社会体系应该是什么样子，建筑师的责任应该是什么？我觉得中国建筑学会有责任理清学会本身的担当和作用，也要理清建筑师应该起到什么样的职责和作用。学会应该把这些事也说出来，这些和绿色建筑一样，都是很重要的事。

另一方面，今天，中国已经成为世界第二大经济体，有着非常大的影响力。在当下信息化的平台下，机会全是平等的，中国的机会又最多。完全有可能在中国这个特殊的"战场"造就出一批中国自己的领军人物。通过发挥好地域特色，结合绿色可持续理念，中国也定会有一批世界级的优秀建筑师出现。中国建筑学会以其丰厚的历史积淀、强大的影响力和号召力，理当通过我们的理论探索，通过我们的造就，推出新一代中国的世界级建筑师，弘扬他们的理论和思想，这是我们的历史责任和应有的国家高度。

解读"适用、经济、绿色、美观"建筑方针
Interpretation of "Applicable, Economic, Green and Beautiful" Architecture Principle

赵杰 / 栏目主持　ZHAO Jie

关于建筑风格的讨论，古已有之。公元前 14 年，维特鲁威在《建筑十书》中提出"坚固、实用、美观"的三原则，直到 20 世纪初都被建筑界奉为圭臬。新中国成立之初提出"实用、经济、在可能条件下注意美观"，基本主导了我国 20 世纪的建筑设计。20 世纪末，中国城市进入快速发展期，一大批吸引眼球的建筑拔地而起，既有央视大楼、国家大剧院、银河 SOHO 等外国设计师的"洋建筑"，也有天子大酒店、方圆大厦、山寨白宫等"俗建筑"，建筑风格再度引起广泛热议……

习总书记在中央文艺座谈会上提出不要搞"奇奇怪怪的建筑"，2016 年初，中央城市工作会议发布了《中共中央、国务院关于进一步加强城市规划建设管理工作的若干意见》，正式提出了"适用、经济、绿色、美观"的八字方针。面对快速的城镇化建设，八字方针该如何解读，什么样的建筑是好建筑？建筑师该如何落实八字方针，如何处理建筑与城市的关系？

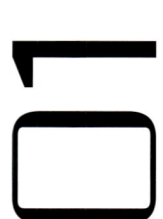

郑时龄

中国科学院院士，
同济大学建筑与城市规划学院教授

建筑"美观"是价值取向
Building Appearance is Value Orientation

1 新常态下的八字方针

现在建筑行业进入了新常态，可以让建筑师们去思考一些问题。20 世纪 70 年代石油危机之后，国外有很多建筑师失业了，他们就开始设计一些"纸上"建筑，去探讨一些理论问题。我认为，这些对促进整个行业发展、提高建筑设计水平会起到促进作用。一些大院可以为建筑师们探讨这些问题创造机会，像华建集团的《华建筑》杂志，就可以成为建筑师们讨论的平台。

这些思考中就包含着对八字方针的深入解读。在解读上，我认为八个字可以一起解读，也可以分别解读，这样就可以理解得更深入。在实施上，我认为八字方针是一个整体，这四个词语彼此之间是相互联系的，任何一个都无法独立存在。八字方针是建筑设计的依据，也是评判建筑的一种标准。

2 解读八字方针

八字方针中"实用"排在第一位。我感觉,这些年大家对建筑的功能要求已经淡薄了,投标时也都注重看形象、看外观,而忽视去仔细研究方案的功能是否合理。一方面,这与我们的决策机制有关;另一方面,业主在很多事情上都还没有想明白就去搞招投标。其实,只有业主和设计单位有充分的交流沟通和合作,才能够完善建筑的功能设计。现在往往都是在招投标后再去考虑这些事。

"经济"应该是指技术经济条件。因为建设需要对造价有一定要求。当下存在着低价竞标的现象,比如在施工招标中,可能会降低些费用,但是将来可能会带来其他一些问题。"经济"需要长远的考虑,不仅考虑一次投资,也要考虑长期的运营,它和"实用"也联系在一起。先要考虑建筑有什么样的功能,再考虑建筑需要什么样的技术经济条件。

"绿色"是"实用"的组成部分,也是"经济"的组成部分。建筑能够有效运作、节约能源,都和"绿色"有关。"美观"其实贯穿了八字方针,也是另三个要素的体现。

我认为,八个字都有道理,八字方针是很全面的。问题则在于如何来理解、实行、贯彻。

3 哪些是奇奇怪怪的建筑

有不少人问我,什么是奇奇怪怪的建筑。我说就是奇上加奇、怪上加怪吧。弗兰克·盖里的建筑是否奇怪?是奇怪的,但不是奇奇怪怪。

所谓奇奇怪怪,我觉得可以用习主席所批评的"贪大、媚洋、求怪"这六个字来解读。奇奇怪怪的建筑与时代不符,甚至是反现代的。比如用非常具象的形象而非建筑的语言来进行设计,这种审美是畸形的。奇奇怪怪的建筑也是逆文化的。比如有些中国的学校采用欧陆风、采用古希腊式的大台阶,这些都是不实用的,欧陆风是房地产商在推波助澜。之所以出现这些奇奇怪怪的建筑,就是因为没有做到八字方针。它们往往不注重实用,只考虑建筑形象,在外观的高度和体量上进行竞争。20世纪50年代我们曾反对形式主义,然而现在形式主义则非常盛行。

4 提升审美,避免奇奇怪怪的建筑

八字方针把曾经的"在可能条件下注意美观"这一定语去掉了,明确提出了"美观"要求。"美观"与审美理念、价值取向、文化观念、时代精神、技术经济条件有关。美观具有主观的因素,我们很难对美观进行定量分析,而实用、经济、绿色在某种程度上或许可以做定量分析。因此,我们更应该来探讨什么是美观。

在追求"美观"中可能也会存在一些误区。美观不是附加的因素,对于大量性的建设项目,比如经济适用房,如何来实现它们的美观?是否加一些装饰就是美观了?我认为,美观不能一概而论,需要分层级,要因房制宜,因为不同的地区存在着不同的发展程度。有些地方、有些项目,没有条件追求我们通常所说的那种美观,对于它们而言,或许更重要的仅仅是实用,通过实用、经济来体现建筑本质的美观。

1)公众的作用

蔡元培先生曾提倡美育,而当下我们面临的主要问题正在于审美教育的缺失。社会大环境应该重视审美、提倡美育。公众可以对建筑的决策发表意见,我们也应该对公众有审美和建筑审美的教育。如果社会具有一个普遍很好的审美眼光,就不会出现奇奇怪怪的建筑了。我已经连续好几年参与了市政府干部的一些培训课程,跟他们谈城市文化、谈建筑文化,提升对"什么是好的建筑、什么是不好的建筑"的审美判断。

2)决策机制的作用

决策机制是非常关键的一个要素,涉及很多方面。比如现在很多项目都要进行招投标,但是目前的招投标形式可能会扼杀一些有创意的设计探索。上海的一些大项目可能会经过好几轮的讨论,方向可以把握得好一些。但是,有一些地方的评标机制则比较混乱,在那样的招投标机制下,很难出现符合八字方针的建筑。现在往往在确定了方案后,会另外进行施工图的招投标,在这个过程中可能就会把方案的设计意图都更改了。所以建筑要符合八字方针,必须在机制层面上做一些改变。

3)建筑师的作用

当下,建筑师过多地受制于客户的审美,现在业主的力量太强大了,建筑师很难有话语权。应该要放宽建筑师的权限,让他们有更多的话语权。同时,在经济上要对建筑师有更多的支持。因为建筑师在很短的时间、很有限的设计经费内,很难创作出好的作品。我曾经统计过,现在中国大致拥有51 000多名注册建筑师(包括一级、二级注册建筑师),再加上很多没有注册也在从事建筑设计工作的人员,平均下来中国每3万人里有一位建筑师。这个比例和发达国家相比是比较低的,意大利每400多人有一位建筑师,美国和英国基本上每1 500人有一位建筑师。在这样的情况下,我国建筑师的压力是很大的,他们很难去思考一些问题。

5 探索"中国建筑"

从20世纪早期开始,我们的建筑先辈就一直在探索如何在建筑中继承民族性。这是一个非常大的难题,比如对于大剧院建筑,中国过去没有这样一种建筑类型,没有与之相适的体量和技术,所以在这样的大型公共建筑项目中探索"中国建筑",会面临很多困难和挑战。又比如住宅和高层建筑,也很难在其中探索"中国建筑"。当下的建筑设计中,真正试图探讨中国传统建筑精神的,可能只占极小部分,甚至1%都不到。

对比日本,日本建筑师最初也在盲目追随外国建筑。到20世纪30年代后,他们就不再走这条路了,开始了探索现代主义建筑之路。尤其是战后的东京奥运会和大阪世博会,给了他们展开广泛、深入的理论与实践探索的机会。我认为日本建筑师一直在坚守着用日本的精神来阐述现代主义建筑。比如黑川纪章,他在理论上进行了深入的探索,把日本的文化因素引入建筑,他的建筑形式不一定是传统的,但是在他的建筑中蕴含着传统的精神。我也曾看过小泽征尔的采访,他说他也是在用日本的文化眼光来阐释西方音乐。

国内也有很好的探索,比如冯纪忠先生,一直致力于把中国园林的精神深入到建筑里;也有崔愷等一批建筑师探索的地域性建筑。但是这样的探索并不多,而且也更多地限于文化性比较强的建筑项目。要在诸如住宅和高层这样比较大量的建筑里做这方面的探索就比较困难。所以,对于像大剧院、住宅、高层这些类型的建筑,我觉得要有不同的审美标准,相对于追求符号化的传统形式表达,更重要的是引进一种"中国"的生活方式,是生活方式的改造,以此作为传统走向未来的一种探讨。

要鼓励建筑师们探索的愿望,但是目前的决策机制可能缺乏对这些探索的支持。在决策机制里,大家不一定认同这些探索,还是以趋同为主。开发商也总是用那些已经成功的形式,很少会走创新的道路。决策者们也不一定都具备这样一种眼光。我觉得应该鼓励大家在一些建筑项目上大胆实验,大胆探索。无论是业界还是整个社会,都应该继续探讨、广泛争论这一问题,到底什么是我们未来的"中国建筑"。

02

汪孝安

全国工程勘察设计大师，华建集团华东建筑设计研究总院首席总建筑师、建筑创作中心主任

反思"奇怪"建筑的温床
Reflection on the Seminary of Strange Buildings

在谈论"奇奇怪怪的建筑"这个问题前，首先还是应该先回顾一下我国改革开放30多年以来城市建设所取得的成绩。我国城市建设的大发展在住房、交通、生活、工作及建筑工业和建筑技术等各个方面所带来的进步和发展有目共睹，无疑具有非常积极的意义。而对于在城市建设大发展中所出现的"奇奇怪怪的建筑"，笔者觉得不应简单地将目光聚焦在哪几个是"奇怪"的建筑上面，而是要反思一下产生此种"奇怪"建筑的温床，反思一下与"奇怪"建筑共生的城市规划建设理念和管理的问题。

我们的城市建设过程中，确实也存在一些盲目攀比、吸引眼球的政绩观，以至于脱离了科学发展的轨道。大规模建设伴随着城市不分青红皂白地大拆大建，形成城市建筑文脉的断层，很多区域失去了城市的记忆，城镇建设千城一面、粗制滥造的现象严重，在经济发展到一定阶段后，贪大求洋的现象亦较为普遍，回顾一下十多年前招标书中比比皆是的"眼睛一亮"、"五十年不落后"、"标志性建筑"等语不惊人死不休的指挥棒，催生了一批贪大求洋，求怪的建筑。除了大家所提及的所谓"奇怪"建筑，实际上，城市规划与建设的无序比一两个"奇怪"建筑的危害性更大。我国的土地资源有限，但我们城市规划上还是不够节制、形成了"摊大饼"似的城市发展，城市扩张速度过快，特别是2000年后，各地都在做CBD新区，大广场、大马路、大绿地等与城市肌理、城市尺度不相匹配的规划建设比比皆是，近些年，几十万、上百万平方米的超大型综合体、超高层综合体等的规划、建筑的大手笔较多地涌现，也出现了一些总书记所说的"奇奇怪怪"的建筑，大马路、大广场亦是如此，实际上大马路哪怕在北京这样的超大城市中也未必是合适的，交通就像人的血管，动脉、静脉和毛细血管都要畅通，才是健康的，一味地搞大马路，实践证明并不合适，而是应当增加道路的密度，使城市街区保有恰当的尺度。还有新区建设，产业还未形成规划，就大干快干，以至于形成空城、死城、鬼城。此外，以竞图为主的建筑设计招投标制度，过于看重投标方案本身而忽视实施团队及其业绩的做法将会产生较严重的负面影响。使得设计单位常常会选取更为张扬一些的建筑方案参加竞赛，以迎合主办方的口味，从而导致缺乏理性的思考与判断，更与"适用、经济、绿色、美观"的建设方针大相径庭。

因此，对于贪大求洋的城市规划、"奇奇怪怪"建筑等的成因做更深入的分析与探讨，则有助于更为理性地思考城市与建筑的未来。城市规划完全可以因地制宜，借鉴各地一些旧城在其生成过程中行之有效的城市尺度、街区尺度、道路尺度等经过历史检验的成功经验，更为紧凑、高效地进行新城镇规划和城市更新，并应更多地关注既有建筑的保护和再利用，以保留城市记忆并节约资源。保护并不是只保留一两栋房子，而是整个街区，才能留下文化。可能保护会比新建花费更多的费用，但从资源节约的角度上讲，还是值得的，但保护不等于守旧，除了特殊的历史保护建筑以外，应当允许既有建筑在功能更新的同时，在受控的前提下作相应的建筑改造，以提高既有建筑的使用效率，这应当是既有建筑较为可行的保护途径。在旧街区城市更新过程中植入的新建筑，也应当关注原有街区的文脉和尺度，真正做到有机共生。

此外，好的建筑设计更应该是政府、开发商等与建筑师反复磨合的结果，但目前的招投标模式几乎切断了这种可能性。建议借鉴国外一般项目商务招标的方式，以设计企业的过往业绩、设计团队的组成、设计师的业绩、所能提供的服务和报价，以及对本项目的理解说明等，进行全面的考察，这样可以节约大量的人力、财力和物力，以更为科学的决策程序，使建筑设计理性地达到项目的预期，避免一些与周边环境格格不入的、媚俗的丑陋建筑的出现。与此同时，我们仍应当鼓励有益的建筑创新探索，埃菲尔铁塔、卢浮宫金字塔等在当时也曾遭遇非议，而后逐步得以认同而成为国家标志。建筑需要经过历史的检验，应当避免在表面上的矫枉过正。在城市中的某些重要区段，还是需要具有创新性的标志性建筑，这应当辩证地思考。

03

曹嘉明

上海市建筑学会理事长

八字方针反映建筑本质
Policy of Readjustment Reflects Architecture Essence

1 源于反思

建设方针对中国的城市建设尤为重要。20世纪50年代末提出的"实用、经济、在可能的情况下注意美观"方针，指导和影响了中国城市建

设几十年。根据当时的国情和经济发展的实际情况，提出这个方针是对的，不仅结合了国情，与维特鲁威的思想也一致。在当下新的历史阶段，中央又明确了建设方针，特别加了"绿色"两个字，意义更为深刻。除了文化性和艺术性，建筑有着很强的实用性，同时又承载历史，非常深刻地反映了各个历史时代的背景和痕迹。我觉得这次中央城市工作会议提出八字方针，非常契合实际，也非常及时。

为什么说及时？首先，奇奇怪怪的建筑是在中国经济高速发展的过程中出现的问题，很多建设项目都在追求能够几十年不落后，也存在片面追求标新立异和迷信国外建筑师的情况，这些现象非常值得我们反思。我国的开放程度还是比较大的，特别是上海地区，是对国外建筑师开放最早的地区。有很多国外好的建筑师带着好的理念和经验来到中国，但也确实存在着鱼目混珠的情况，没有做过超高建筑的做超高层、没有做过大跨度的做大跨度。虽然概念有意思，但是要真正实施，实际上会碰到很多问题，而最重要的一点是，他们对本地的文化背景不够了解。

其次，我国的城市化率从 17% 提高到 53%，那是从改革开放初期一直到 2014 年统计的数字。城市化进程非常迅速，但同时也反映出一些问题，一方面是因为速度太快，另一方面尖锐地说，实际上地方的官员起到了很大作用，所以往往一个区域的城市规划和建筑的好坏取决于当地领导对这一问题的思考，或者说他们对城市建设方面的文化修养和品位。这样的话就产生了很多问题，一味地追求大、洋、怪，小城市大尺度、学样子，而不是根据自己的地域特色去发展。经过二三十年的发展后，这些都值得反思。

第三，现在不仅是业内，包括很多的老百姓，城市的公民，都意识到我们的城市记忆消失了。城市再现代化，还是伴随着历史的发展过程，承载着很多的记忆。当下大拆大建的城市建设有时让人觉得我们的历史文化缺少了根，感觉非常迷茫。

这些是我们要反思的问题。在这种反思的背景下提出了八字方针，更体会到他的必要和及时。

2 解读八字方针

八字方针反映了建筑的本质。建筑首先必须是实用的，因为建筑的功能是为人服务、以人为本。把实用放在第一位，这和维特鲁威的思想完全相符。

经济性是非常重要的，反映在各个方面。一方面要符合功能需要，否则就是一种浪费。第二个是讲究实效，反对形式主义的东西。现在很多时候做设计，业主或者政府有关部门会提出要三十年、五十年不落后这种想法，而且是眼球经济，要眼前一亮，使得很多建筑师来追求这种效果，争取中标。会非常注重表皮和形体设计。甚至出现先做表皮、外形，再来排功能的现象。这违背了建筑设计的本质。

建筑除了实用之外，也反映精神需求，尤其对城市而言。城市和建筑是哺育人的文化摇篮，所以建筑也具有美育功能，使人在一种感觉、氛围下，产生愉悦、积极向上之感，抱着一种好的观念去生活、工作。从这个角度说，建筑有着美观上的要求。在美观方面，以前是有定义的，叫"在可能的情况下美观"，现在把这个定语去掉了，可以说是一个进步。因为我们的经济发展了，可以做到这一点了，但是我觉得没有必要每一栋建筑都花枝招展地展示自己。当下更多的情况是缺少相互之间的共融和协调，比如陆家嘴，大家就觉得非常漂亮，每栋楼都各有形态，但是我觉得还是缺少了一些相互之间的协调。对城市和建筑群而言，协调是非常重要的。然而对一些主要的公共建筑，我觉得是可以花一些财力在建筑形式上，因为这种建筑的形式可以激起人们对美好生活的向往，可以培育人们的美学观念。

谈到绿色，当然可以是节能生态的绿色建筑，同时，我觉得也可以认为是我们对建筑、对生活的一种态度，一种追求充分利用自然资源、不铺张浪费、确实好用的建筑的态度。我国大约是在 2002 年到 2003 年大力推进开展了绿色建筑，至今有十多年了，到今天，应该说大家都有了这种观念，这是好的。但是我觉得还是有些偏颇，还是过多强调了后期的技术附加。真正的绿色建筑，应该是从规划和建筑设计的初始阶段就有绿色的理念。这些绿色理念就是充分利用自然资源、能够达到生态效果的一些被动技术。当然这一情况和现在推进绿色建筑的星级评定标准也有关，标准讲得比较多的是技术，由于技术是可量化的，所以也比较容易考评。但是，技术是辅助的，所以投入和产出是不相匹配的，也就形成了很多在设计上可以做到、但是真正运行是非常难的三星绿色建筑。现在 95% 的只不过是纸面上的设计出来的三星，运行上达到三星的只占 5% 不到，这方面我觉得需要反思。

3 是奇奇怪怪，还是美观？

所谓萝卜青菜各有所爱，一个建筑究竟是算美观还是奇奇怪怪是蛮难界定的，但是我觉得还是有一些标准。第一，美的建筑必须是健康的，就像人一样，美是健康的，而非病态。健康的美在建筑里表现在它是实用的，是符合功能的。第二，美的建筑在形体上能够体现出人们在精神上的一种升华，而不是非常具象地去追求什么东西。第三，我觉得没有必要花费大量的钱财去追求某一种效果，如果是过分地追求一种效果的话，它就不是一个美观的建筑。

4 好建筑离不开精细化

三十多年来，城市化力度非常大，速度也非常快，改变了原来落后的状态，人们生活、工作的条件都得到非常大的改善，特别是一些中小城市，这些成绩是肯定的。但是回过头来看，也有一些问题，一方面因为速度过快；另一方面追求表面形式的宏伟，而缺少人文关怀；再则，现在的建筑在精细化设计方面，还差得很远。这和建设周期短也有关系，和最近热议的提高建筑师地位、推行建筑师负责制都有关系。建筑师通过发言权、管控能力，使整个项目从设计一直到建成的完成度，都能够控制，现在还不能够做到这一点。有时候当被问道，什么是一栋好的建筑？我就直截了当回答：经过精细化设计和施工的建筑才是好建筑。

5 具有影响力的经典建筑

我们有很多具有影响力的经典建筑，我觉得每一个历史阶段都会出现一些好的建筑。建国五十周年时，中国建筑学会组织的建国五十周年建筑设计大奖评比，评出了 300 个优秀的建筑。上海在建国五十周年的时候，上海市建筑学会也组织过上海经典建筑评选，由专家和市民共同参与，甚至很多像陈逸飞、余秋雨这样的文化人士都参加了评选。各个历史阶段均有不同的代表性建筑，比如说在 20 世纪 50 年代初期，那时要改善工人的生活条件，建造了很多工人新村，像曹阳新村就是好建筑，无论是规划还是单体建筑，在那个阶段我觉得都是好的。当然像上海展览中心（原名"中苏友好大厦"）也成为城市象征，也是一个好建筑。改革开放以后项目就更多了，对于境外建筑师的作品，我非常欣赏波特曼酒店，它和上海展览馆、和周围环境的关系都处理得非常好，建筑形态也很好。此外，东方明珠现在已成为了上海的一个地标，它的电视台的发射功能已经远远低于地标的象征性。这些都是好的建筑。

庄惟敏

全国工程勘察大师，清华大学建筑学院院长、教授，清华大学建筑设计研究院院长

建筑最基本的灵魂
The Basic Soul of Architecture

早在公元前一世纪，古罗马工程师马可·维特鲁威（Marcus Vitruvius Pollio）在他那本著名的论著《建筑十书》就明确提出了建筑的三要素"坚固、实用、美观"。在后来相当长的人类进程中，它不断被强化，并作为我们建筑学职业教育中非常重要的一个原则。

1 历史演变中的不离其宗

在被喻为建筑界"诺贝尔奖"的普里茨克奖（PritzkerPrize）的奖牌背面，有这样六个字——"坚固、实用、愉悦"，在这里，它把"美观"变成了"愉悦"。这就意味着作为建筑界国际公认的最高的荣誉，对于建筑成就的衡量，也是依据这样一个原则。所以，无论是在久远的历史过程中，还是在今天朴实的建筑价值观层面上，大家都认为坚固、实用、美观是一个非常重要的原则，或者说都把它认为是建筑最基本的灵魂。

在莱昂·巴蒂斯塔·阿尔伯蒂（Leon Battista Alberti）撰写的关于建筑理论与实践的第一部现代论著《建筑论》中，他是这样定义建筑师的："既知道如何以他的自己的心灵和能力去设计，又通过建造去加以实现。他让外形的轮廓变得精准而恰当，在内心中加以构想，将各种线条与转角搭构起来，并通过受过教育的治理和想象，去完善。"在他的这个定义里，建筑师用他们的心灵去想象，再通过自己的双手把它建构起来。

建筑师实际上是思想与操作的连贯，将自然科学、神学、哲学、文学、美术、音乐、手工艺融合成一个整体，所以建筑师在那个时代被誉为全才，是心灵机能建造的一个综合体。也可以把它称作"全体论"或"整体论"，这也可以说是完整地应合了建筑应该是"坚固、实用和美观"的原则。

我们说它是历史，但是历史并不是那么简单，随着工业化进程的加剧，它打破了原来的一种综合大格局，使分工变得更加精细，原本的"全才"似乎不存在了。但是，以格罗庇乌斯、塞尔特、巴奇马、凡·艾克等为代表的现代全体论者使我们相信，打破学科分野、桥接理论与实践领域的全体论方法仍然是可行的，那是一种讲求功能、技术与美的一种综合体现。而坚固、实用、美观恰恰就是对这种方法的高度概括。

2 与国情息息相关的建筑师立场

新中国成立后，在"坚固、实用、美观"的基础之上，确定了我们建筑的六字方针："实用、经济、美观"，后来称之为：在可能的条件下美观。这跟我们国家的国情息息相关，所以还是那句话——建筑师要有立场，这个立场就是我们站在尚不富裕的国家背景下，来创造人居环境，最重要的就是它的实用性。当我们有意无意地将建筑分为：作品、精品、神品……时，我们更清楚地知道，它首先不能是"废品"。在新中国建立初期，我们希望所做的建筑不要变成废品，所以才有一个实用的问题，这和经济紧密相关，在可能的条件下达到美观。显然，当时的这个指导方针还是坚持了实用技术和美学融为一体的建筑指导思想。

在改革开放30年后的今天，城市化进程加剧，我们的建筑繁荣发展，建筑水平也持续提高。我们的建筑理论，包括建筑方法，特别是更多的新一代建筑师成长起来，我们的人居环境已经得到了巨大的改善，回过头来再来审视，我们原来的建筑方针显然有一些是需要更新的。

这个更新到底体现在哪里？首先，还是要强调功能，不能让建筑成为废品；其次，经济也依旧重要，因为我们还是一个资源匮乏的国家，经济因素仍旧是一个关键的要素；第三，就是美观，在经济许可的条件下，追求美学品位是建筑创作的必然属性；其实增加的就是"绿色"两个字。新时期的建筑方针更新为："实用、经济、绿色、美观"。

这是一种全方位的思想，即：当今的建筑，除了有使用功能、技术含量和一定的审美特征之外，他还必须要对环境负责任。建筑师有权利用建筑实现个人的追求和表达。但不要忘记，一味追求个人的表达或许会给环境带来巨大的灾难。这就是我们说的，要使自己的建筑环境友好，要使自己的建筑能够适应可持续发展的环境，所以，"绿色"就变成了一个最基本的理念被提出来了。

作为一种思想和指导方针，"绿色"一定要在一开始就存在于建筑师的构思过程中。同时，对环境友好、可持续发展、生态节能等方面的思考也应该注入到建筑师的整体创作过程中。

3 "奇奇怪怪"背后的文化缺失

习近平总书记在2014年9月关于城市建筑的一个讲话，后来被民间解读为反对造型奇怪的建筑，里面最实质的内涵是要提高我们的文化自觉性。

其实很多思考都源自于此，建筑是人居环境的一种物质存在，是人工环境。但从另一个角度讲，它也是一种文化现象，或者说是一种文化的解读和表达。所以习总把它上升到一种文化自觉性的高度，笔者觉得特别的正确。因为，如果一个民族丧失了文化性意味着什么呢？意味着缺乏一种思想、缺乏独立的思考和原创精神，也缺乏源于内心深处的，带有历史根源和文脉传承的一种创造的主动性。

缺乏了这些，还能有什么原创的东西吗？只有山寨，只有刻意把它变得特别奇怪。其实笔者个人认为，国内现在的很多奇奇怪怪的建筑，它们有很多并不是简单地说"我有功能的要求"，或者说"我一定要做成这样"，它实际上是为了奇怪而奇怪，有些甚至于去简单地效仿，或者拼凑国外若干个比较怪异的建筑。所以表现出来的是一种文化自信心的缺失。

今天，业界有很多的专家、院士们都在谈文化，这就切中了建筑创作的要害。建筑创作跟文学创作、绘画、音乐很相像，如果你缺少了文化层面的思考和自信，你不能让文化再发展，这样，导致去抄袭、去山寨，就变得显而易见了。所以笔者认为我们现在"奇奇怪怪"现象的出现，其实就是抄袭、照搬，或者说山寨国外的建筑，是因为我们自己还没有完全理解，也没有搞清楚。在这种文化背景的前提下，造成如此局面，其根源不在于形式，而在于这种文化的自觉性和文化层面的缺失。

所以，只要我们对文化尊重了，或者说对文化的这种传承有了思考，我就能有比较深刻的理解。这时候，自然就会知道什么地方该做什么样的建筑，自然也就会摒弃掉"奇奇怪怪"了。

师（见下表），其中城市规划管理部门的受访者对这一观点的表达尤为明显。

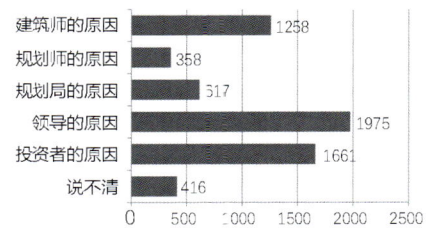

由此可见，避免"奇奇怪怪建筑"的关键是需要针对某些地方领导和投资者开展城市美学、建筑文化和价值取向等方面的素质教育，同时在"建筑师业务培训"中，增加建筑师执业精神的内容也十分必要。

如何确定一栋建筑物在城市中的形象定位，应该从城市设计层面上，在城市景观系统中做整体的思考和判断。

美国城市设计学者凯文·林奇在《城市意象》一书中阐述过城市形象性的建立和城市形象性的构成元素。他提出了建立城市形象性的三个条件：识别性（Identity）、结构（Structure）和意义（Meaning）。其中，识别性是指建筑物的外形特征；结构是指建筑物所处的空间关系和视觉条件；意义是指与观察者在使用和功能上的重要性。

依据林奇的城市形象性理论我们很容易得出，需要成为城市形象标志的建筑物应该具备两个条件：结构和意义，即建筑物所在的地段位置和其在功能上的重要性。

美国康奈尔大学的罗杰·特兰西克教授在《寻找失落的空间》一书中，提出了城市空间的三种分析方法，即图底关系、联系和场所，其中图底关系分析方法（Figure—ground）是分析城市的空间与实体之间存在规律的理论。它以观知觉的选择性作为基础，通过对城市空间图底关系的分析，能够得出城市的空间结构秩序和空间等级模式。

在城市景观系统中，具有城市形象性的建筑物对人的视觉刺激较强，容易成为人们知觉的对象，因此被称为景观形态中的"图"，周围的"大众型"建筑物则容易被忽视，故被称之为景观形态中的"底"。

如果从"图底关系"角度去理解，在城市景观系统中，需要成为"城市形象性景观标志"的建筑物，应该在一定空间范围内是城市景观上的视觉中心，作为景观系统中的"图"，其建筑形象应该与周边环境形成对比，而城市景观系统中作为的"底"建筑物，其建筑形象应该与周边环境协调。

如果依照上述原则来分析世界上一些著名的城市景观标志，如北京的水立方、悉尼的歌剧院、巴黎的埃菲尔铁塔等，就不难理解这些经典景观标志的成功之道。

因此，我认为一个城市应该从城市设计的层面，编制"城市景观系统"的规划和设计导则，定位出城市重点景观地段的建筑形象性及引导原则，作为下一层次建筑设计的基本依据。这样，既能使城市景观因标志性景观建筑的存在而丰富多变、富有特色，又能保证城市景观的识别性和秩序性。

反之如果在城市规划层面对建筑形象一律"严管严控"，则不利于建筑创作的繁荣和城市形象性的创造，将会造成"千篇一律"的城市风貌。

在"存量规划"的背景下，当下新的开发建设项目通常是在城市建成环境中进行的，建筑创作离不开对城市美学的考虑，因此我认为建筑师应该从城市空间的范畴去理解"适用、经济、绿色、美观"的建筑方针，用城市设计的知识和技能去判断和把握对个体建筑形象的定位，让个体建筑之美和城市整体空间之美有机地融为一体。

金广君

哈尔滨工业大学（深圳研究生院）教授、博士生导师

以城市设计为出发点
Start with Urban Design

前一段时间，针对"奇奇怪怪建筑物产生的原因"这一问题，我们做了一次网络问卷调查。有2917人参与了这一活动，受访者范围是从事城市规划、建筑设计、风景园林和城市规划管理的在职人员和学生。

我们将答案设计为多选题：（A）建筑师的原因；（B）规划师的原因；（C）规划局的原因；（D）领导的原因；（E）投资者的原因；（F）说不清。

从问卷统计结果得出排列前三位的原因是：领导、投资者和建筑

"九院"
中国工程物理研究院成都科技创新基地科研综合楼项目设计
'Ninth Institute'
Complex Building Design of China Academy of Engineering Physics Chengdu Science and Technology Innovation Base

郑勇，汪宇 / 文　ZHENG Yong, WANG Yu

1. 中物院成都基地科研综合楼，空中的"九"个庭院与现代办公空间相互融合，形成庭院与建筑融合的现代科研办公建筑
2. 项目用地位于成都双流中物院科研创新基地园区中心轴线之端头，具有核心位置
3. 建筑结合大面积的水景，打造建筑形象入口，形成漂浮于水面之上的建筑形体

项目名称：中国工程物理研究院成都科技创新基地科研综合楼
建设单位：中国工程物理研究院成都科学技术发展中心
建设地点：成都双流县
建筑类型：科研办公建筑
设计/建成：2012/2015
用地面积：18 600m²
总建筑面积：约 70 000m²（地上面积约 53 000m²，地下面积约 7 000m²）建筑高度/层数：89.6m/20 层
容积率：2.84
设计单位：中国建筑西南设计研究院有限公司 郑勇建筑设计工作室 设计三院
项目团队：郑勇，贾伟，汪宇，杜晓帆，杨曦，石永涛，李慧，辜兴军
获奖情况：ABBS 第二界新建筑传媒年度最绿色建筑奖

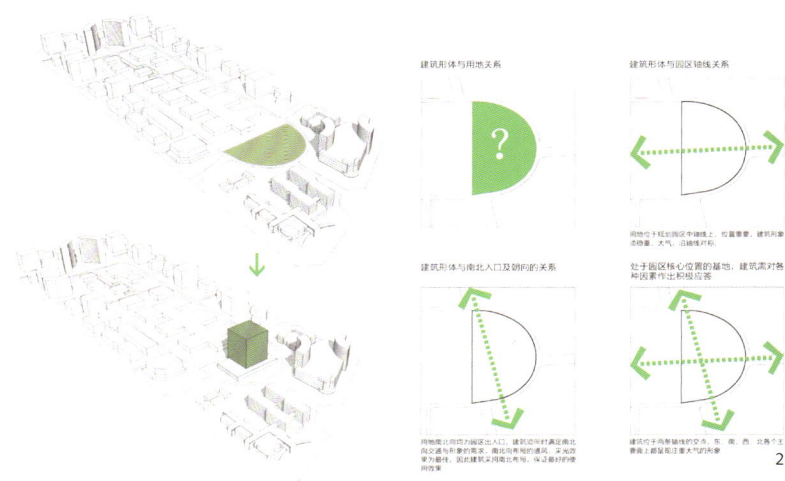

　　这是一座空中花园，处处蕴含着传统庭院的韵味；这是一座生态的科研办公建筑，处处弥漫着绿色的气息；在这里，空中的九个庭院与现代办公空间融合，形成这座建筑的灵魂。这就是"九院"，一座立体的庭院，一个激发创造的载体，一个引领前沿科学发展的现代绿色办公建筑。中国工程物理研究院（以下简称"中物院"），是中国工程物理研究最前沿的机构。项目用地位于成都双流中物院科研创新基地园区中心轴线之端头，具有核心位置。中物院包括科研办公、创新研发、科技展示等功能，是集科研办公为一体的综合办公楼。

1 传统韵味的庭院空间

　　设计借鉴传统园林的设计理念，将庭院立体化，使建筑与庭院绿化融为一体，空中的庭院由外及内、由下至上将建筑各部分串联成为一个整体，形成灵活、健康、生态而又充满人文关怀的舒适办公环境。创想源于自然，游走建筑之中，即徜徉于庭院之内，与自然亲密接触、自由交流沟通的空间同时可以更好地激发科研人员的创造力。

2 绿色生态的设计策略

　　设计概念"九院"不仅是因为对空间和使用的需求，同样也是与生态技术策略完美结合的产物。
　　建筑借鉴传统川西庭院建筑的气候适应性特点，把庭院和天井空间引入建筑主体，并通过 CFD 软件模拟计算，控制庭院实现良好的自然通风、采光效果。

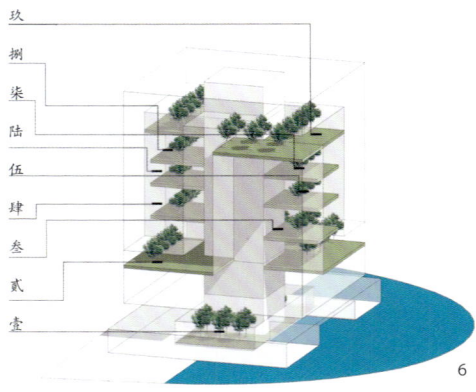

4.5. 庭院绿化办公空间
6. 设计借鉴传统的园林设计理念，将庭院立体化，使建筑与庭院绿化融为一个整体，空中的庭院由外及内、由下至上将建筑各部分串联成为一个整体
7. 建筑南北向布局，办公空间主要布置与南北向，庭院空间主要布置于东西向，有利于冬季日照并避开动机主导风向，夏季则有利于自然通风
8. 利用天井拔风，改善庭院空气循环
9. 玻璃幕墙细部
10. 立面细节设计，设计将庭院引入建筑内部，此位置幕墙形式为开放菱形点式玻璃幕墙，选用钢化夹胶超白玻璃，既能最大限度的保证通透效果，还能提高庭院空间使用的舒适度

项目按绿色建筑二星标准设计，采用围护结构隔热、遮阳、屋顶绿化、雨水回用、光导照明、拔风等绿色建筑技术措施，减小建筑能耗，提高建筑使用舒适度。

1）庭院融入建筑

设计将传统庭院空间融入现代办公建筑，建筑的一层、二层、七至十八层，分设不同大小的空中庭院，庭院将建筑包裹起来，大大地改善和提升建筑空间环境质量。建筑南北向布局，办公空间主要布置为南北向，庭院空间主要布置于东西向，有利于冬季日照并避开冬季主导风向，夏季则有利于自然通风。

2）CFD 模拟庭院通风

项目按照绿色建筑二星标准设计，运用CFD模拟分析中庭的拔风效果，采用开式幕墙并结合天井，使建筑内部庭院具有较好的通风效果、采光环境，减小建筑能耗，提高建筑的功能要求和室内舒适度。

3）地下空间引入自然采光

项目采用光导照明、地下室侧高窗等措施，引入自然采光改善地下车库自然采光效果，节约能源。

4）屋面绿化系统

项目多处采用屋面绿化系统，在裙楼屋面、空中庭院等处，采用屋面种植，选用适宜本地气候的植物，配置灌木、小乔木等绿色植物，改善建筑空间环境。

5）利用室外景观水池收集优质原水，构建大楼的雨水回用系统

本项目室外设有两座各 950m² 的大型景观水池，设计上收集水池水面的降雨（优质原水），不再收集屋面、场地雨水，不需做弃流设施，原水水质有保障。处理后的雨水回用于景观水池补水和绿化浇洒。

3 内敛典雅的建筑形态

建筑是整个园区的中心与标志，建筑采用单栋主楼的形式，达到了每个方向的均衡性以及形象的完整性。

1）参数化与立面幕墙设计

建筑立面设计将传统中式菱形花格窗符号化，并通过参数化设计，生成极具韵律的表皮。菱形图案通过彩釉玻璃的范围变化形成，并通过彩釉点大小的变化调节玻璃投射系数，典雅亦富有科技感，犹如漂浮于水面之上的智慧宝盒。

2）玻璃幕墙设计

本工程幕墙南、北立面为圆弧面，两侧面为直面。立面划分为菱形网格，玻璃选用钢化超白 Low-E 中空彩釉玻璃，彩釉点留白形成渐变的菱形阵列。彩釉玻璃既实现了立面玻璃图案的渐变肌理和遮阳要求，又不影响室内采光和室内人员的视线。

设计将庭院引入建筑内部，在建筑第七、

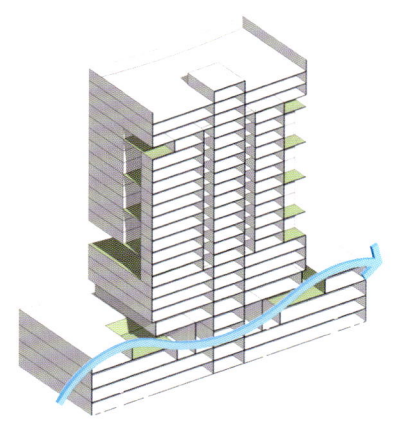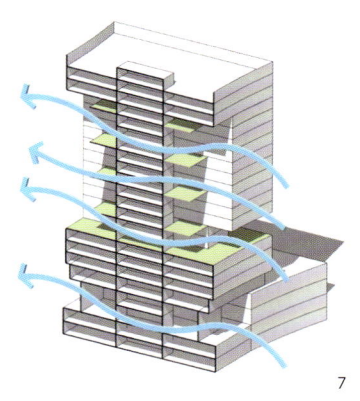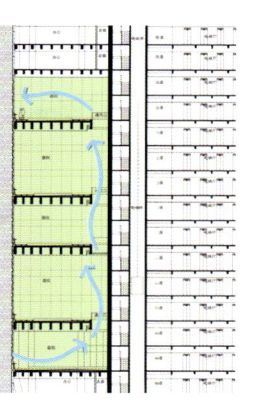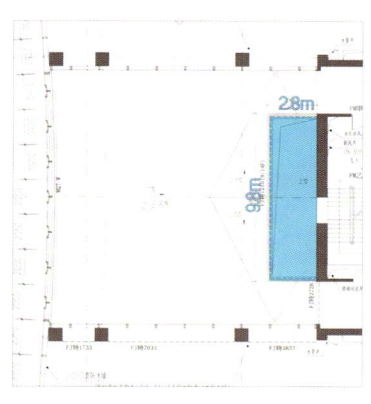

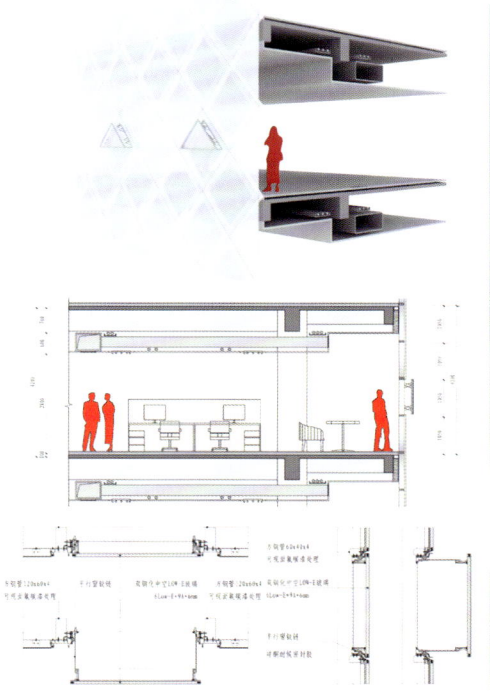

八、十七、十八层及南北立面设置庭院，此位置幕墙形式为开放菱形点式玻璃幕墙，选用钢化夹胶超白玻璃，既能最大限度地保证通透效果，还能提高庭院空间使用的舒适度。

4 高效经济的科研功能

建筑采用方形的体量，内部办公空间规整合理，体现了科研建筑的实用性。同时，规整的形体不仅使建设成本得到有效的控制，还有利于提高建设的速度和效率。

1）总平面布局

综合考虑园区外部环境的影响，建筑主楼采用东西侧内凹的矩形形体置于园区的中心轴线上，裙房亦采用弧形与外部环境呼应。

2）交通规划

建筑西侧结合大面积的水景，打造建筑形象入口，东侧则结合内部支路，形成主要办公入口，展厅与报告厅还分别考虑了独立的出入口。外部车流或通过位于用地两端的车道驶至地下车库，或经过建筑东侧辅道至门厅下客后驶出。

3）平面布局

办公标准层主要采用"工"字形平面，电梯厅位于中心，办公用房置于南北，东西两侧三层一组形成通高的庭院，将电梯厅包裹在浓浓的绿色之中，形成宜人的绿化庭院，为办公人员提供交流休憩的场所。

4）剖面设计

主要办公空间层高4.2m，净高达2.8m，尺度舒适，开敞明亮，外窗可平推打开，通风效果较好。（摄影：存在建筑）

作者简介

郑勇，男，中国建筑西南设计研究院有限公司 院执行总建筑师，郑勇工作室 主任，总建筑师主任，四川省建筑设计大师，国家一级注册建筑师

汪宇，男，中国建筑西南设计研究院有限公司，郑勇工作室 主任建筑师

董屹/文 DONG Yi

文化的植入
四川中国艺库
Culture Implant
China Art Library in Sichuan

四川中国艺库项目位于成都附近的传统古镇之上，由一组历史遗留下来的粮仓改加建而成，希望成为融合了古镇传统，粮仓文化和当代艺术的复合商业艺术体验街区，同时项目本身也成为艺术家的孵化器，是成都力争成为中国艺术第三极的重要组成部分，承办了大量的重要艺术活动。

基地原为有50年历史的粮站，现作为艺术家的工作室和画廊，拟改建为以当代艺术为主题的全新综合街区。项目位于成都龙泉驿区洛带客家古镇的核心，建筑面积共计2.2万m²。项目保留了7栋原有建筑并对其进行改造，另外加建了3栋新建筑。

在文化定位的选择上，首先是对粮仓文化的充分延展，结合成都打造"田园城市"的主题，从一个更小与更直接的角度来讨论这个问题。项目的主题为"仓廪实，知礼节"，将"田园"物化为最基本的"田"，象征着与人关系最密切的"粮食"。而实际上，人类最早的仪式也大多来源于与耕种和丰收有关的活动。田园、粮食、仪式、建筑和城市关系的浓缩成为粮仓文化的切入点。在建筑设计的层面上，首先保留了原有粮仓并加以修复提升，开发其新的内部功能，新建部分主空间以"粮仓"和"粮屯"为空间原型，力求还原其空间体验，并将其解构与重构，填充新的生活方式。同时在建造中结合注重传统工艺的现代表达，从川西建筑的传统做法中获得灵感，并与艺术家紧密合作，将当代艺术作品结合进建筑中去，强化对粮仓主题的表达。

1. 主入口临街商业
2. 粮仓艺术产业楼
3. 总平面

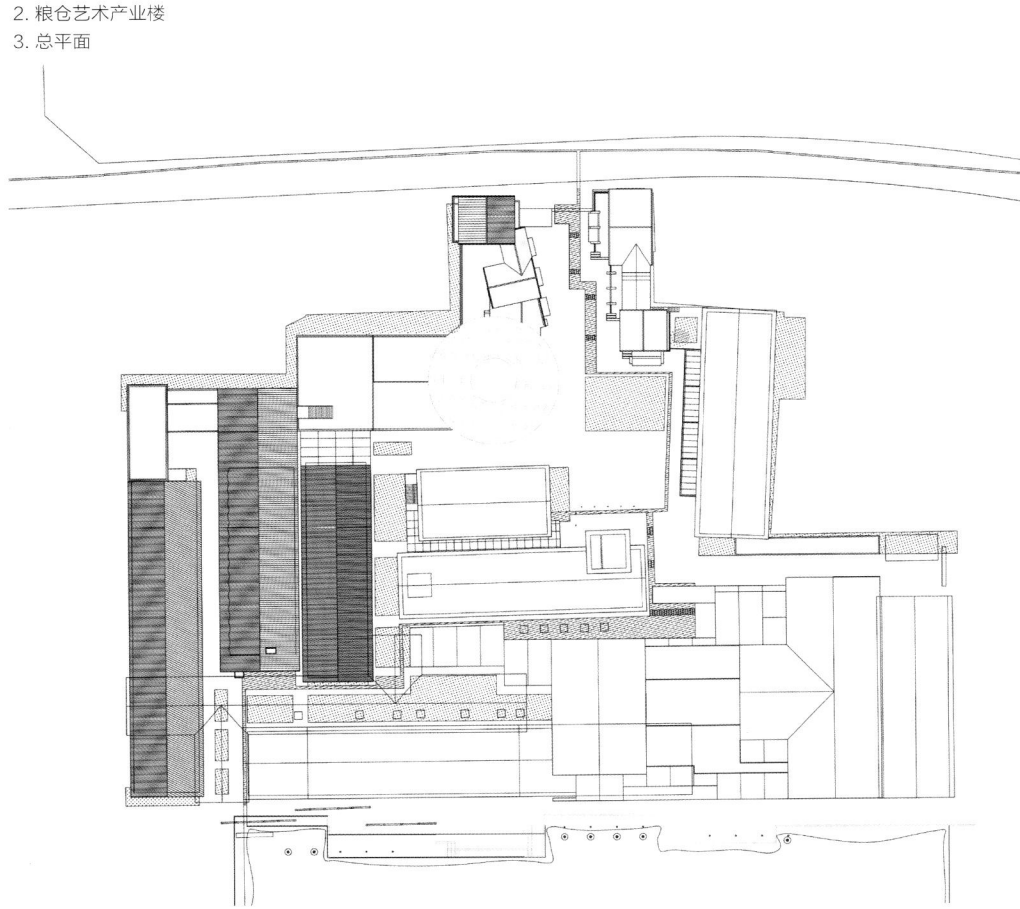

项目名称：四川中国艺库
建设单位：齐盛实业
建设地点：成都市龙泉驿区洛带古镇老街
建筑类型：文物建筑
建成时间：2014
总建筑面积：22 300m²
建筑高度/层数：23.4m/地上7层
容积率：1.5
设计单位：DC国际建筑设计事务所
项目团队：董屹，崔哲，庄昇，尼江涛，朱家声，余晓歌
获奖情况：2012年，中国艺库项目受邀参与"物我之境"成都双年展；2014年，中国艺库项目获得中国房地产全媒体联盟推荐旅游地产；2015年，中国艺库项目受伦敦中国设计中心，英国国家建筑中心，英国城市学学会邀请，参与伦敦"英中城市更新国际论坛"展览
摄影师：吕恒中
图片版权：DC国际建筑设计事务所

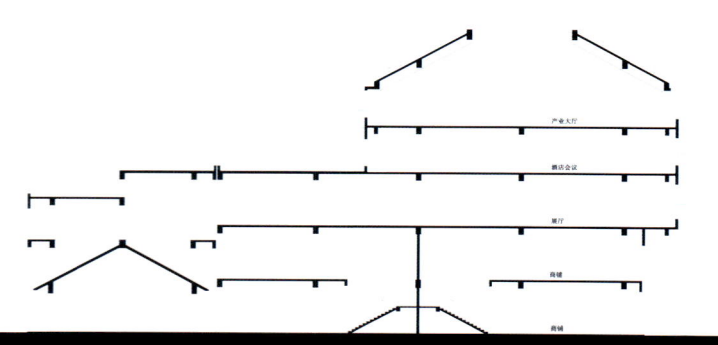

立面图
5

剖面图
7

4. 东面入口临街商业
5. 立面图
6.7. 剖面图
8. 艺术商业

设计谨慎地追求文化认同感，首先希望受众能够接受项目作为粮仓的延续而存在，从果腹的物质食粮到提升文化的精神食粮，粮仓本身由物质的存在限定了其文化属性，代表了一个时期的集体记忆，而在新的文化植入的同时，也必然对物质的存在产生新的要求。因此从建筑语言上多角度地提取了粮仓文化的元素，并结合古镇风貌与现代手法，遵循建筑本身新陈代谢的规律进行设计与改建，使公众记忆中的粮仓以另一种形式存活。同时项目也需要作为古镇的一部分而存在，洛带艺术粮仓镶嵌于原有的古镇肌理之中，因而在建筑体量上，我们始终控制着保留与加建的关系与比例，保持原有建筑尺度的同时，植入新的功能空间，扩建部分维持原有的建筑尺度关系，打通粮仓与古街的空间脉络，并拟合老镇的肌理形态，获得内外融合的空间。"古镇上的粮仓"是文化认同的起点，而当代艺术的介入使作为经营和使用者的大量艺术工作者与爱好者找到了归属感。在消费过程中，通过对粮仓文化、川西客家文化和当代艺术的认同，文化的渗透与传播将成为必然，在这个意义上，粮仓文化的虚体最终成为文化粮仓的实体。

作者简介

董屹，男，同济大学建筑与城市规划学院副教授，DC国际建筑设计事务所合伙建筑师

天华建筑 / 文　Tianhua Architecture Planning & Engineering Co., Ltd.

云形水石：一个城市公共文化聚落
苏州高新区文体中心项目

Clouds Shaped Water Stone: A Public Cultural Settlements in City
Suzhou High-tech Zone Culture and Sports Center project

　　天华建筑以往参与文化体育类的建筑设计项目并不多，但在建成的项目中，仍不乏像衢州大学图书馆和外高桥文化中心这样的优秀作品。有别于其他类型的项目，天华更希望通过设计大型公共文化建筑从而积极探索建筑与城市的关系以及建筑本体的问题。

　　2013年的"苏州高新区文体中心"项目是天华在文化体育建筑领域一次崭新的尝试，负责此项目的总建筑师黄向明联合青年建筑师水雁飞，参加了这次由苏州高新区政府和规划局组织的国际设计竞赛，其方案击败了多家国际著名的建筑事务所而成为实施方案。

　　苏州高新区文体中心是苏州高新区政府和规划局充分考虑资源整合，打造的涵盖区文化馆、图书馆、体育馆、全民健身中心以及室外休闲广场等配套设施的综合性文化体育建筑群，试图以"爱民、便民、惠民"的理念成就一个集文化艺术交流、体育竞赛、健身娱乐、学术研究、图书阅览、信息服务等为一体的具有区域特色的标志性文体设施。

1 真诚设计，回应真实城市生活

　　戈登·库伦（Gordon Cullen）在他的著作《城镇景观》中引入的名词"荒漠规划"，恰如

PAGE 155

项目名称：苏州高新区文体中心
建设单位：苏州高新区文体发展有限公司
建设地点：江苏苏州
建筑类型：文化教育
总建筑面积：17.3万 m²
建筑高度/层数：健身中心（23.2m/3层），体育馆（29.35m/3层），文化中心（33m/6层）
容积率：1.08
设计单位：上海天华建筑设计有限公司
项目团队：黄向明（设总），韩健、陈焱、谢旺兰、李伟兴、王峻强、陈涛、王榕梅（专业负责人）

1. 中物院成都基地科研综合楼，空中的"九"个庭院与现代办公空间相互融合，形成庭院与建筑融合的现代科研办公建筑
2. 项目用地位于成都双流中物院科研创新基地园区中心轴线之端头，具有核心位置
3. 建筑结合大面积的水景，打造建筑形象入口，形成漂浮于水面之上的建筑形体

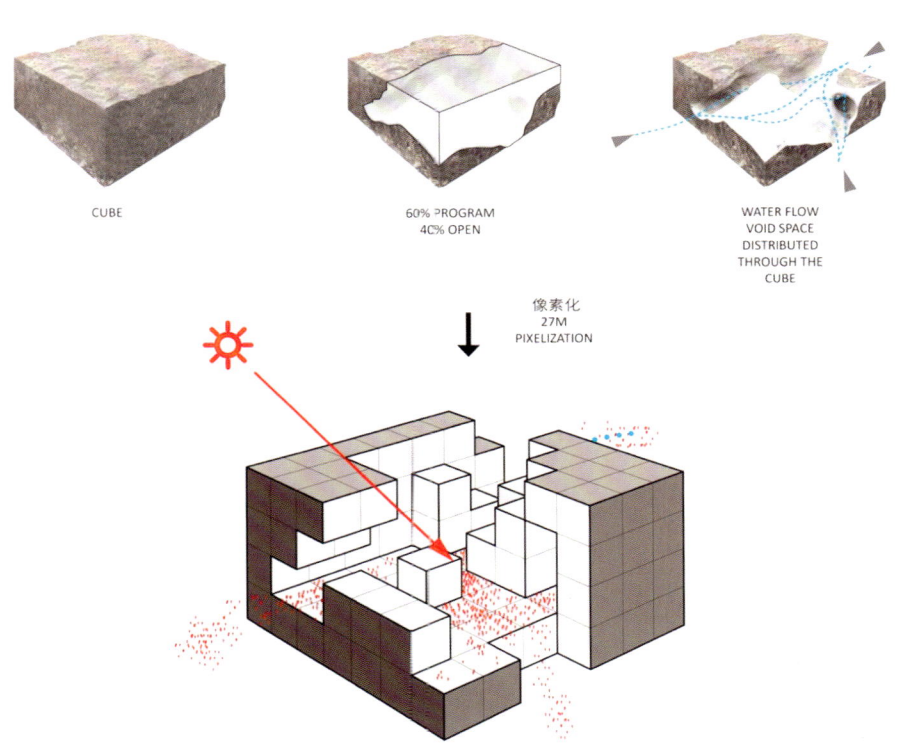

其分地描述了功能主义规划的结果：一味以功能与形式为基准推行纸面上的设计，令设计与真实生活相去甚远，仅仅成为维持城市形象的工具。而在今天的城市中我们更可以看到众多尺度巨大的公共建筑，它们以仪式般的姿态出现，割裂了我们原本有机的生活空间，而那种为营造纪念性而有意为之的距离感，往往让人感觉到冷漠和无趣。

在苏州高新区文体中心的设计中，建筑师希望这片庞大的建筑群与城市尺度产生直接的关联，同时也希望能够和政府、市民一起制订新的城市策略，为城市和使用者提供更多的可能性，激发大家更好地利用设计来回应真实的城市生活。

因此，在天华的总体规划方案中，苏州高新区文体中心被当作城市的一部分来设计，而不是一栋或数栋独立的建筑物。在这里，现代主义式的功能与形式的对应关系消失了，功能和体量依附于一种类似于传统阿拉伯城市或中国里坊城市的基本形式细胞单元，和不断生长的有机性和内在逻辑。于是，在苏州新区文体中心方案中，近20万 m²的巨大体量可以呈现为小型功能模块的搭接，而不再需要像国家大剧院那样以一个蛋形的外壳笼罩

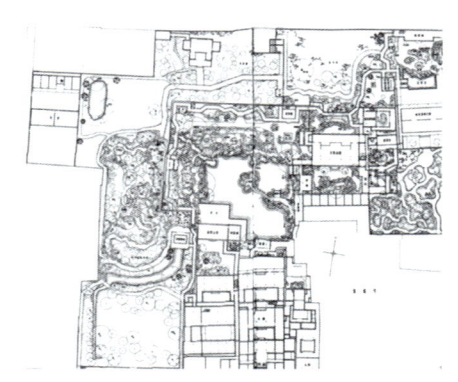

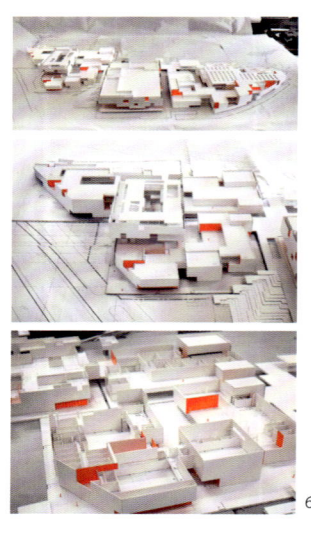
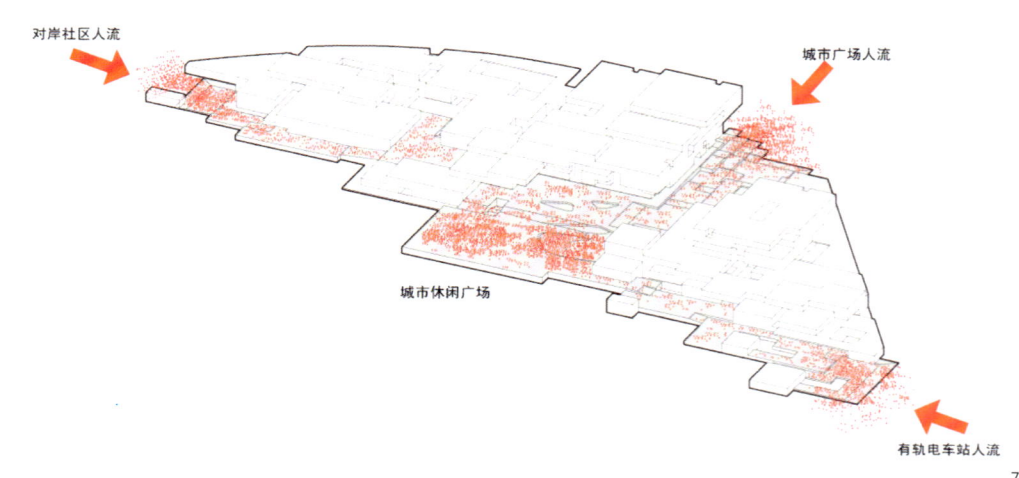

其上来获得整体感和纪念性，从而建筑的体量也得以消解，成为地景的一部分。人们在这里不用远远地遥望这座建筑，而是可以进入、攀爬或停留在它不同的部分，休息、游玩、活动，成为城市公共空间中独特而有机的一部分。

设计者用真诚的态度来面对今天的城市生活，更体现在对该项目的城市策略上。设计的重点从"事件性"转移到了"日常性"。6m平台上的台地广场不仅仅为了集散等功能需求而呈现出宏大的尺度，更是要成为人们日常生活的容器而承载各种活动。

同时，一条贯穿整个地块，联系城市其他部分的商业街道，被安排在6m平台的下面，这为需要穿过这个地块的人们提供了另外一个可能。而在这个通道中出现的日常市井模样，看似和平台上面的广场具有某种冲突，但是，这个庞大的综合体几乎所有的主要功能模块都在这条街道上设有出入口。去图书馆、文化中心、电影院、游泳馆，和去一家咖啡馆、书店、餐厅等店铺一样，成为这条街道生活体验的一部分。

2 重塑山势，构建城市文化聚落

苏州高新区文体中心所处的地块并不很大，周界是大路、河道和山体。基地的前身是采石场，挖掘后留下的巨大石坑形成了湖面，而剩下的石壁环绕着湖的另一边，与文体中心遥相对应，远远望去宛如一幅立体的山水画。

面对这样的场地和环境，建筑师放弃了做一个建筑物的念头，因为，如果这样做，无论多么精美的设计，都难以避免与环境形成对立的关系。以地形的脉络作为概念设计的源头，则成为一个很好的选择。延续原有的山体和石壁使整个建筑群体与环境融合在一起。

依山势设计的思路同时为场地的规划带来了灵感。鉴于不同规模场馆高峰期通行量的不同，场地道路系统进行了集中规划，以T字形的市民公园连接基地各方向的公共空间；并在高峰期以单行线、交通管制措施共同控制人流量。竖向设计中采用立体式、多层次的空间联系多个场馆。

穿透性的景观视野设计使得身处周边的道路、桥梁和河道都能透过开放的广场和平台，看到后面的山体和石壁。

建筑本身则以开放式的姿态让人接近，地景化和多层次、多标高的处理，满足了市民多样的室外活动需求，也能使得建筑本身的公益性达到最大化。6m标高的台地平台作为一个城市尺度的聚会大客厅开启文体中心的体验之行。渐次感受到西侧体育馆、全民健身中心与东侧文化馆、图书馆、影视中心等文娱活动区域的不同气氛。同时，站在平台的不同部位，可以俯览北面的湖景石壁及南面的河流和城市景色。平台下面的商业街串联起基地的两侧，在水平展开的同时，在竖向与上部的文体功能相连接，从而使得这个综合体的各种活动有机地串联起来。多重院落空间的组合和逐层退台赢得了更多的屋顶空间，创造了更多的攀爬体验。在形体和城市界面的塑造上，也逐渐消退，顺势成山，层层推进和展开，构筑起城市文化及运动的聚落，以人文之山来对应自然之山。

3 云行水石，连接传统与未来

姑苏地区人们历来喜欢赏玩湖石，所谓"洞

4.5. 庭院绿化办公空间
6. 设计借鉴传统的园林设计理念，将庭院立体化，使建筑与庭院绿化融为一个整体，空中的庭院由外及内、由下至上将建筑各部分串联成为一个整体
7. 建筑南北向布置，办公空间主要布置与南北向，庭院空间主要布置于东西向，有利于冬季日照并避开动机主导风向，夏季则有利于自然通风
8. 利用天井拔风，改善庭院空气循环
9. 玻璃幕墙细部
10. 立面细节设计，设计将庭院引入建筑内部，此位置幕墙形式为开放菱形点式玻璃幕墙，选用钢化夹胶超白玻璃，既能最大限度的保证通透效果，还能提高庭院空间使用的舒适度

庭山下湖波碧，波中万古生幽石"喜欢的就是那种"瘦、漏、透"的味道，千万年滴水洞穿后的玲珑通透，充满着"里中有外，外中有里"的暧昧。

同样，苏州的街坊和园林也充满了内外、虚实的辩证的空间关系，庭院和建筑讲究的是虚实相生和内外交替。

当这些放在数字化的背景下面，建筑师们希望通过用一些简单抽象的方形体块，以一种魔方式或者像素化的方式堆积在一起，来传达一种类似太湖石般精妙复杂的空间状态。这种如后现代哲学家德勒兹所描述的，内外交替、充满褶子的空间形态，和由计算机创造的带有很大随机性的复杂组合，创造了简洁清新的建筑形态。而这种多意和辩证的空洞结构，某种程度上变成了一个基因，它具有自主性，可以复制和变异，来适应环境，引导建筑自发生长而不破坏它的完整性。这也许是建筑师在中国复杂多变的项目环境下，既提高设计的可变性和灵活性，又避免在不得已要做出必需的修改时，整个设计的概念面临崩溃时的一种应对策略。

文化建筑往往具有更强的公共性，在城市区域中也往往具有更强的统治力，或称为决定社区活力的决定性因素。它们不应仅仅有空洞的理念或者是无谓的形式，而应当真实有效地为城市生活做出积极贡献。

正如黄向明总建筑师所说："我们并不希望制定一个很大的建筑形象再填充功能，也不是一个高高在上的纪念碑，而是希望还原人们真实生活的更多可能性，让人们更亲近，更好地来使用这个建筑。"将文化类公共建筑内外部空间的研究着墨在建立人与空间的交融之上，将人的活动、心理及与环境的关系作为着眼点，注重人的体验与建筑、与真实城市生活的联系，从而使建筑成为真正的公共建筑是这个设计最重要的出发点。

戎武杰，洪油然，唐琼/文　RONG Wujie, HONG Youran, TANG Qiong

全国第一个屋顶摩天轮商场"上海大悦城"建成开业
探究新型都市商业综合体
Exploration on New Type of Urban Commercial Complex
The First Roof Ferris Wheel Mall "Shanghai Joy City" was Built for the Opening

项目名称：上海大悦城一期西北块商业和西南块商业改造
建设单位：中粮集团 上海新兰房地产开发有限公司
建设地点：上海市西藏北路海宁路
建筑类型：一类高层商业建筑
设计/建成：2012/2015
总建筑面积：9.5万 m²
建筑高度/层数：主体 56m/ 地上 9 层
容积率：5.08
设计单位：华建集团华东都市建筑设计研究总院 事业三部
合作单位：美国洛杉矶 RTKL 建筑设计事务所（方案）
项目团队：戎武杰、洪油然、张旭峰、唐琼、骆正荣、王宇、朱中梁、嵇文杰

2013—2016年是中国房地产开发、建造城市商业综合体项目最多的时期。在全国经济繁荣发展的大潮中，主要一线城市的商业建设从市中心转向地区副中心发展；二、三线城市则加快建设和发展城市中心。而随着近几年人们日常生活形态的改变，商业模式也随之发生着翻天覆地的变化。随着人流和消费群不断更新，商业的设计理念也在不断更新。如何在发展的潮流中，不断提升自己的设计技术，使设计理念真实呈现？上海大悦城商业项目对此进行了完美地诠释，其中一些新的设计理念也大大为业主提升了商业价值。

1. 大悦城夜景
2. 建成室内

上海大悦城的设计及建设是中粮集团在上海的第一个综合体项目。该项目由上海西藏北路海宁路周围的四块相邻的土地组成：西北块商业项目是中粮集团在上海闸北区苏河湾地块的四块地块中第二块地；一期西南块在2010年已建开业；还有第三块地二期南块将建成精品住宅区；第四块地二期北块将建成有200m超高层办公楼的CBD区。其中，一期西北块和西南块的商业高层将成为联系整个闸北苏河湾地区的重要地标。

1 项目前期的商业策划建议

2012年3月由于团队曾设计上海多个商业项目，业主慕名而来，希望我们给予外方方案设计更多的技术支持。由于外方对中国市场和设计规范不了解，所以项目本身存在一定的商业定位局限和项目报批问题。我们建议业主在项目前期做好商业定位，并就目前上海的商业项目和运营方式提供了大量的素材，之后对整个苏河湾地区做了系统的商业分析，提供给业主以下三点建议。

1）定位商场主要消费人员

众所周知，商业项目的成功从来都是看销售额和租售率的，那么准确的商业定位可以吸引大量的商家。大悦城品牌一直是时尚、活力、蒸蒸日上的象征，从北京朝阳、西单大悦城开始，到目前运营很好的天津大悦城，都有着自身独特的品牌定位。而在日新月异的上海，我们给业主的建议是在商场建筑设计之前，需要对商场的消费人员进行定位和分析。上海目前有两大主力消费人群：一是新上班族，他们在上班之余，还有爱情和娱乐的消费；二是新家庭族，指新婚或新晋成为父母的人员。这两大人群的消费实力，是比较可观的。他们既有一定的经济实力，又可以带动老人、小孩等家庭成员共同消费。既可以商务联系，又可以朋友聚集，在餐饮、零售都可以有充分的购买力。所以商场的主力消费人员的年龄定位在25—40岁之间是比较合适的。

2）流线决定商场空间布置

大悦城一期西北块和南块地处上海市新静安，周边有已建成的华侨城高档住宅居民小区，将来中粮自身也有二期的高档住宅小区和高档办公楼，这些人群可以组成工作日的消费主力。由于已建成的交通轨道8号线和10号线就紧临南块商业，规划的12号线地铁站也将在此停留作为中转，所以周末的消费人员的流线也可以确认。目前，大悦城商场处于市中心，周边的公交车、出租车都是配备比较完善的，所

以商场人员的交通不成问题。于是，我们建议业主在公交站附近设置主入口；西藏北路和海宁路口设置下沉式广场，以便于十字路口的人流导入；而由于地铁站紧邻南块商业，需要将南块商业和西北块商业融为一体，建议设置地下和地上超宽连廊，来联系整个南北块商业；这样就完整地把三股人流引入到内部流线。根据这人流引入的准则，我们又给到业主合理简洁，并符合消防现行规范的商场流线布置。

3）寻找商业新亮点

人员定位和人流动线确定后，业主也觉得传统商业模式现在已经很难吸引人流了。随着现在大量电商的侵袭，人们购物越来越方便。无论体量大小，只要你想要，几乎网络上都能找得到，而且快递直达，方便到家。那什么样的情况还能让人们出来逛街和消费呢？还有什么能吸引两大主流消费群体不远千里来到商场消费呢？那一定是要有特别的商业亮点吸引人群，而且最好老少皆宜。于是就想到了K11是以艺术展结合商业，"喜马拉雅"是以文化戏剧融合商业。那大悦城可不可以与娱乐和游艺联系在一起？于是我们陪同业主走访了台湾的美丽华商场摩天轮，再将各地（如新加坡、伦敦等）著名的城市摩天轮的吸引亮点和人流进行了分析和阐述，最后一致决定设计中国首个屋顶摩天轮商场作为上海大悦城西北块商业的新亮点，从而带动年轻时尚的人群来此消费。

2 从方案报建到施工图——与合作设计方案的协调

大悦城一期西北块项目由于用地紧张，北侧是市政绿化带，南侧又是连接一期的连廊，屋顶上又要建设一个摩天轮，因此整个项目难度极大。由于RTKL的设计方案还处于概念性设计阶段，所以我们从总体规划、消防规范及布局合理等问题提出了十几轮意见，使一个概念型方案更趋向于合理的、符合规范的施工可行性方案。而且在商业的裙房疏散、功能布局等方面我们对设计方提出很多的意见，并六次提供防火分区示意图和设计方讨论修改，最终设计方采纳了用剪刀疏散楼梯来节省公共区域的面积的建议。我们完成地下室设备机房和地下车库人防等排布的任务，而外方在外立面设计和建筑体型上给予了技术支持。

项目在2013年2月完成方案报建，2013年5月完成扩初评审，2013年7月30日完成施工图审图设计合格证，2013年8月30日完成规划施工许可证。一期现已运营，2015年12月正式开业。在所有报建、评审和多项的征

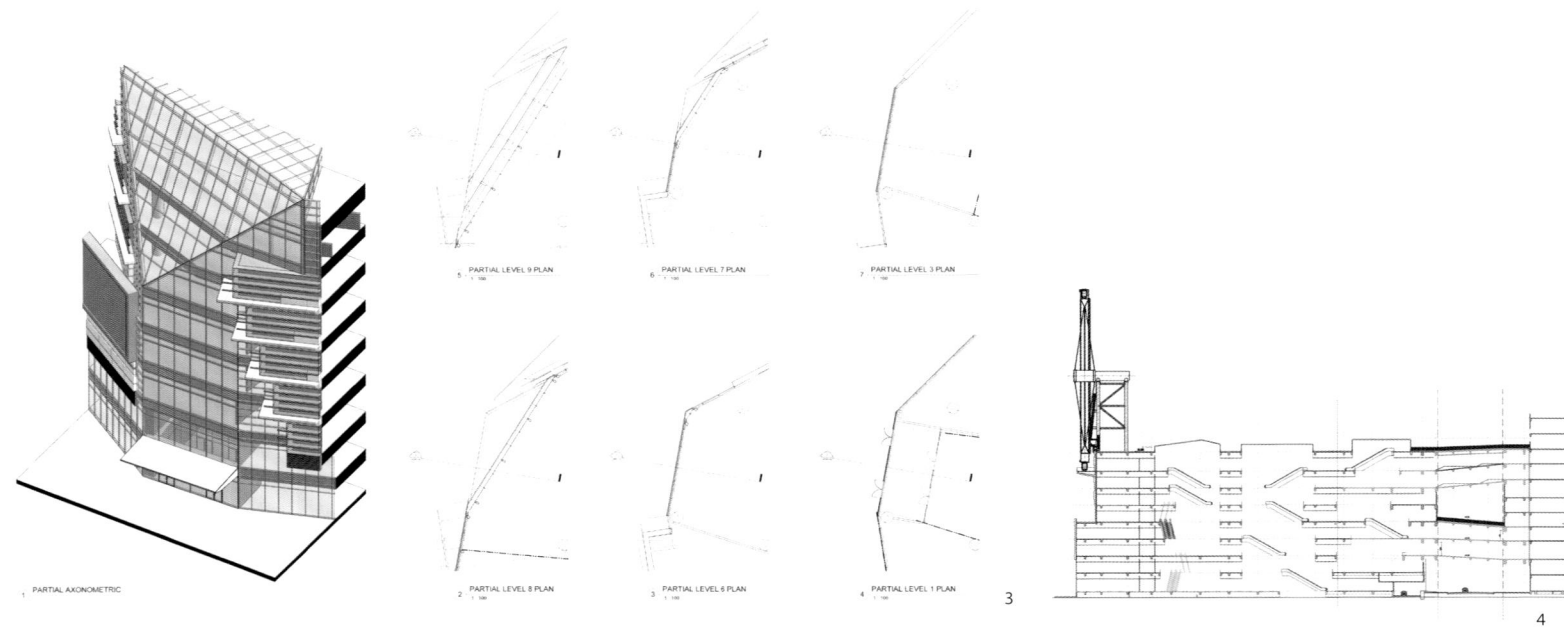

3. 节点
4. 剖面
5.6. 建成室内
7. 入口造型

3 全方位专业的LDI技术和服务并存

一个大型商业综合体项目的方案，尤其在中国的大城市，经常会遇到方案阶段都是外方设计，而我们只能配合扩初设计和施工图设计阶段，也就是俗称的"LDI"方案落地公司。遇到此类设计，我个人觉得应分以下步骤进行设计工作：

1）对方案设计的规范化解读

外方方案设计提供，首先就是在其方案报批前提出自己的意见，从而使设计满足《工程建设标准强制性条文》《消防给水及消火栓系统技术规范》《上海市城市规划条例》等规范。因为外方方案设计对中国的规范不甚了解，如果不在方案设计时就对其做一个规范上的审核和修改，对于接下来的项目申报，深化和落地设计都会产生很大的影响。轻则多次修改，增加工作量；重则影响出图进度，达不到服务的最终目的。而方案设计拿到手中之后，可以从以下四方面入手解读。

（1）总平面布置方案设计按照规划条例。方案的退界、绿化、高度、消防登高、交通出入口等是否满足当地政府部门颁布的条例。如果没有当地条例，则参照全国规范或请业主征询当地审批部门。需要复核指标和对应的政府部门如表。

上海大悦城项目由于RTKL方案公司在总平面上有许多不满足上海市规划条例的地方。尤其是其项目在用地红线外的市政绿带上设置下沉式广场，在城市道路上设计高八层的连廊，在商场顶层设置摩天轮，这些都是要特殊审批的内容，必须及早提醒业主通过征询加快审批的流程。

序号	需要复核的指标	对应政府部门
1	退界，容积率，总建筑面积，计容面积，建筑高度，建筑密度	规划局，规土局
2	消防车道，消防登高面	消防局
3	绿化率，集中绿地面积	市容与绿化管理局
4	停车位数量，自行车数量	交港局，交警大队
5	幕墙	建交委，需单独评审（光污染和安评）
6	垃圾房，餐饮店铺	卫生局
7	人防面积	人防办

（2）单体平面。主要是复核平面上的消防疏散距离、防火分区的初步划定。商场每层的疏散宽度是否满足要求，是不是要加设疏散楼梯；平面上哪里需加设走道、走道宽度是否符合要求等一系列规范要求的事项。如果有时间可以初步复核一下楼梯的踏步数和高度。因为往往方案方也就用图块表示一下楼梯位置，但对于商场、酒店、办公等功能不一样的地方，楼梯的宽度和高度要求都是不同的。楼梯核心筒的设计和确定对于平面布局是很关键的。

（3）立面设计。主要复核窗墙比的要求和层间防火要求。大多数商业综合体都会选择玻璃幕墙和石材幕墙。这就需要我们大约对于幕墙做一个初步的判定。首先，要提醒业主商业裙房的幕墙上肯定是有消防扑救窗的。距离和要求提供给外方设计单位，可以让其在修改立面之初考虑一下。其次，可以初步进行一下节能计算，和外方一起初定好立面材料后，征询一下业主的意见。第三，提醒外方立面在平面功能是餐饮或需要进风排风的地方可能会有百叶，待后续暖通施工图计算后才能确定，使其在立面设计上也可适当增加和预留一些。希望后续的施工图设计不要和方案的立面差别太大。

（4）经济技术指标的复核。方案设计（总体设计）阶段对于经济技术指标的复核是非常重要的。其中面积指标是规土局在审批时的重中之重。现在总体审批后的计容面积和总建筑面积，在施工图审批时都是不能超过的。而业主也希望做满容积率，使面积利益最大化，这就需要再复核两版面积指标。一版是实际图纸上的面积，另一版是调整到符合业主利益最大化要求的面积指标。并且要将两版面积保存好，发文提醒业主之间有差额，但差额不宜过大。在计算总体面积时，千万别忘记留有余量和室外构筑物的面积计算。其次是绿化率也很重要。很多大型综合体都会有景观公司配合，这时我们可以会同景观公司的方案，一起复核绿化率

和集中绿地等指标。最后,停车位和自行车位数量的确定也很重要。这时我们要按平面功能的不同,分别算出餐饮、商业、酒店、办公的面积来进一步复核设计方的停车位设计符合与否。如果商业平面还没有深化到每个店铺的功能,则提醒业主,让招商确定一下商业配比,则按照配比进行计算,最后落在报批文件中。

2)会同各专业对方案设计的意见,在方案设计(总体设计)报批之前一并解决。除了本专业的意见,要会同结构、给排水、暖通、电气等专业一同对方案设计提出规范性的意见。因为各专业之间是互相影响的,每个专业的调整都可能对建筑方案设计造成影响。所以建筑专业必须在此时做好统筹性的工作。在方案设计(总体设计)报批之前,沟通协调完成统一的修改方案,才能使后续设计有良好的发展基础。

3)可以用列表形式详尽地告知外方设计单位,并记录留档。

4 最大化提升商业价值——魔都166商业街的诞生

除了用专业的技术和服务打动业主,商业项目最主要的还是为业主创造更多的商业价值。这点在大悦城设计之初,我们就为业主考虑和预留了很多。目前,大家最喜欢的与摩天轮同楼层的"魔都166商业街"是前期做过很多轮的策划和预留的。起先还有预留过"电影院""SEGA游艺",这些消防和结构的做法都比较复杂,在扩初和施工图的时间都比较紧张的情况下,我们还是应要求调整和设计了多版稿件,以方便业主比对。

在规范要求的合理范围内,我们尽量考虑业主今后商业运营的模式与内部装修、招租带来的诸多变化因素,做到尽量精确地完成每个店铺的出图布置。在空间上和设备配比上多做预留,以方便业主日后改造。经过一轮又一轮的修改,并在施工图完成后,进行了二次修改盲图,最终完成了业主想要的"魔都166商业街"和摩天轮屋顶时尚天街"爱的呼唤SKY RING"。创造了不同凡响的魔都商业新地标——爱情摩天轮,从而最大限度地为业主提升了商业价值。

作者简介

戎武杰,男,华建集团华东都市建筑设计研究总院 副院长、副总建筑师、教授级高级工程师、国家一级注册建筑师

洪油然,男,华建集团华东都市建筑设计研究总院事业三部部长、同济大学硕士、院副总工程师、教授级高级工程师、国家一级注册结构师

唐琼,女,华建集团华东都市建筑设计研究总院、同济大学建筑学士、副主任工程师、优秀项目经理、建筑师

宋皓 / 文　SONG Hao

漂浮的地平线
郑州空港新城中央公园群众文化艺术中心
Floating Horizon
Zhengzhou Airport New Town Central Park People Culture and Art Centr

| 项目名称：郑州空港新城中央公园群众文化艺术中心
| 建设单位：郑州正弘置业
| 建设地点：郑州郑港四街－郑港二路
| 建筑类型：新建
| 设计 / 建成：2012/2013
| 总建筑面积：5 647m²
| 建筑高度/层数：12.15m/地上2层,地下1层(局部)
| 容积率：0.6
| 设计单位：上海日清建筑设计有限公司
| 合作单位：笛东规划设计（北京）规划有限公司（景观设计）
| 项目团队：宋皓、张臣
| 获奖情况：第六届上海建筑创作奖公共建筑类佳作奖

1. 从公园远端看建筑，建筑修长水平，仿若生长于地平线上
2. 总平面
3. 沿马路看建筑，波光粼粼，暗示建筑后面的水景
4. 公园一角的效果图

郑州空港新城，建设方兴未艾，建筑自身生长于大地，呼应天空，亦景亦体，建筑形成新的地平线，蜿蜒、延伸、跌宕起伏。滨水使其漂浮，仿若水中冰块，内外流通，自我创造环境、创造场地，也创造建筑。

1 从水景出发

中央公园群众文化艺术中心位于郑州空港新城的"中央公园"大轴线上，并且作为景观建筑位于轴线转弯处及水系转弯处。周边有大型居住社区和中央公园绿化大轴文化建筑群、轻轨站等重要建筑。

设计从中央公园水景出发，同时考虑建筑所在位置的重要性，一个滨水的地景建筑的想法浮现在脑海：让建筑如同冰块一般漂浮于水面之上。从人类对景观活动的归纳设计了一个屋顶都参与进来的，外部流动空间的环——一个充分流动的环，希望人在建筑外部进行一个往复循环在莫比乌斯环上的活动，以便获得建筑与人活动的高度统一，人在动的同时，无时无刻不在与其西侧的中央公园水景和大轴线发生视线上的互动关系。同时中央公园生命不息运动不止的人文精神在建筑及景观设计上得到了充分体现。

2 朝水面围合

建筑平面的设计非常自由，没有遵循刻板的规律，但是充分考虑了对水面的围合，高度上毫不突兀、自然地融入了周围的环境。由于建筑的延伸面很长，将马路与水面隔开，因此设计了一个不是特别明显的主入口，主入口位于一条通道边，通道用反射的不锈钢材料装修，将远处水面的光线反射到马路一侧，同时光亮的金属鳞片也能使人产生水面的遐想。

建筑材料上，使用了清水混凝土干挂板和混凝土清水漆，同时辅以简洁的玻璃幕墙和金属鳞片，一层一层将不同材料放置在不同的位置。金属片可以在风的吹拂下使建筑的沿街立面与自然或者与灯光发生明显的互动关系。同时也暗示另一侧的水景的波光粼粼。建筑很多处利用了混凝土的粗糙材质和不锈钢材玻璃幕墙等细腻质感产生互动及对比，使这两种材质

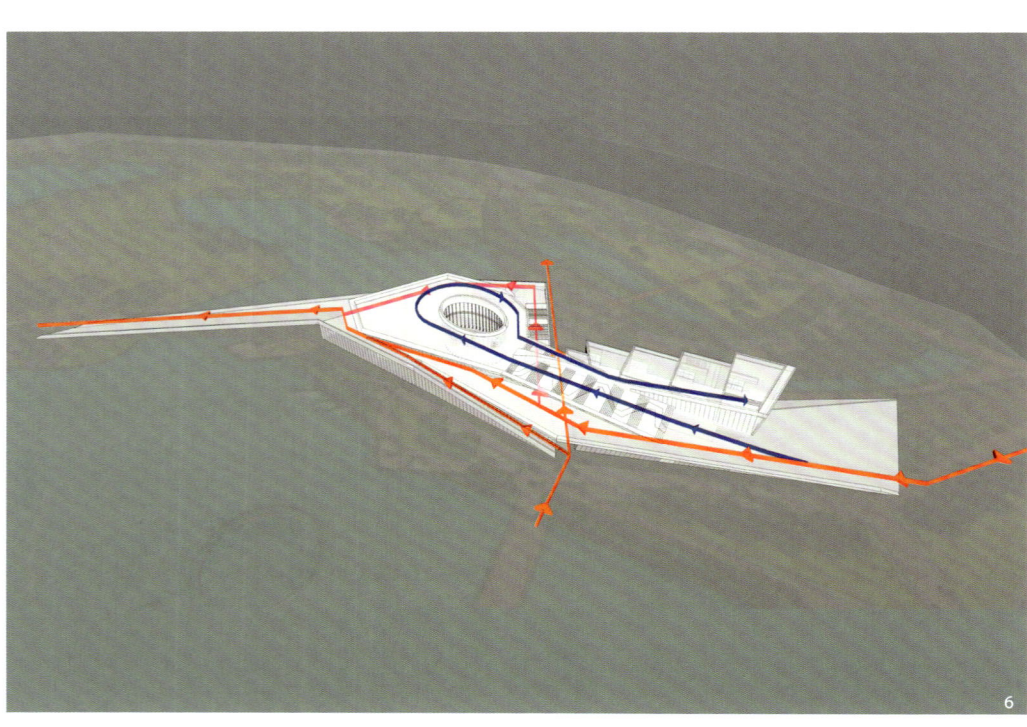

6

5. 三层板相互错叠，产生的视觉误差
6. 模型：空间流线分析图，自由流畅，仿佛莫比乌斯环，永无尽止
7. 立面上的一角
8. 屋面上的廊道
9. 沿马路立面金属鳞片

在光感下，发生反射折射进而产生了同质的感觉，在对比的基础上得到了材料高度的统一。

3 漂浮的地平线

庞大的建筑面积，让漂浮的地平线宛若滨水停泊的一艘大船，又像是在水边的一个蜿蜒展开的景观平台充分强调了水平感和漂浮之感，仿佛是从水面上生长出来的一样。作为中央公园的一个转折节点，用"漂浮的地平线"命名文化艺术中心，充分体现了参观者与建筑及景观之间的体验感，参与互动性，以及建筑内外空间的流动性。（摄影：苏胜亮）

作者简介

宋皓，男，上海日清建筑设计有限公司 设计总监，同济大学建筑学本科，德国斯图加特大学硕士，一级注册建筑师

1. 水闸的"桥"的功能作为连接两岸交通的功能性"节点"
2~4. 水闸作为一种地标

李南 / 文　LI Nan

水闸建筑学
记一个水闸建筑设计的概念方案
Water Gate Architecture
Conceptual Design of a Water Gate Building

《中国水利百科全书》将水闸（Barrage Sluice）定义为一种"修建在河道和渠道上利用闸门控制流量和调节水位的低水头水工建筑物"，我国历史上最早的水闸见于春秋时期（约前597年）由楚国令尹孙叔敖修建的"芍陂"（位于今安徽寿县境内），据《水经·肥水注》记载："陂有五门，吐纳川流"，即"芍陂"建有5处水闸，1入4出，每处配以石质闸门，"水涨则开门以疏之，水消则闭门以蓄之"；此外根据考古发现，上海地区在700多年前的元代已出现大规模的水闸。

在传统的建筑学叙事中，水闸作为一种水利设施，似乎并不隶属于经典的建筑学范畴，它们的设计仅需满足一种严格的技术理性而似乎与美学无关，建筑师们更多的称之为"构筑物"而非"建筑物"，建筑师们往往只关注城市中的那些典仪性的和纪念性的"建筑物"，而将市政水利设施纳入到"构筑物"的概念范畴之中。"建筑物"往往对应着诸如伟大的、艺术的、纪念性的崇高意义，而"构筑物"则是世俗的、设施性的和工程性的，它们的功能性意义超越其精神存在。然而在今天这种观念已然需要转变，我们无须也必须不再区分那些"建筑物"与"构筑物"，"景观都市主义（Landscape Urbanism）"与"基础设施建筑学（Infrastructure Architecture）"消解了两者的分野，它们运用"景观"和"基础设施"的概念囊括了人类社会及其城市的一切物质性存在，即无论"建筑物"还是"构筑物"，无论水利设施还是市政道桥，均是一种"都市景观"的存在和"基础设施"的存在，它们均是人类文明的产物，"景观"与"基础设施"甚至成为了一个先于"建筑物"概念的更为本源性的观念存在。这一观念跳出了一种传统的"建筑学本位论（Architectural Essentialism）"，为城市规划与建筑设计问题开辟了新的空间。

1 概况

城市与建筑应当成为时代的镜子。于我而言，这一对水利设施的"景观都市主义"或是"基础设施建筑学"转向，则开始于2015年集团水利院委托创作研究中心进行的水闸建筑设计。上海市西部地区流域泄洪通道防洪堤防达标工程（金山区）位于上海市水利分片的浦南西片，是大泖港上游河道防洪工程以及太湖流域杭嘉湖地区洪涝水东排工程的重要组成部分，近期目标防御50年一遇洪水，远期目标防御100年一遇洪水，总计涉及河道42条，其中金山区支河沿线需拆除重建的水闸90余座。

2 现状

高密度的水网结构造就了长三角地区特定的水文地貌特征，网络般交错的大小河道编织缠绕成一个大范围连通的储水"容器"镶嵌于地表，"容器"周边及内部的大小支河上耸立着一处处小型的"节制闸"，用于调控区内乃至整个泄洪通道的水位及蓄水量,水利工程中称之为"围区"。"围区"之中这些需拆除重建的小型"节制闸"闸身不宽，主要为4m，分为单孔水闸、单泵闸、双泵闸、三泵闸等多种类型，过闸流量均在20m³/s以下，属水闸枢纽工程分等指标中最小的五类小（2）型水闸。它们多数位于风景优美、自然环境良好的郊外农田，部分位于镇区或镇区附近，集团水利院的朱工准确的总结了此次项目所涉及水闸的主要特征，即：其一，数量多；其二，分布广；其三，类型多；其四，建筑物体量小。

金山区目前水闸的两侧基本无管理用房，部分水闸设有独立的配电间，单侧或双侧布置泵房，泵房基本为平屋顶，个别坡屋顶，整体建筑质量不佳，水闸上部平台的启闭机基本处于裸露状态，中央闸身的门型排架与两侧配套用房在视觉及景观上严重脱节。

3 功能

水闸拆除重建项目在总体上需实现四部分的功能提升，水闸也因而成为一个承载了"闸"、"宅"、"桥"、"景"四重功能的复合体。

1）闸（Sluice）

"闸"的功能提升除去闸门之外，还包括闸门配套设施的功能提升，新建水闸尽可能设置独立的为泵闸服务的高低压配电间，设置独立的水泵房 并与闸身形象整体考虑，此外还在二层布置专用的封闭式启闭机房并设置工作楼梯。

2）宅（House）

"宅"的功能提升即增设值班人员的管理及生活用房，包括卧室、管理室、厨房、卫生间等，由于水闸的使用具有较强的"时段性"，每年汛期需每日设岗控制水闸启闭以保证防洪安全，因此新建水闸大幅度提升了其居住功能。

3）桥（Bridge）

"桥"的功能提升即优化水闸附设的交通桥与水闸的空间关系，一般河道上往往需要修建许多桥梁，由于水闸闸墩较长，因此多借用闸墩及边墩作为支撑结构设置交通桥，起到连接两岸人车及防汛通道的作用。新设计将交通桥从高程较高的内河侧移至外河侧，降低了桥头引道坡度的同时方便了闸门的检修与吊装，与此同时将"大地聚集为河流四周的风景"（海德格尔语）。

4）景（Landscape）

"景"的功能提升也即水闸形象的整体提升，如果说"闸"、"宅"、"桥"的功能可视为是水闸本身必须满足的基本功能的话，景观的功能则无论从"都市景观主义"还是"基础设施建筑学"而言，均应当视为是一种更具普世价值的追求。在以往，水利设施往往仅作为简单的工业构筑物进行设计，它们的设计仅需满足一种严格的技术理性而似乎与美学无关，然而在当下，我们更应当将它们视之为一种城乡景观。

4 景观

1）轴线（Axis）

轴线通常是指在整体空间布局中起结构驾驭作用的线性空间要素，无论是巴黎的城市东西轴线还是北京的城市南北轴线都赋予空间以强烈的仪式感与感染力，建筑师似乎对轴线有着一种天生的敏感与偏爱。首次赴金山调研的过程中，我们即强烈感受到了河道作为一种轴线空间之所在。水闸所在的河道一般水量充沛，水土资源良好，位于自然景观优美的乡村田野或城乡接合地段，选址于上下游河道顺直、河势稳定的河段，具有良好的水流状态，顺直的河道形态以及两侧的防汛道路与水畔乔木，塑造出强烈的轴线感，正如荷兰风景画家梅因德尔·霍贝玛（Meindert Hobbema，1638—1709年）的《米德尔哈尼斯的林荫道》中所呈现出的平远透视、乡野景色以及道路轴线那样。轴线感除去由线性的河道形态及两侧树木所限定之外，水流的方向也进一步提示出其存在感，水闸闸门横轴一般选择与河道中心纵轴呈90°正交（以保证过闸水流平顺），因此水闸真正成为河道水流纵深方向上具有某种寓意或仪式感的重要"节点"，正如巴黎香榭丽舍大道上的凯旋门那般，"所以建筑师要把目标赋予他的轴线"。

2）方向（Direction）

皮亚杰（Jean Piaget，1896~1980）认为方向（Direction）与路径（Path）是人的环境图式的重要构成要素，诺伯格·舒尔兹（Christian Norberg-Schulz，1926~）则认为"一切场所都具有方向"，方向性差异是场所存在的基本问题。水闸多选址于支河与主河"T"形交汇口附近的支河上并离开交汇口一定距离，根据水流方向，水闸所在的场所自然地被分割为"内侧"与"外侧"，水闸的内外侧河道，也自然地区分为"内河"与"外河"。人们将方向性定义为由出发点向目标点的趋向或指向，方向性展现出水流由哪里而来，向哪里而去，此外还与"连续性"、"时间序列"、"运动的意识"等概念相关，从而使场所具有了强烈的可识别性。水流的方向展示出内与外之间的特定张力，暗示了有关河道、水流与水闸存在的基本特征，并蕴含了有关水工建筑的重要象征意义，设计中的水闸坐落于支河与主河的交汇口，守护支河而眺望主河、守护内河而眺望外河，通过形态上对"内侧"的守护以及对"外侧"的眺望，人的空间体验与场所记忆被安置于相应的位置。由此，水闸的"内侧"与"外侧"、水流方向上的"内河"与"外河"成为水闸场所性格的一种表现。

3）节点（Node）

"节点既是连接点也是聚集点"，"节点"是"观察者能够由此进入的具有战略意义的点，是人们往来行程的集中焦点"，"他们首先是连接点，交通路线中的休息点"，"道路的交叉或汇聚点"，"从一种结构向另一种结构的转换处"，"由于是某些功能或物质特征的浓缩而显得十分重要"，节点成为场所的中心和缩影，其影响由中心向外辐射，连接与聚集是"节点"的两大主要特征，典型的连接即指道路的汇聚以及由此带来的事件的发生，位于连接点的元素往往由于其位置的特殊性，自然而言的具有了特别的重要性，水闸重要的"桥"的功能起到连接聚集两岸景观、交通的作用，在某种意义上成为一种"节点"，正如海德格尔所言，"桥来回伴送着或缓或急的人们的道路，使得他们能达到对岸"，"桥与河岸一道，总是把一种又一种广阔的后方河岸风景带向河流"，"桥以其方式把天、地、神、人聚集于自身"。水闸作为"节点"的意义还体现在于河道而言，它不仅以其"桥"的功能连接聚集着两岸，还控制着上游与下游、内河与外河、支河与主河，所有场所的概念与意义因水闸的存在而被定义、分类与锚固，其作为"节点"的意义因而被进一步凸显。

4）地标（Landmark）

在大范围的河道乃至城乡空间之中，水闸既可以作为一个可进入的"节点"，同时也可以作为一个"地标"而存在，可意象要素之间具有某种可以相互转换的特征。对于进入水闸或者经由水闸过河的交通者，水闸是一处"节点"，而对于更大范围城乡空间的观察者而言，水闸是河道轴线上承载了一定意象的"地标"。凯文·林奇（Kevin Lynch，1918~1984）认为，使物体或元素成为标志物的方式之一即使之可以在许多地点都能够被看到，并且可以从一大堆元素中将之挑选出来，其关键的物质特征是具有唯一性或单一性，有清晰的形式，占据突出的空间位置，它就会被当作是重要的事物。设计中的水闸多位于开敞的无视觉遮挡的河道以及广袤的自然田野之间，因此似乎天生处于显赫的位置，与生俱来地具有某种标志物的特征。从距离很远的地方观察，水闸在自然环境的映衬下作为一种人工构筑物起到标示场所特征的作用，位于并指示出某个地点与位置，"被用作确定身份或结构的线索"，为观察者所熟悉或陌生。新水闸在形象上具备了足够的特殊性以区别于环境，具有浓重的人工雕琢的痕迹，与周边景色在形态、色彩、质感、尺度上形成强烈的对比，成为"一个相当容易别识别的意象"。镂空的形式弥补了位于显赫位置上体量的不足，高度一致的符号与模数语言使各类型的水闸获得了强烈的统一性。与伯纳德·屈米（Bernard Tschumi，1944~）拉维莱特公园以120m矩阵布局的红色"疯狂物（Folie）"不同，金山水闸被散布在更大的范围之内，它们之间相隔数百米至几公里不等，大珠小珠落玉盘一般散落在各围区的大小河道上。它们是否也能如拉维莱特公园的"疯狂物"一般通过自身内在的统一性锚固场所特征，亦或是建立起一种连续性的场所意象，尤其是在一种更大的尺度之内？"一系列连续的标志物存在，每个细节会让人联想到下一个，关键的细部又激起观察者特别的感动，这看起来似乎是人们在城市中穿行

5. 金山水闸所在的林荫河道
6. 米德尔哈尼斯的林荫道
7. 上海元代水闸遗址的"八字形"翼墙
8. 蒙德里安的"风格派"画作

的标准方式"。反复出现的地标、统一的形式规则有助于人们进行识别与记忆，从而建立起一种心理学意义的意象，进而伴随着时间、运动与经验，这一意象在更大的范围内被反复、重复与强化，从而锚固了小至咫尺大至家国的大范围场所特征。

5) 模数 (Modulus)

模数是一种协调建筑尺度的度量单位与增值单位，模数系列可由一个基本模数的倍数得出。在建筑设计中模数可以作为平面与空间设计的基本依据，其表现形式即模数网格，单一网格的尺寸即基本模数。在水闸的设计中，为使类型多样的水闸获得尺度上的关联性，设计运用一定的模数网格以控制建筑在三维空间中的生成逻辑。在水闸的各类技术参数中，我们发现闸门两侧闸墩之间的轴线距离（其净距即为闸门的过水净宽）是一个非常重要的设计参数，它不仅构成水闸类型划分的基本依据，而且还与水闸在x、y、z方向上的其他尺寸具有某种内在的关联：如4m过水净宽的水闸，其闸墩轴线距离约5m，约为x方向上闸墩沿河道长度（10~11m）的一半，恰为y方向上闸墩与两侧边墩间净宽（2.5m）的2倍，约等于z方向上水闸的层高（5.5m）。因此使用闸墩轴线间距的1/2作为基本模数（a≈2.5m），可使水闸整体在x、y、z三个方向上均获得较为合理的扩展尺寸，即沿x、y、z方向的总长分别约为4a、6a、4a。随着水闸类型的不同（即闸墩轴线距离或闸门过水净宽的不同），水闸的基本模数也发生着变化，如5m过水净宽的水闸，其闸墩轴线距离约6.1m，a即扩大为3.05m。此外设计还在x、y、z方向上将基本模数进行适度的变通，以协调模数在各个方向上尺寸扩展的误差，以使模数具备一定的调适性。基本模数的生成过程让我隐约联想到了勒·柯布西耶（Le Corbusier，1887~1965）《模度（Modulor）》中的"比例网格（Proportion Grid）"，此外还有屈米拉维莱特公园中基本模数为3.6m×3=10.8m的26个"疯狂物"，是出于某种巧合还是某些普适性的基本设计原则的再现？我想应当是后者，"对问题根源的调整，将改变一切，将开启思想的大门，使想象自由流淌"，"今天已没有人再否认从现代工业创造中表现出来的美学"，"那些构造物（构筑物）、那些机器、越来越经过推敲比例、推敲形体"，"以致它们中有许多已成了真正的艺术品，因为它们包含着数，这就是说，包含着秩序"。

6) 符号 (Symbol)

对设计产生启发的还包括水闸上下游连接段的翼墙。为保证较窄的闸室部分与较宽的上下游岸坡平顺连接，使进出闸水流平顺不产生回流而压缩主流，上下游翼墙多做成"八字形"、"圆弧形"、"椭圆弧形"或"扭曲面"等。上海元代水闸遗址中即有此种"八字形"的翼墙，可见700多年前的古人已掌握了这种朴素的水工智慧。金山现状水闸翼墙多使用"圆弧形"，这一1/4圆弧形的钢筋混凝土翼墙如典型符号一般反复出现于各类水闸之中，满足着水工工程师赋予其的功能任务，这使人联想到了柯布西耶在《走向新建筑》中对于圆形谷仓的那段著名赞誉："工程师们不追求建筑的构思，只简简单单地顺从数学计算的结果"，"他们使用了基本元素（即诸如圆形平面的谷仓），并且把它们按规则相互协调起来，在我们的心里引起了建筑的情感，从而使人类的作品与宇宙秩序共鸣"，"工程师们以他们的计算压倒了垂死的建筑艺术"，"他们用几何满足我们的眼，用数学满足我们的心；他们的作品正走在通向伟大艺术的道路上"。圆弧形翼墙这一反复出现的要素，在设计者心目中似乎已转化为水闸建筑的一种具有功能意义指向的特定符号，其结果即将之提取出来作为了水闸的表面肌理与表皮符号，与此同时顺应了水工建筑所应当具有的自由流转的形态特征。这一来源于翼墙形态、代表着进出闸水流平顺的符号赋予了作为构筑物的水闸以建筑化的意义，正如张永和在《向工业建筑学习》一文中指出的："意义构成一个建筑问题，说明建筑师的自我意识是他试图区别建筑（物）与房屋（即构筑物或构造物）的一种努力"。

7) 图底 (Figure-ground)

圆弧形翼墙符号的随机组合，构成了水闸建筑的表面肌理，与水闸建筑的模数网格相配合，1/4圆弧形部分作为建筑表面的洞口而存在，与建筑的实体部分形成一种图底关系。格式塔心理学认为图之所以可以从底中区分开来主要取决于3条法则：其一是图的面积尽可能小于底的面积；其二是图应该封闭、简洁、形状外凸；其三是图应有大的质感密度和硬度。从西方绘画史来看，图底关系的发展可以简单的描述为图底之间界限逐渐打破的过程，从图底关系清晰走向图底关系含混的过程，在蒙德里安的（Piet Cornelies Mondrian，1872~1944）的"风格派"画作中，我们可以感受到线条与线条之间的色块皆可成为图，这种头脑中的图底瞬间转化构成了画作特有的空间感，正如埃德加·罗宾（Edgar Rubin，1886~1951）在其著名的"酒杯和人面"图形中所展示出的图底含混和图底转换那样。首先，水闸1/4圆弧形洞口符号以2.2m的半径在2.5m模数的立面网格上展开，墙面虚实面积比约3:2，从甄别图底的第1条法则来判断，观察者更倾向于将实的部分阅读为图；其次，1/4圆弧形封闭、简洁、形状外凸，因此从第2条法则来判断结论相反，虚为图、实为底；最后，1/4圆弧形多为建筑墙体上的虚的开口（少数为具有质感密度与硬度的门窗洞口），因此就第3条法则而言结论再次相反，实为图、虚为底。由此，一种飘忽不定或虚实转化的、并不简洁明确的图底空间关系为设计塑造出来，即既可以视"实"的部分为图，建筑更接近一个由梁柱搭成的"架子"；也可以视虚的部分为图，此时建筑更接近于被阅读为一个充满洞口的"镂空物"。在将圆弧形视为"图"的有关"镂空物"的设计感知中，1/4圆弧形在门窗处作为"图"组合出形态各异的丰富形状，而在其余的镂空部分，镂空的洞口之外又映衬着作为背景的其他镂空洞口，不同表面之上的镂空洞口在透视中取得了一种令人难以捉摸的形态交集，交集之后又映衬着天空，正如柯林·罗（Colin Rowe，1920~1999）所言的"透明性（Transparency）"。设计用一种简单的形态组合法则将三维透视中形态的丰富性推演至一种令人难以捉摸的极致，使观察者产生了平面绘画所无法表达的多重空间解读，由此赋予设计一种带有迷幻色彩的心理感受。在将镂空部分视为底，将实体部分视为图的有关"架子"的设计感知中，一个简单的由2.5m模数网格构成的空间实体被1/4圆弧形的组合镂刻成为各种形态流转生动的片柱或片墙，片墙在建筑角部形成空间上的连续转折，从而组合成更为复杂的实体形态，在某些透视中，一些片墙甚至成为具有"飞扶壁"意象的形态，这不得不说是由形态内在的生成逻辑所"设计"出的某种意想不到的惊叹。在"虚为图实为底"与"实为图虚为底"瞬间的拓扑学心理转换之间，观察者感知的丰富性与不确定性转化为其主体的审美体验。

5 余论

正如"景观都市主义"的基本宣言（Reference Manifesto）所阐述的，景观都市主义展现了当前一种对学科的重新定位，其中景观取代了建筑，成为当代城市发展的基本单元，通过跨越多门学科的界限，景观不仅成为洞悉当代城市的透镜，也成为重新建造当代城市的媒介，景观具有了一种新发现的适用性，它能够提供一种丰富多样的媒介来塑造城市的形态，尤其是在具备复杂的自然环境以及公共基础设施等背景之下。只有通过对设计学科（包括城市规划、建筑学、土木工程、市政工程、水利工程等等）及其研究对象进行创造性的重组，我们才可以摸清当代设计学科发展的未来轨迹。

"基础设施建筑学"认为"基础设施"是一个先在于"建筑物"的概念，基础设施是"使一个国家、一个区域或一个组织正常工作的基本设施"，"基础设施是联系的技术，其服务并组织了人居环境内的公共资源，并构成了社区之基"，"基础设施"是以分配公共资源，协调公共关系，改善公共环境为目的的物质技术设施的统称，而"建筑"只是"基础设施"在特定维度与尺度中的一个事件。在当下，"基础设施"常常为主流建筑学所忽略，然而纵观整个现代建筑史，关于基础设施空间的创新层出不穷，现代主义建筑运动的总体城市视野即建立在城市基础设施之上。今天，我们有必要重拾基础设施在建筑学领域之中的语境，将那些一直以来游离于学科领域之外的内容重新纳入建筑学的专业视野，以拓展学科包容度，使广义的与基础设施相关的各种专业领域再次直面建成环境空间品质的提升，"引领基础设施与建筑的整合"，将城市规划、建筑学、土木工程、市政工程、水利工程等学科重新合而为一。

由于"基础设施"涉及广泛的建成环境领域，从局限的建筑学研究逐渐转向更广泛的建成环境研究已是一个全球趋势，这些研究关注整个人类居住地表的重塑活动，水利工程即其中之一。由"基础设施建筑学"的观念，我们是否能够借以进一步衍生出"交通工程建筑学"、"市政工程建筑学"、"水利工程建筑学"乃至"水闸建筑学"、"水坝建筑学"？这些"基础设施"中的那些庞然的工程"构筑物"也许正需要建筑学作为其代理人将"基础设施"的空间与美学价值展示于世。无独有偶，在笔者撰写此文之际，发现了另一位建筑师通过其个人童年经历所展示出的对于"基础设施"建筑学意义的某种偏爱。他即我们的同事兼前辈，集团华东总院的建筑师杨明。他甚至宿命式的认为"水工建筑"曾经是其空间缪斯，感召并启示了其建筑学与建筑师之路，这也许是对于"基础设施"建筑学意义的一种最佳注解，最后让我以他的心路历程作为本文的结尾：

"前些天家姊微信上发了几张怀旧行的照片，其中的一处童年居所让我颇为震动。在惊讶于中国大地上竟然还有三四十年凝固不变的场景时，也倏然感到那种不变的记忆印痕似乎对我成为建筑师充满了天启般的暗示。

……

童话的核心就是那座水库，它在我的记忆中是如此之大，水雾中几乎一眼望不到头。水坝上一跨跨规律重复的钢铁闸门和周围稀落散布的乡土平房相较简直是天外城堡，几乎和自行车上嵌满整齐滚珠的飞轮一样精密神奇。水坝顶上，每一跨闸口都有一个拳头大小的孔，往下可以看见不知远近盘旋的流水，搅动心里莫名的惶恐……

我一直相信，一个人最终能成为建筑师，一定曾经受到过某种空间体验的感召和启示。而我的空间缪斯，也许就是那座童年的水库。它像个路边偶遇的魔术师，给我看到了前所未见的奇妙世界，那些飘忽不定的空间距离感、充满神秘暗示的大小变化以及序列重复的机器形体潜移默化地开启了一个小脑袋四十年的想象，并把那些形象符号和欢乐神奇联在了一起。而最终，这些很快埋于心底的记忆又悄悄地把我引向了探究和塑造空间之路。这是宿命吗？……"

参考文献

1 中国水利百科全书编辑委员会. 中国水利百科全书[M]．北京：中国水利水电出版社，2006：1289.

2 在百度百科"水闸"词条的叙述中，水闸的设计主要包括：闸址与闸槛高程的选择、水力设计、防渗排水设计、水工结构设计等，其中并未包含任何与建筑学相关的美学内容。

3 [美] 查尔斯·瓦尔德海姆编．刘海龙，刘东云译．景观都市主义（The Landscape Urbanism Reader）[M]．北京：中国建筑工业出版社，2011：5.

4 节制闸一般均横跨干、支渠修建，且位于支、斗渠分水口的下游，用以控制闸前水位，满足支、斗渠引水时对水位的要求，节制闸主要利用闸门的启闭来控制渠道水位。参见：陈德亮主编，陈宝华、张世儒编著．水闸（取水输水建筑物丛书）[M]．北京：中国水利水电出版社，2009：1-2.

5 参见：《水闸设计规范》(SL265-2001)。

6 水闸与水泵常联合布置，在排水期，当内河侧水位高于外河侧水位时，开闸排水，当内河侧水位低于外河侧水位时，则开泵抽排；同样在灌溉引水期，也可以通过水闸和水泵在不同水位条件下的工作确保引水需要。

7 陈德亮主编，陈宝华，张世儒编著．水闸（取水输水建筑物丛书）[M]．北京：中国水利水电出版社，2009：13.

8 [法] 勒·柯布西耶著，陈志华译．走向新建筑（Vers Une Architecture）[M]．西安：陕西师范大学出版社，2004：153.

9 皮亚杰认为环境图式的三个重要构成要素包括：中心与场所（Center and Place）、方向与路径（Direction and Path）、区域与领域（Area and Domain）；参见：[挪威] 诺伯格·舒尔兹著．尹培桐译．存在·空间·建筑（Existence, Space and Architecture）[M]．北京：中国建筑工业出版社，1990：21.

10 [挪威] 诺伯格·舒尔兹著，尹培桐译．存在·空间·建筑 Existence, Space and Architecture [M].北京：中国建筑工业出版社，1990：26.

11 水闸根据河道水流的方向划分为三部分：1. 上游连接段、2. 闸室段、3. 下游连接段；上游连接段的作用是将上游来水平顺地引入闸室，下游连接段的作用是引导过闸水流均匀扩散；其中上游连接段一侧即为"内侧"，下游连接段一侧即为"外侧"。

12 [美] 凯文·林奇著．方益萍，何晓军译．城市意象（The Image of The City）[M]．北京：华夏出版社，2001：58.

13 同上：36.

14 同上：60.

15 同上：36.

16 同上：61.

17 同上：63.

18 即启闭机房地坪至底层地坪的垂直距离。

19 [法] 勒·柯布西耶著，张春彦，邵雪梅译．模度（Le Modulor · Modulor2）[M]．北京：中国建筑工业出版社，2011.

20 张翼．"模度"（The'Modulo-'）[J]．建筑师（The Architect），2007，(6)．

21 [法] 勒·柯布西耶著，陈志华译．走向新建筑（Vers Une Architecture）[M]．西安：陕西师范大学出版社，2004：77.

22 同上：28.

23 同上：3.

24 张永和，张路峰．向工业建筑学习[J]．世界建筑，2000，(7)：22.

25 张嵩．图底关系在建筑空间研究中的应用[J]．新建筑（New Architecture），2013，(3)：150.

26 同上：152.

27 柯林·罗，罗伯特·斯拉茨基著．金秋野，王又佳译．透明性（Transparency）[M]．北京：中国建筑工业出版社，2008

28 [美] 查尔斯·瓦尔德海姆编．刘海龙，刘东云译．景观都市主义（The Landscape Urbanism Reader）[M]．北京：中国建筑工业出版社，2011：3-9.

29 Let`s talk 基础设施建筑学

30 谭峥．寻找现代性的参量：基础设施建筑学[J]．时代建筑，2016，(2)．

31 江嘉玮，谭峥．向基础设施学习建构学[J]．时代建筑，2016，(2)．

32 谭峥．寻找现代性的参量：基础设施建筑学[J]．时代建筑，2016，(2)．

33 杨明．水库和建筑师[J]．A+建筑专刊（超越·建筑），2015，(1)：26.

作者简介

李南，男，华建集团上海建筑科创中心创作研究中心创作总监，上海现代建筑设计（集团）有限公司博士后科研工作站、同济大学建筑学博士后流动站博士后，国家一级注册建筑师，国家注册城市规划师，美国国际认证协会（ICA）注册高级绿色建筑工程师（SGBE）

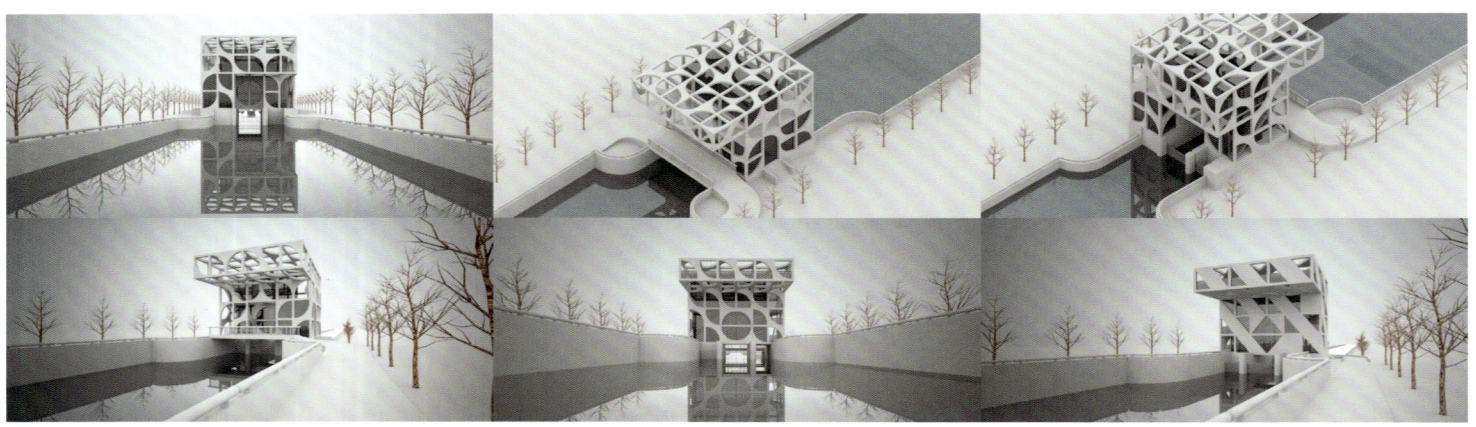
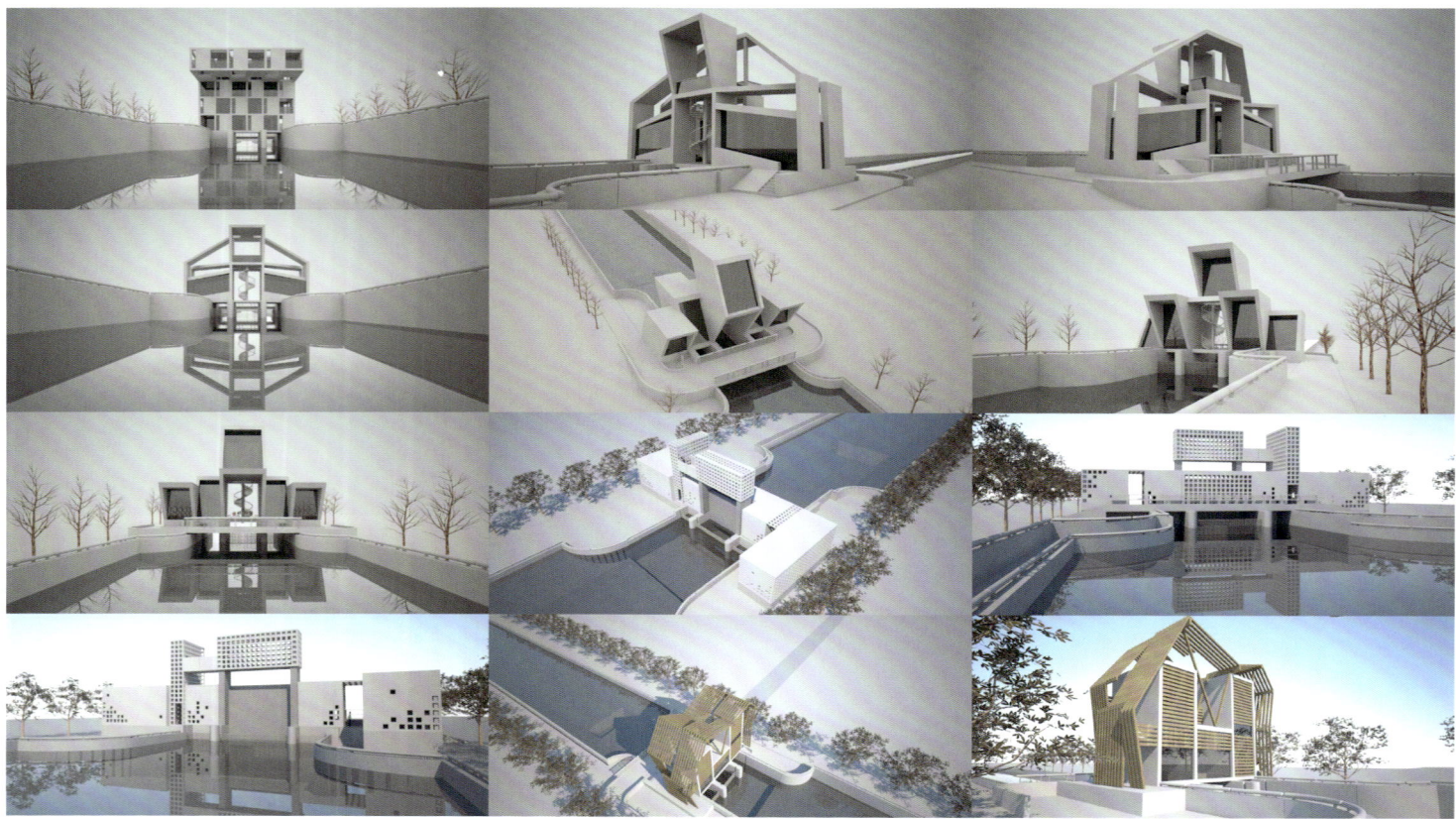
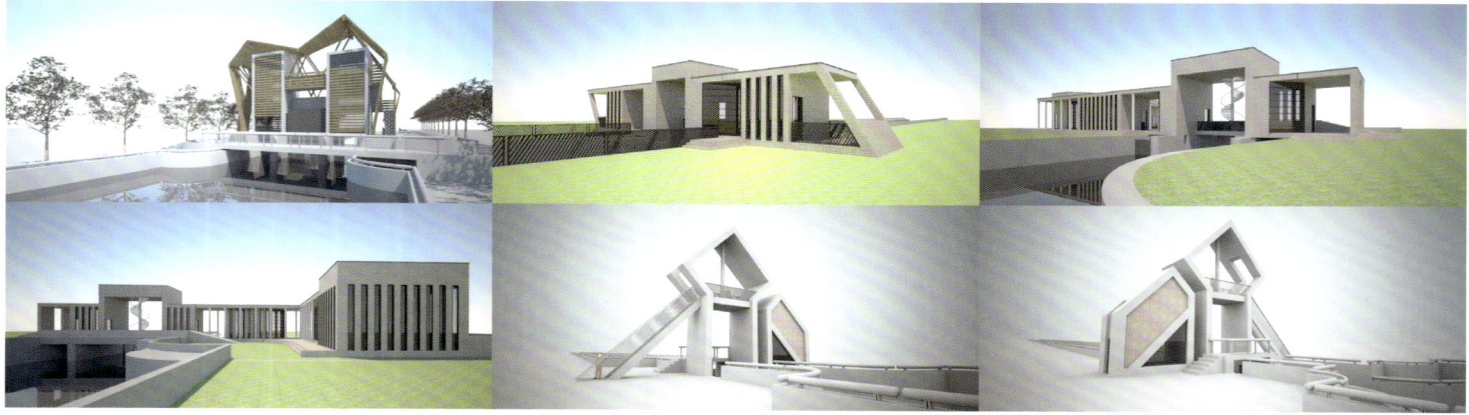

9. 设计过程方案
10. 设计过程草图

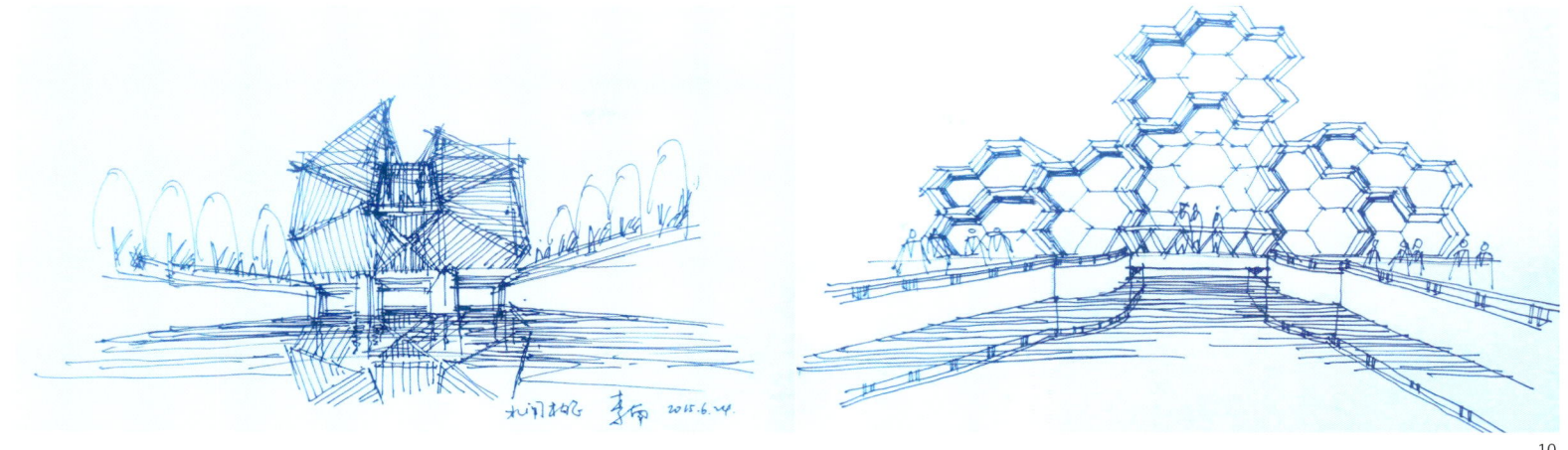

[设计点评]

支文军
同济大学建筑与城市规划学院 教授、博士生导师，《时代建筑》杂志 主编，国家一级注册建筑师，中国建筑学会 建筑传媒学术委员会 副主任委员

曾群
同济大学建筑设计研究院（集团）有限公司副总裁，集团副总建筑师，教授级高级建筑师，国家一级注册建筑师，同济大学建筑城规学院 硕士生导师及客座评委，中国建筑学会资深会员

李麟学
同济大学建筑与城市规划学院 教授、博士生导师，同济大学建筑设计研究院（集团）有限公司 麟和建筑工作室，能量与热力学建筑中心，哈佛大学GSD建筑学院高级访问学者

　　今天呈现在我们眼前的设计——"水闸房"，完全可以说是一种"微项目"，但其隐含的意义是多方面和有趣的。

　　华东建筑集团股份有限公司是中国著名和重要的专业设计院，以承接体现国家特别是上海"高、大、上"项目设计为其品牌和荣耀，许多项目规模会在几万至几十万平方米；而"水闸房"大多只有几十平方米，之间有几万倍的级差。这让我们看到华建集团不仅热衷于标志性的宏大项目，也开始关注构成我们生存环境的日常和平常的建设项目。这种转变是可喜的，其实不管项目规模多大，建筑师通过专业设计服务来提升我们城乡建筑与环境品质的意义和价值是一致的。近来，建筑师更多地去关注日常的、公共的、微型的环境品质的建设已是一种新的趋势。当然，这与中国城乡建设进入"新常态"的整体格局是密不可分的。

　　"水闸房"因其规模和简陋的原因一般会被归入构筑物之列。无论从"都市景观主义"强调"景观"意义，还是从"基础设施建筑学"回归到"基础设施"的核心价值，像"水闸房"之类的建设项目都应成为我们研究的对象，特别是这类"构筑物"具有"工业建筑"的内在本质，更简明透彻地体现了建筑本体存在的意义。

　　其"建构"意义也是其外延存在——"景观"——之外可以探讨的话题。

　　新的"水闸房"设计中，建筑师注入了更多的人的因素和人文关怀，功能性因素得到了充分的拓展，也为"景观"美学提供了多种可能。显然，与陈旧简陋的现状相比，新"水闸房"显得更有建筑味，更有设计感和审美情趣，也更有生活品质和公共特性。但从各阶段方案的比较中，各种外观形态丰富多样，这也会引起我们的思考，究竟什么是建筑学的核心知识和内容？建筑表达的原则是什么？建构的意义何在？建筑作为一种传播媒介的意义？

　　工业构筑物作为一种实用性建筑的存在，本来其呈现出来最重要的状态是功能的真实性，美学特征远远退在后面，尤其是小型的构筑物。对水闸进行改造，反映了这样一种现实，即城乡之间联系越来越紧密，人们对自然重视的同时，对类似水闸这样与自然密切相关的人工构筑物也逐步关注起来，因为它影响到人们对自然的体验感。于是，建筑学理所当然的介入到对这些"物"的设计，期望由"物"变成"景"。但与此同时，因为对所谓形式或美学的诉求，我们常常忽略作为"物"所内在的"真实性"，反而过分强调人工摆弄和修饰的行为，这种真实性是构筑物存在的原则，它的呈现表现在功能的实用性、建构的清晰性、材料的朴实性以及形式的原真性中，这些共同构成设计的基本价值。

　　在上述一系列的水闸设计中，我们一开始便看到对这种价值的重视，虽然还不甚成熟。比较遗憾的是，在设计逐渐推进的过程中，我们明显感到外部的因素对设计不甚合理的介入，以至于方案在功能再现的真实性、材料的原真性，以及有趣形式的特点一步步消减和退化，直至最后的方案成为一个"优雅而精致的平庸之作"。最初的方案一展现了应有的力量感，使用与自然环境呼应的拙朴的混凝土材料，以及颇具特色的形式。方案二及其深化方案也表现出一种简洁而印象深刻的斜线的形式。而最终方案呈现的是对称的立面、不分场合的外挂石材和由大建筑比例缩小的"新建筑"，丧失了在场建筑所应具有的特性，仅仅是表面精致内涵缺乏的泛泛之作。

　　建筑设计在追求形式的同时，应对本体的真实性、场所的在地性及克制的表达始终保持觉醒，以避免虚假的表象对我们的迷惑。

　　设计方案非常丰富，显示了设计团队对于项目的倾力投入。项目虽小，但所处基地独特，且多处于美丽乡村田野。确是一个具有示范意义的"景观基础设施建筑"类型探索。设计坚持的类型学分析与方法，非常清晰可取。

　　第一轮与第二轮方案。方案一与方案三，均遵循了方形体量上部的出挑形态，反应出设计者在建筑形式上的突破性尝试，具有较强的建构性。但对于出挑的坚持，似乎执着于形式，功能与内在逻辑的支撑似有不足，反而使得一个清晰的建构概念，最终没有转化为实施机会。方案二、四、五、六均为具有潜力的设计概念，但设计者似乎用力过猛，反而无法清晰展现概念的本质。方案七，为不错的思路，偏于实体，若加强对于"虚体"的关注，应更具表现力。第二轮其他方案：在坡顶，集合体等方面展开探索。并且模型的表现均超过效果图的表达。

　　第三轮方案与第四轮方案。从本轮开始，展现出对于项目尺度，角色，定位等的清晰界定，直至发展成为最终的实施方案，对于项目所处的"场所"和"氛围"具有恰如其分的表达，并且充分考虑到提案对于不同基地环境的适应性和灵活组合度。考虑到项目所处的田野环境，所用建筑材料似乎尚有进一步研究的潜力，石材稍显都市味，尚可加强建筑质朴感与地域感，传达独特的景观整合与材料文化。

　　纵览以上设计过程，在设计之初的定位、分析、把握，是之后设计提案展开的重要依据，可适度加强；对于建筑形式的把握，需要摒弃而非"丰富"，是可以总结的策略；模型研究非常好，建议延续加强。

TONGJI UNIVERSITY
COLLEGE OF DESIGN
AND INNOVATION
同济大学设计创意学院

　　同济大学设计创意学院位于设计氛围浓厚的上海，由同济大学建筑与城市规划学院艺术设计系发展而来，其设计教育深受德国"包豪斯"学派影响。2009年5月，同济大学借鉴世界设计与创新学科的最新理念与模式，在同济大学艺术设计系的基础上，成立了"同济大学设计创意学院"。

跨界　Crossover Design

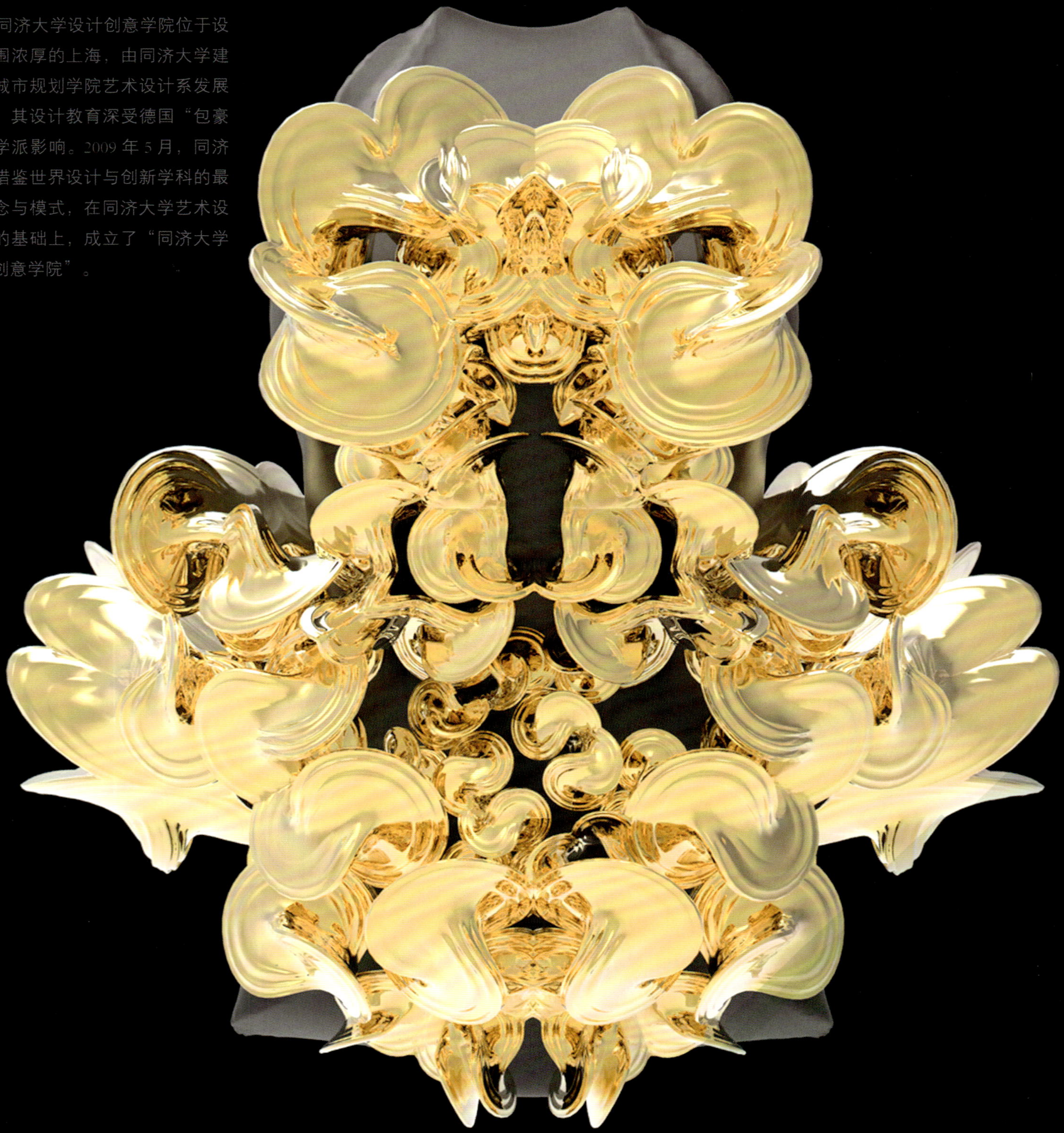

DIGITAL COUTURE

1. 数字高定，极致绽放同济工作坊, by Andy Yuk at Xuberance tongji workshop

数字首饰到明天
"数字"首饰的明天
A Digital tomorrow for jewelry
Tomorrow of 'Digital' Jewelry

郁新安 / 文　YU Xin'an　罗之颖 / 栏目主持　LUO Zhiying

作为艺术与技术、先锋与日常、手工艺与产业化制造的矛盾综合体，首饰向来不是孤独的。200多年以来，首饰的发展受到众多因素的推动和影响，但在其中，技术发展所带来的改变往往是根本性的。而且在技术革命的当口，首饰的设计往往陷入混乱与迷茫之中。

18世纪英国工业革命曾使整个欧洲的首饰制造业深陷历史折衷主义的泥潭中，时间长达半个世纪，在对新兴技术激烈的赞颂或抵抗的尝试（比如艺术与手工艺运动和新艺术运动）之后，直到20世纪初才逐渐形成与之相适应的设计语言与思想。无独有偶，1969年日本研发出石英振荡式计时器，几乎摧毁了当时瑞士整个的制表业——直到Swatch出现，瑞士的制表业花了整整十年时间才扭转颓势，而机械表制造业则花了30年时间才慢慢找回自信，并重新站上制表业的巅峰。

今天，设计师们似乎又一次站在了历史的十字路口上，面对着第四次科技革命的汹涌浪潮：3D打印、智慧制造、社交媒体、大数据、算法生成、参数化、人工智能、可穿戴设备……新工具的诞生不仅仅为设计师提供更多可能的形式语言，更加从根本上颠覆了传统设计的流程、体系乃至价值观，甚至创造出新的思维方式和美学原则。新工具的使用打破了工程、设计还有商业之间的边界，设计师、工程师、传统市场（marketing）的角色定义被模糊了，设计从一个相对线性的流程性的工作发展成为高度网络化和智能化的行为，今天的设计师们不仅仅可以将声音、图像、动作和行为等任何可以通过传感器捕捉到的要素通过程式联系和对应起来，创造传统手段难以想象的形式和效果，也可以通过3D打印、扫描乃至各种在线平台和工具，更加深入和自主地参与到整个项目的生产和推广过程中去。

在新技术的浪潮之下，即便是最成功的传统产业也难以保持淡定，或大举进军，或悄悄发展，都生怕一不小心落后于历史前进的脚步。首饰作为最传统的产业之一，设计师们身处兴奋与迷茫之间，看不清迎面而来的是诺亚方舟还是又一个折衷主义泥潭。

在珠宝首饰的领域，新兴技术介入的程度一直是被激烈争议的话题，高技术作为传统手工艺的反义词，越是历史悠久，越是顶尖的珠宝品牌对新兴尤其是数字技术抱着非常谨慎的态度。珠宝强调手工制作并且独一无二，这和数字技术可以任意复制的属性是相矛盾的。直到2001年，珠宝之王卡地亚（Cartier）本着对现代技术的赞美，在高级定制的工艺流程当中，使用了360°激光扫描和快速成型等手段，将手工雕刻的泥稿扫描成三维数字模型，再通过软件对扫描过程中形成的缺陷进行修补，为方案的调整乃至后期的镶嵌和装配提供了非常多的参考和方便。虽然高技术在设计过程中仅仅作为设计的辅助手段，对设计结果本身并没有非常多的影响，但这仍然可以被看成是高低技术在首饰领域相结合的开端。

2009年，一群来自麻省理工学院（MIT）的工程、新媒体、计算机以及各个领域的设计师们组成研究小组，他们以HLT（High-Low tech，高低技术）为主题，倡导高技术与低技术在材料、流程，乃至文化领域的融合。核心思想是未来科技的应用需由终端用户的参与程度所决定，高技术与低技术之间并非简单升级和替代的关系。该小组筹划的计算设计3.0高级定制时尚展(Seamless Computational Couture 3.0)、设计师艾里斯·范·荷本（Iris Van Herpen）制作的手工热弯裙子都是早期典型的实例。除此之外，实验也来自本土设计师，来自同济大学首饰实验室（JALAB）的设计师，在Marko Margeta所写的分形算法的基础上，与杜邦合作，创作出一系列的首饰设计作品。所有的形式语言均由程式生成，通过不同基础分形算法的叠加与组合，产生貌似随机却又富有内在联系的系列产品，最终通过尼龙粉末烧结(SLS)或CNC数控完成加工；配合手工热弯与抛光等工艺，确保产品的最终品质依然由人掌控。

首饰领域的新兴实践方兴未艾，无论这些实践传达的是对新工具的赞美还是对传统的留恋，都必将留下这个时代的印记。未来的珠宝制造业将走向何方，就如同珠宝本身一样，神秘莫测却又引人入胜。（图片由作者提供）

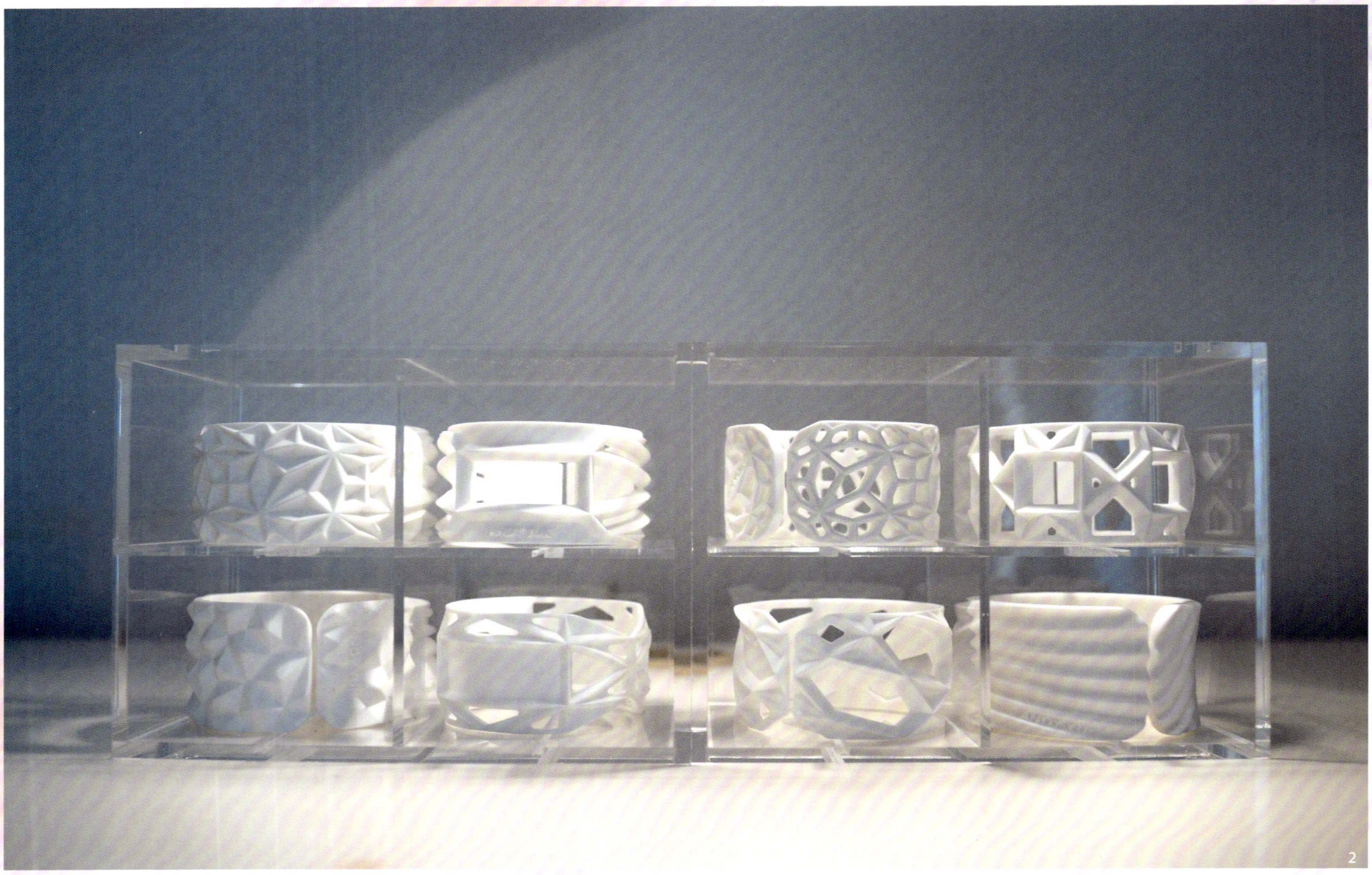

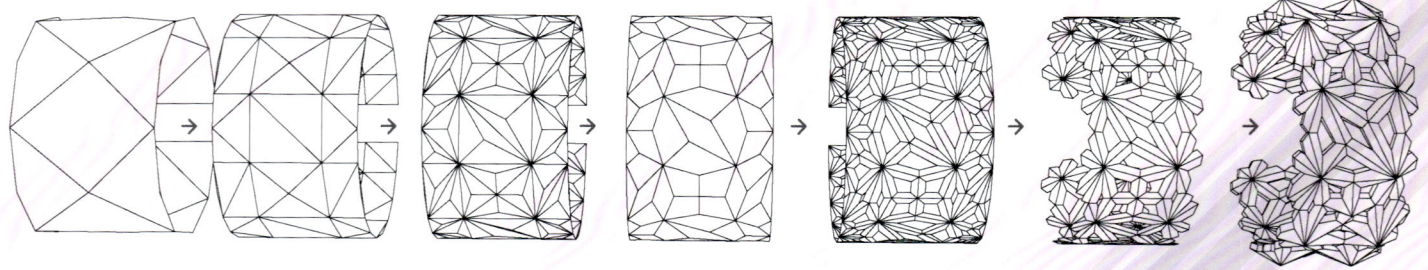

2. JALAB 与杜邦合作开发的算法美学系列手镯 (Beauty of Algorithm)
3. Marko Margeta 分型算法与手镯
4. 算法美学系列手镯

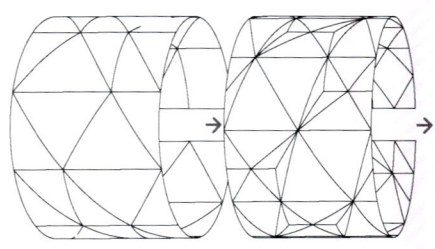

Pavement Artifact

DESIGN BY **ANDY YUK**
Algorithm Bracelet NO5 / NO8
Detailed Processing of Generating, from primitive geometry to Hyper-complex morphological product.

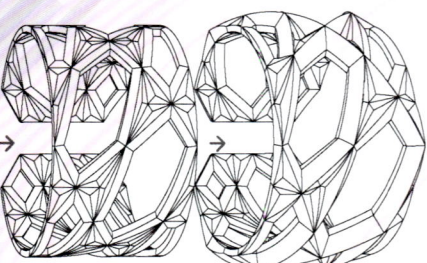

5

8

6

9

7

10

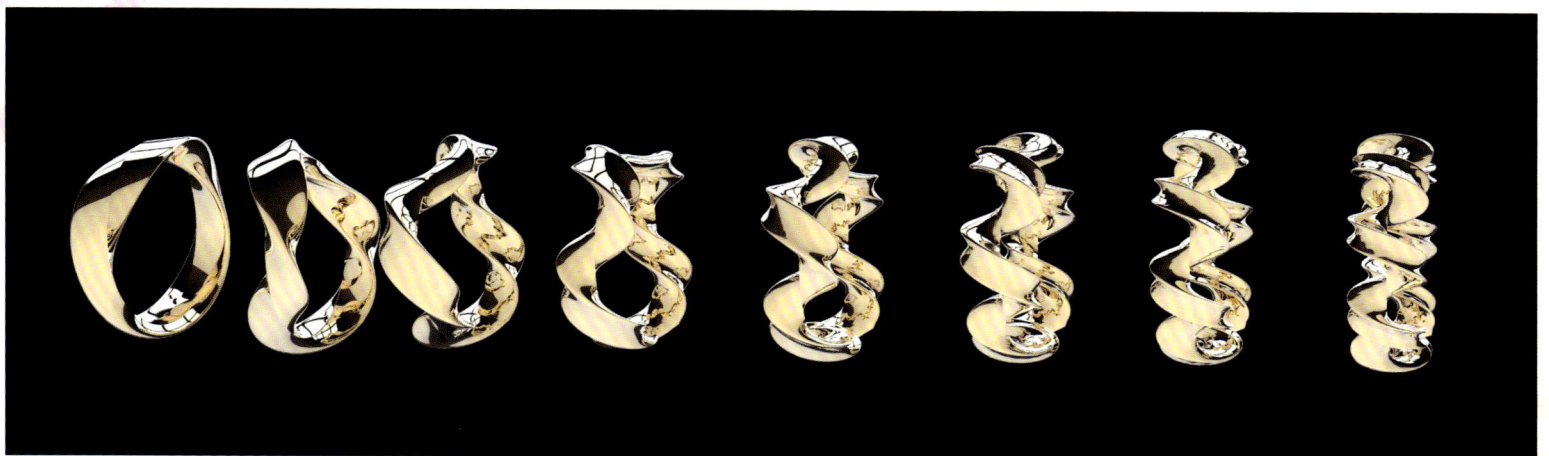

5. 复杂形态学 – 风信，材质：铜镀铑
6. 复杂形态学 – 山茶胸针，材质：925 银
7. 复杂形态学 – 风信胸针，材质：铜镀铑
8. 数字高定 – 兰花挂件，材质：铜镀玫瑰金
9. 数字高定 – 兰花胸针，材质：铜镀金
10. 数字高定兰花，材质：铜镀金
11. Klein 系列指环，材质：铜镀金
12. Klein 系列指环，在德国数学家 Klein 方程的基础上设计而成，材质：铜镀金
13. Klein 指环，材质：金、玫瑰金、925 银、铜镀铑
14. Klein 指环，材质：金、玫瑰金、925 银、铜镀铑

作者简介

郁新安，男，同济大学设计创意学院讲师，JALAB 首饰创新试验室创始人，同济大学建筑与城市规划学院博士研究生

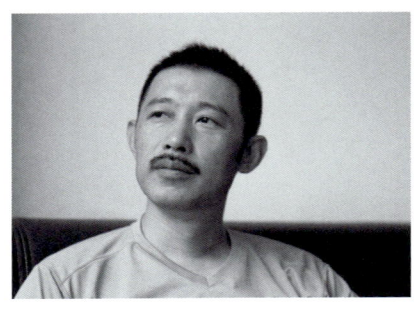

书籍信息
书名：中国近代建筑纲要（1840-1949年）
外文书名：Outline of Chinese Architecture of Modern Times
作者：黄元炤
出版社：中国建筑工业出版社
ISBN: 9787112180950, 7112180953
出版时间：第1版（2015年9月1日）

作者简介
段建强，男，河南工业大学建筑系讲师，城市更新与遗产保护研究所所长，同济大学建筑与城市规划学院建筑历史与理论博士，复旦大学文物与博物馆学系访问学者

谱系叙事之可能
评黄元炤《中国近代建筑纲要（1840-1949年）》
Possibility of Narrative Pedigree
Review on Outline of Chinese Architecture of Modern Times by HUANG Yuanshao/DUAN Jianqiang

段建强 / 文　DUAN Jianqiang

中国近代建筑历史的研究，因其多样而难以类归的史实、丰富且错综复杂的层系，使任何一种简单陈述史实的努力都变得异常困难。这种困难一方面导致了面对细碎史实或个案时，对具体史料缺乏宏观的线索梳理和参照系；另一方面也使将具体案例连同史料的关联，以史学的方式系统呈现变得困难。因此，做过中国近代建筑历史相关研究的学者，见仁见智，似乎都无法回避一个事实：对中国近代建筑中发展历程的全景式回顾和整体脉络的把握，是近代建筑史学的基础工作和研究起点。

黄元炤《中国近代建筑纲要（1840-1949年）》（以下简称《纲要》）的出版，可以被认为是一种有意识地统合史料以研究中国近代建筑的新趋向，在此之前，众多学者对中国近代建筑历史研究所付出的卓绝努力和成果积累，使之成为可能。如赖德霖等主编的《近代哲匠录——中国近代重要建筑师、建筑事务所名录》、赖德霖著《中国近代建筑史研究》、徐苏斌著《近代中国建筑学的诞生》、《日本对中国城市与建筑的研究》、杨秉德著《中国近代中西建筑文化交融史》、伍江和钱锋著《中国现代建筑教育史》、李海清著《中国建筑现代转型》等研究著作呈现出的丰富性，是我们建构当代对中国近代建筑发生发展进程的重要基础。

1 谱系

谱系在我国传统文化中具有强大的方法语境。《隋书·经籍志二》："今录其见存者，以为谱系篇。"[1]可见，"谱系"作为古人编排史料的基本方式，早已有之。而顾炎武《同族兄存愉拜黄门公墓》诗："才名留史传，谱系出先公。"[2]亦将"谱系"对历史价值（"才"、"名"）的梳理，看作历史的基本要件。但对我们当下的历史研究而言，"谱系"作为研究分析方法，显然又是"舶来品"。"谱系学（Genealogy）"的概念，是法国哲学家福柯哲学中的核心概念之一，此概念来自尼采《道德的谱系》（On the Genealogy of Morality）。谱系学不仅仅是一种分析方法，而且也是一种深刻的哲学观点，一种基于尼采权力意志之上的哲学。福柯本人认为"谱系学是灰色的，注意细节的……谱系学要求耐心和对话细节的知识与广泛的原材料的积累。"[3]

正如我们在认识以西方为主导的所谓"现代建筑（Modern Architecture）"的发展历程时，虽然不能全面回顾和索引所有的史实、人物、作品、案例以及由这些基本史料构成的整体，但是，西方理论家每每在进行理论与历史阐发时，总会依托相关的人物线索、事件线索、甚或技术线索开始其理论叙述——这是可能的方式，也是必要的策略。毕竟，史实追溯本身，很大程度上是一种趋近，而不是真实本身。理论化，就是通过史实甄别，在明晰确定的同时，也对史实遴选和再阐释提出系统化的可能性：在某种意义上，构成了中国近代建筑历史研究的多重面向。

如果我们抛开各种民族主义、国家主义等宏观叙事的纠缠，也不将讨论限定在简单二元论与文化冲突的窠臼之中，而是研究具体而微的层面，仅考察自近代以来的中国建筑研究进程本身，仍然存在包括学科、学理、学史的自我认知、自我认同和自我架构的过程。这个过程伴随着建筑学作为"专业、职业、行业"的引入、传播和确立，更伴随着中国近代直至今日的城市、建筑、景观的发生、发展与变迁。《纲要》采用"标出对象发生"的方式，进行的史料梳理和图表呈现，都是在努力建立关于中国近代建筑"谱系学"意义上的某种可能性。这些图、表对错综复杂历史脉络的梳理，不仅是谱系学的量化，更把一些长久被主流叙事所遮蔽的"人、事、物"诸史实要素做了定位，尽管这种定位有很多值得商榷之处，但给出的结论，已足以证明其价值。

2 叙事

正如王昀先生在本书序言中指出的："（论文中）详细地对近代建筑师的整体进行了个体观察的同时，对近代建筑教育的萌生与发展、对近代建筑相关执业形态以及近代建筑组织、机构、团体与媒体的形成和作用进行了非常详细的论述和梳理，并在此基础上对于那个时代的建筑思潮、风格的演变进行了解读。以此给我们呈现出了一个中国近代建筑历史发展过程的富于丰富性和多样性的整体面貌。"[4]这可以说是一种对具体著作的期望，也可以理解为对当下相关知识谱系的失望。

尽管目前的知识生产速度，远远大于个人（包括学者、教师和学生）获取并理解史实案例的速度，甚或超出其知识边界和范围，但是，系统的架构某种关于历史的面貌，仍是这个学科分支重要的悬而未决且充满争议的领域。与上述语境对应的，则是当下中国建筑教育中的历史教学面临的挑战：《中国建筑史》（也包括《外国建筑史》）作为专业核心主干课程，培养方案所规定的内容、教学目标的界定和教材体系的讲授之间，存在某种对历史的简单化解读倾向。尤其是对于近代的部分，往往因为其复杂、丰富、多样等原因，被刻意地削减或回避。与之形成反讽的，却是历史八卦和花边史料的叙事被无限放大造成娱乐消费主义横行：不仅极大地消解了历史自身的深度和意义，也对史实本身造成无情地篡改和荒诞的解释——严肃叙事被八卦幻象遮蔽了。

诚然，罗兰·巴特曾经指出："叙事是国际的、跨历史的、跨文化的：它就在那里，与生活本身没有什么区别。"[5] 叙事方法在当代的广泛应用，使研究客体在某种特定结构性的分析中，具有了相当的再现联系方式，这种联系可以被理解，正因为它们通过结构性的组织，产生了某种"想象的价值"。黄元炤《纲要》一书中，对基于"谱系学"的历史，进行了必要的解释：这种解释可以认为是"一种史实"——叙事在这里，不仅是处理史料的方式，还是解释其结构的方法——一种趋近真相的解释，同时，又充满想象的余地。如其对于贝寿同在20世纪20年代的"中式折中实践"——原"苏州高等检察厅看守所"的论述、"华盖建筑"以砖作为材料在建筑立面上的"试验性"——原"（南京）水晶台中央地质调查所陈列馆"等案例的论述，显然可以看到当代理论历史的折射：叙事对想象是某种展拓——在史实之间，形成有趣的理论关照。

纵观黄元炤《纲要》的研究，可以清晰地看到关于"谱系叙事"的努力，这是作者对宏观时空和具体史实充分研读和现场调研后的一种理论阐释框架，也是我们阅读和理解该书写作的主要线索。同时，《纲要》以"谱系学"方式建立起来的中国近代建筑史的框架，条分缕析，脉络有序；在宏观叙事进程中，不乏对相关史实的当代解读。

但是，海登·怀特在《后现代历史叙事学》中，富于寓意地陈述了如下观点："任何想要赢得科学地位的研究领域中叙事的应用都必定是令人怀疑的。不管科学是什么，它都必然是一种实践，对它所描写的研究客体都必须持批判态度，正如它解释其结构和过程一样。"[6] 这对于每一个试图建构历史叙事的研究者而言，不啻为一种深刻地反思。一方面，我们对相关历史谱系的阅读，可能形成一个整体的看法，却仍要保持个人的不懈研究；另一方面，对历史叙事的结构与过程解释，可以使我们面对具体史料时，具有相对开放的"想象"。

黄元炤先生所著《中国近代建筑纲要》，正给我们提供了契机。

注释

[1]《隋书·经籍志二》："後漢有《鄧氏官譜》。晋世，挚虞作《族姓昭穆记》十卷。……其中国士人，则第其门阀，有四海大姓、郡姓、州姓、县姓。及周太祖入关，诸姓子孙有功者，并令为其宗长，仍撰谱录，纪其所承，文以关内诸州为其本望。……其《邓氏官谱》及《族姓昭穆记》，晋乱已亡，自馀亦多遗失。今录其见存者，以为谱系篇。"

[2] 顾炎武《同族兄存愉拜黄门公墓》。顾炎武著，王蘧常辑注《顾亭林诗集汇注》．上海古籍出版社，1983.11: 337．

[3] Michel Foucault: Power/Knowledge: Selected Interviews and Other Writings, 1972–1977: 81-82. C Gordon—1980

[4] 王昀：序．黄元炤：《中国近代建筑纲要（1840-1949）》．中国建筑工业出版社，2015．

[5] Roland Barthes: "Introduction to the Structural Analysis of Narrative" in Image, Music, Text, Transl. S Heath (New York, 1977) 转引自：海登·怀特著，陈永国、张万娟译，《后现代历史叙事学》，中国社会科学出版社．2003.6: 124 注释．

[6] 海登·怀特著，陈永国、张万娟译，《后现代历史叙事学》，中国社会科学出版社．2003.6: 124-125．

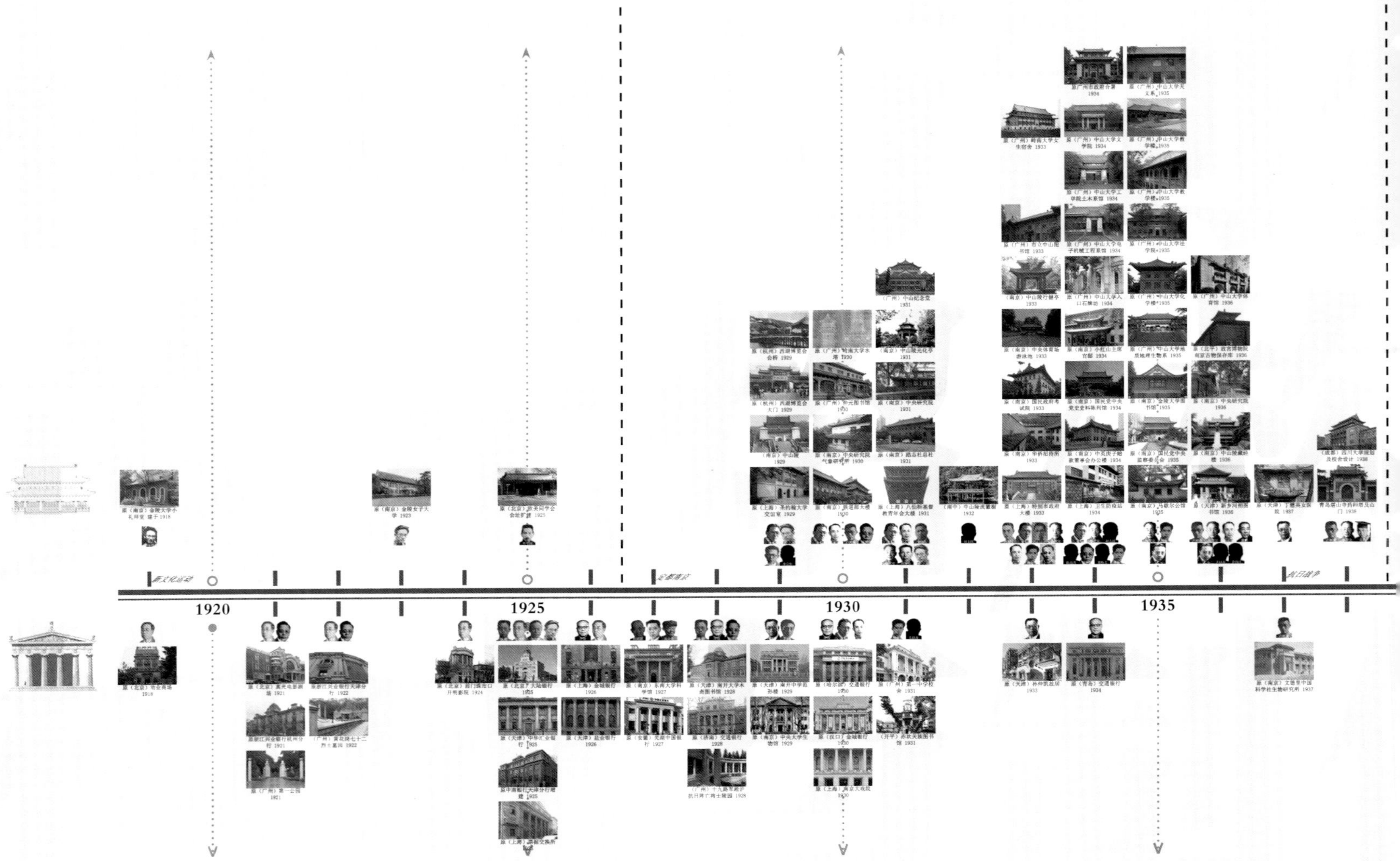

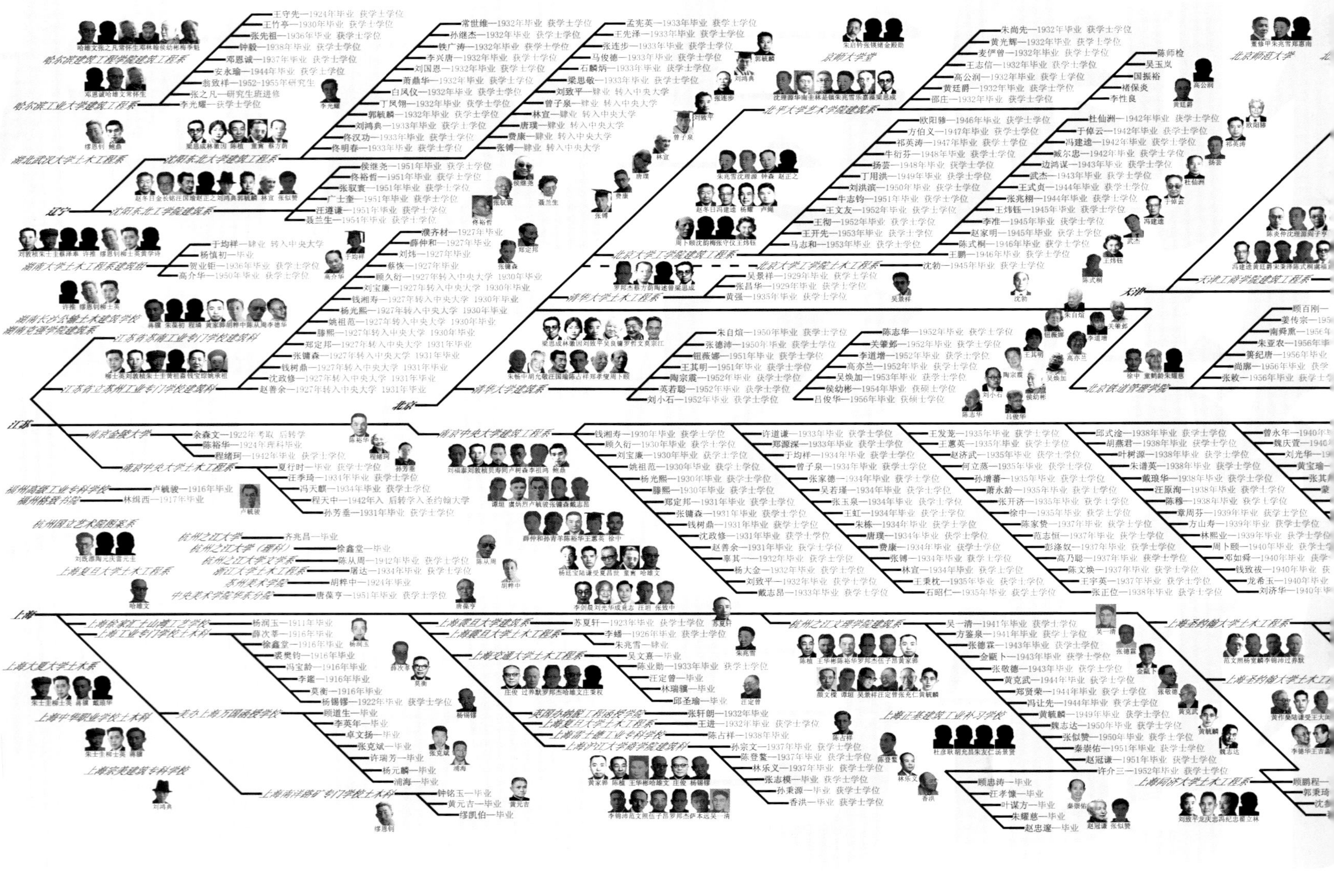

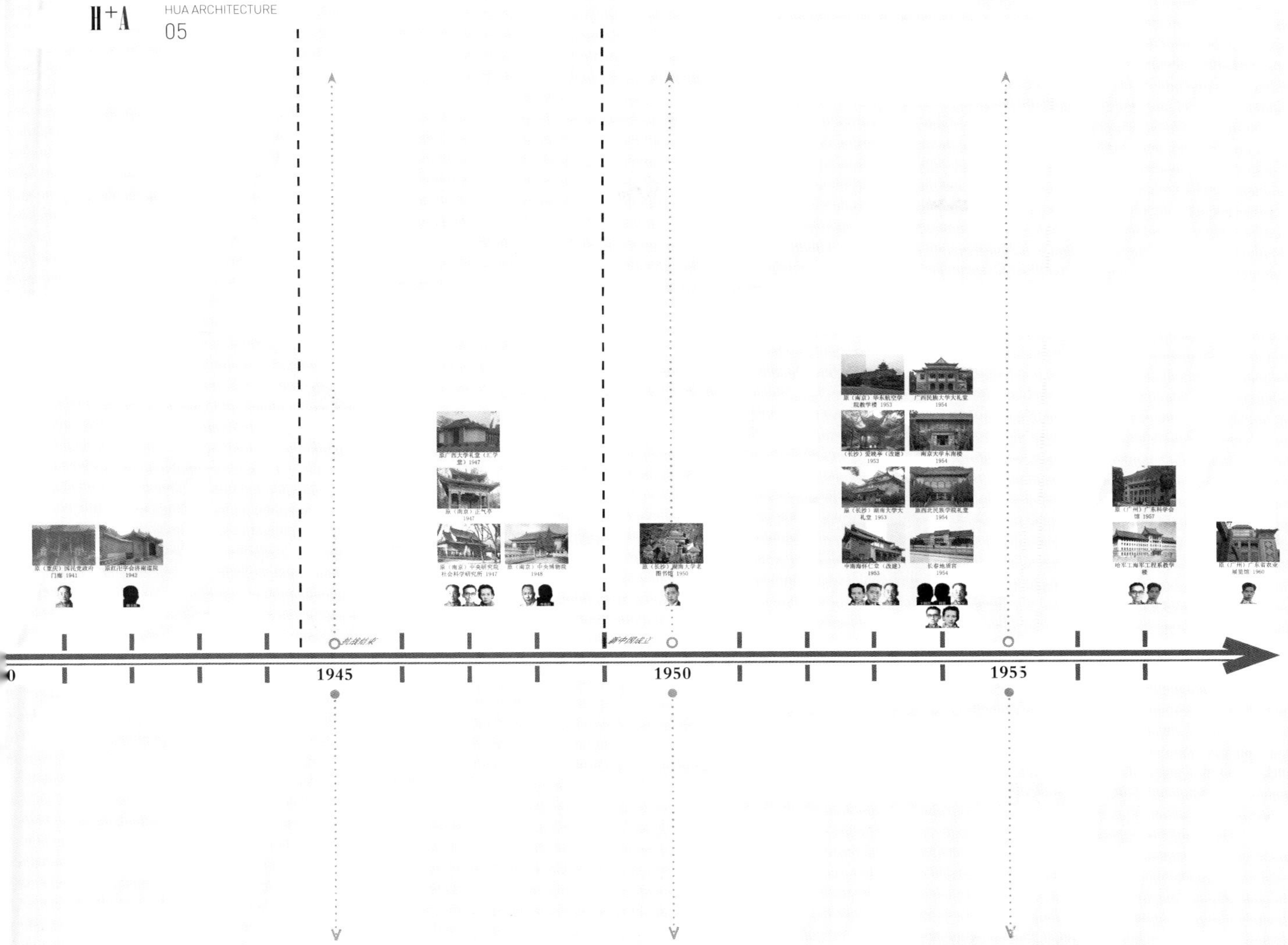

【7.1.2之插页】 中华古典、西方古典在中国近代实践的作品年表 黄元炤/构成与制作

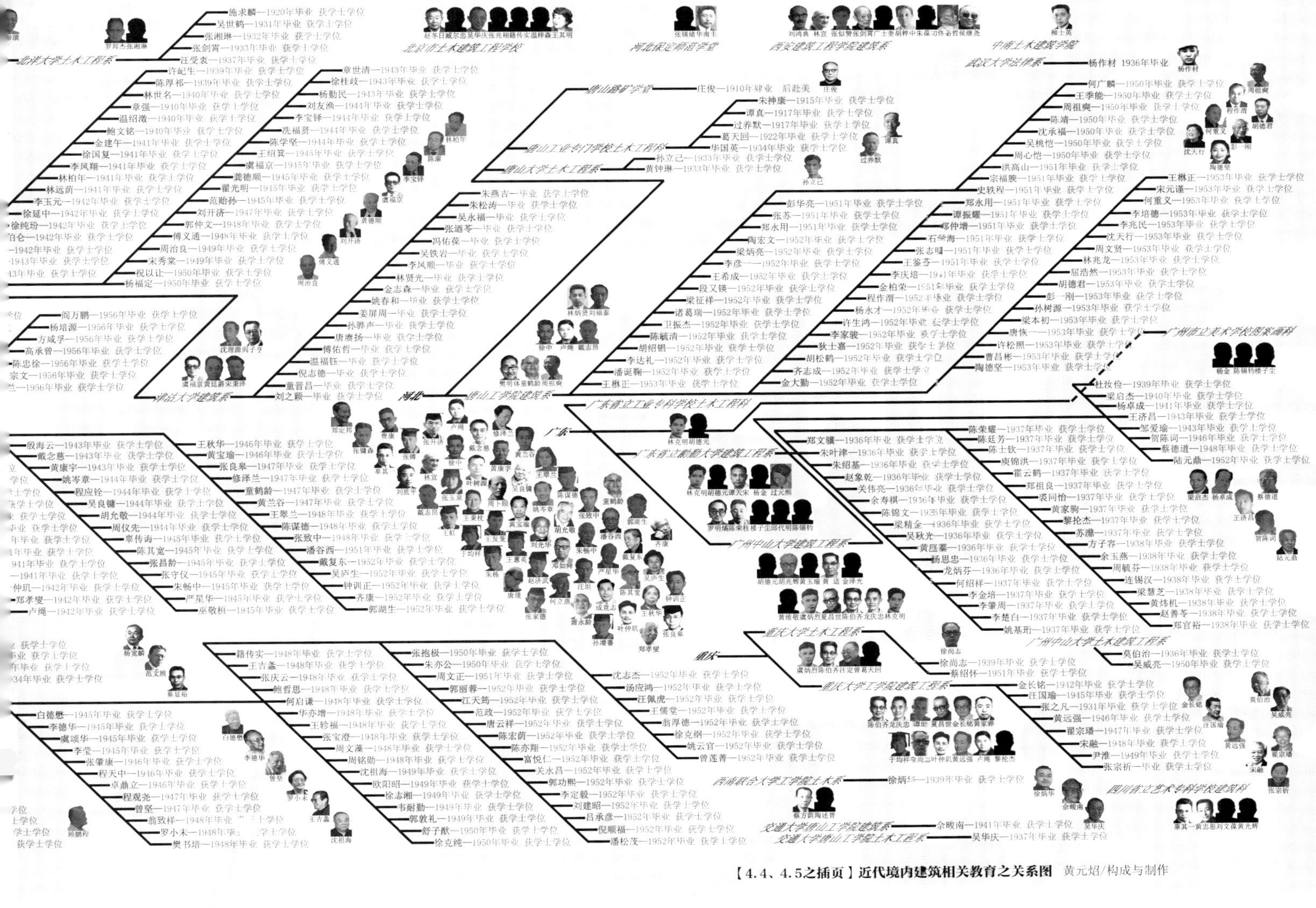

【4.4、4.5之插页】近代境内建筑相关教育之关系图 黄元炤/构成与制作

姚仁喜大师讲堂：建筑是人类情感的容器
Master's Lecture——Taiwai Famous Architect YAO Renxi

2016年5月6日，由华东建筑集团股份有限公司与《城市·环境·设计》杂志社联合主办的"大师讲堂"建筑创作交流活动，在华建集团会议中心隆重举行。大元建筑工场创始人、台湾著名建筑师姚仁喜先生，莅临现场为大家作了精彩的演讲，并与集团建筑师们展开提问对谈、交流互动。集团副总裁、总建筑师沈迪、华东总院首席建筑师汪孝安以及多位青年建筑师出席并参加交流。

"2016上海市重大文化设施国际建筑师设计竞赛活动"持续引发各界关注
2016 Shanghai City Major Cultural Facilities International Young Architects Design Competition Continue to Trigger a Wider Concern

上海图书馆东馆、上海博物馆东馆、上海大歌剧院三个市级文化设施，是上海"十三五"期间公共文化新布局中的重点建设项目。藉此三大市级重大文化设施建设之机，在上海市委宣传部、上海市发改委、上海市规土局、上海市文广局的指导下，由上海市浦东新区人民政府主办，浦东新区规土局、浦东新区区委宣传部（文广局）、上海市建筑学会、《时代建筑》杂志联合承办"2016上海市重大文化设施国际青年建筑师设计竞赛活动"，旨在通过"群智群策"和"众筹众创"的方式激发公众参与城市建设的主动性，以优秀的建筑设计竞赛作品激活城市公共空间活力，以文化品质和创意设计引领城市发展，打造上海"设计之都"的文化特色，进一步扩大上海的文化影响力。

竞赛活动自发布以来，报名参赛者人数1778名。最终收到共计450件的参赛作品，其中上海图书馆东馆222件，上海博物馆东馆129件，上海大歌剧院99件。2016年5月8日，参赛作品进行了初评活动，从众多的参赛作品中分别选出了三大文化项目的各60名入围作品。5月14日终评委员会评出了10名获奖作品，包括一等奖一名、二等奖二名、三等奖3名、佳作奖四名。

华建集团合肥医院建设大会亮相
Huajian Group Strong Settled in Hefei Hospital Construction Conference

"第十七届全国医院建设大会暨中国国际医院建设、装备及管理展览会"于2016年5月21在安徽·合肥滨湖国际会展中心隆重召开，为期三天。为深入学习贯彻即将出台的《全国医疗卫生服务体系"十三五"规划》和"健康中国"精神，探索医院建设发展创新变化，推动我国医院建设向高效化、科学化、现代化迈进，本届会议由国家卫生计生委医院管理研究所的指导，《中国医院建筑与装备》杂志社、北京和源世纪国际公关顾问有限公司、北京中卫医院发展研究中心联合多家权威学术、科研和管理机构在既往16届大会的基础上全面展开。

本届大会以"健康中国·未来医院"为主题，围绕即将进行的政策体制变革、新型医疗健康服务体系构建、创新技术体系应用以及未来医院发展、建设及管理等重点议题，从行业政策、发展理念、规划创新、科学建设、技术应用和运营管理等多个维度，就我国未来医院建设面临的问题与对策展开深入的研讨和交流。

华东建筑集团股份有限公司（简称"华建集团"）作为设计行业航母，近年来不断加强医疗建筑专项化的科技研发和成果转化，在医疗专项化领域屡结硕果。本次展会华建集团结合专项化研究工作率旗下医疗设计旗舰团队及最新医疗卫生建筑设计发展成果亮相展会，分别为华建集团上海建筑设计研究院有限公司、华建集团华东建筑设计研究总院、华建集团华东都市建筑设计研究总院，以及华建集团建筑装饰环境设计研究院。

展会现场气氛热烈，华建技术骨干们以专业的态度，凭借丰富的经验为现场参观者提供有效的咨询服务，赢得广泛好评，使华建品牌深入人心。本次大会设首届"环亚杯"中国十佳医院建筑设计师及室内设计师评选环节，华建集团上海建筑设计研究院首席总建筑师陈国亮，被评为"十佳医院建筑设计师"荣誉称号，并将于大会主题论坛发表演讲。由华建集团上海建筑设计研究院原创完成的复旦大学附属中山医院厦门医院荣获"十二五"十佳医院建筑设计方案（群体组）。

上海青草沙水源地原水工程荣获中国土木工程詹天佑奖

日前，由华建集团上海市水利工程设计研究院（以下简称"水利院"）联合设计的上海青草沙水源地原水工程荣获工程创新领域最高荣誉——中国土木工程詹天佑大奖殊荣，这也是本年度该奖项唯一获奖的水利市政工程。

上海青草沙水源地原水工程最大有效库容达 5.53 亿 m²，圈围近 70 平方公里的水面，供水规模 719 万 m³/d，已使受益人口达 1100 万，改写上海饮用水主要依靠黄浦江水源的历史。实现了水利院最早提出并论证了在长江口青草沙建立水源地的设想，为上海城市供水和市民饮用水安全做出了积极贡献，也充分体现了水利院在为建成国内外最大的潮汐河口江心蓄淡避咸水库方面的技术创新能力。

华建集团亮相CSCF中国购物中心发展论坛并斩获三项大奖

为期两天的"第五届中国购物中心发展论坛"在沪举行，中国购物中心领袖企业、沪港台购物中心产业链上下游企业代表等共同出席盛会。本次论坛由中国商业联合会指导，上海购物中心协会主办，台湾购物中心协会、香港商场管理学会协办，《H+A 华建筑》为支持媒体。出席嘉宾包括：中国商业联合会会长姜明，上海购物中心协会会长马银芳，台湾购物中心协会理事长蔡明璋等。华建集团亮相论坛并设立展位，都市总院副院长、执行总建筑师戎武杰在论坛发言环节作"体验营造—论实体店的生存之道"为题的主旨演讲。华建集团的上海大悦城一期西北块商业项目、卢湾区 65 号地块项目、红星国际广场项目荣获商业建筑设计类奖项。

上海市市长杨雄视察上海援疆项目——莎车体育中心

上海市委副书记、市长杨雄在新疆喀什带队考察调研期间，于 2016 年 4 月 26 日上午 10 点赴莎车查看了上海援疆交钥匙项目——莎车城南教学园区体育中心，了解工程进展情况。作为项目的设计方，华建集团副总裁龙革、华建集团上海建筑设计研究院有限公司董事长刘恩芳、集团驻新疆办主任张志军及设计负责人杨凯受邀和当地领导、上海援疆指挥部、各参建单位代表一起陪同视察。杨市长饶有兴致地进馆参观，并认真听取了华建集团副总裁龙革对于体育中心的设计情况介绍，对援疆设计工作给予了充分肯定。参观完毕，杨市长一行与各参建单位代表合影留念。上海院参与的 2014 年上海市对口支援新疆喀什地区四个交钥匙工程，分别包括：泽普县文化教育中心项目、叶城县妇女儿童医院及妇幼保健计划生育服务中心项目、巴楚县市民之家项目、莎车城南教育园区体育中心项目。

同济大学建筑城规学院与上海院"卓越工程师教育培养计划"校企联盟签约仪式暨"工程实践教育中心"揭牌成立

华建集团上海建筑设计研究院有限公司与同济大学建筑与城市规划学院携手合作，于 2016 年 4 月 27 日签订"卓越工程师教育培养计划"校企联盟协议，并根据协议内容，揭牌成立同济大学建筑与城市规划学院 & 华建集团上海建筑设计研究院有限公司"工程实践教育中心"。同济大学建筑与城市规划学院副院长孙彤宇教授，建筑系副系主任王一教授，上海院副总经理潘林，副总经理吴海峰，首席总建筑师陈国亮，顾问总规划师赵万良等重要嘉宾莅临并致辞。

陈国亮获得"首届'环亚杯'中国十佳医院建筑设计师"荣誉称号

2016 年 4 月 23 日全国"首届'环亚杯'中国十佳医院建筑设计师及室内设计师"评选活动在业界的高度关注中落下帷幕，经专家组委会评审，最终角逐出中国十佳医院建筑设计师，其中华建集团上海建筑设计研究院有限公司首席总建筑师——陈国亮，成为获得此殊荣建筑师之一。其表彰大会在 2016 年第十七届全国医院建设大会"开幕式上举行，有来自 500 个以上医院建设项目的甲方与会，以及 3000 名以上全国医院院长、副院长等重要科室处科长和超过 220 位国内外医疗领域权威专家参与大会，共同见证这一荣誉。

华建集团荣获五项上海市科技进步奖

在日前召开的上海市科学技术奖励大会上，华建集团五项成果获得 2015 年度科技进步奖。其中，《超深等厚度水泥土搅拌墙成套施工装备与技术研发及应用》获得一等奖。《苏州河底泥疏浚和防汛墙加固改造关键技术研究》获得二等奖。《基于数值风洞的建筑结构抗风设计技术研究与应用开发》《上海地区地源热泵系统设计及施工关键技术研究》《大型公共建筑改造施工技术》三项都获得三等奖。

"西行三记——同济大学建筑与城市规划学院 2015 海外艺术实践项目"德·意·志／一路向西／对话巴黎展览开幕

2016 年 3 月 22 日下午，"西行三记——同济大学建筑与城市规划学院 2015 海外艺术实践项目"在上海城市规划展示馆隆重开幕，开幕式由建筑与城市规划学院设计基础团队的责任教授张建龙主持。近年来，同济大学建筑与城市规划学院在传统的设计和美术教学体系基础上，增设和拓展了欧洲写生和城市阅读及系列博物馆研究考察的教学。海外艺术实践教学活动已成为学院的艺术教学特色之一，在国内高校中引起了广泛关注。2015 年更是在前几年欧洲写生的基础上新增了德国、意大利当代艺术考察与实践，西班牙绘画艺术实践，法国巴黎博物馆系列考察与研究。六位教师分成三组带领着几十位学生，在各方面通力支持与协助下，成果尤为丰富独到。本次展览呈现的是三条西行线路的成果，分别是展览的三个板块——"德·意·志"、"一路向西"和"对话巴黎"，师生们将各自的体会以独特的角度和方式呈现给观者不同的精彩。

"BIM 之父"乔治亚理工大学 Chuck Eastman 教授一行访问同济

2016 年 3 月 22 日，有"BIM 之父"美誉的伊斯特曼（Chuck Eastman）先生一行访问同济大学建筑与城市规划学院。伊斯特曼教授曾任教于卡内基梅隆大学和加利福尼亚大学洛杉矶分校，现任乔治亚理工学院建筑与计算机科学学院教授、数字化建造实验室主任，其著作《建筑产品模型：支撑设计和施工的计算机环境》与《BIM 手册》等奠定了其作为建筑信息模型（BIM）领域创始人的地位。

此次访问，伊斯特曼教授一行首先与建筑与城市规划学院建筑数字化设计方向的教师代表以及同济设计院 BIM 中心的建筑师代表举行了 BIM 研究学术座谈会。随后伊斯特曼教授在钟庭报告厅作了题为《革命何时终结？当前建筑信息模型的全球发展和未来趋势》（"When will the Revolution End? Current Global Development and Future Trends of BIM"）的学术讲座，向中国听众们介绍了 BIM 的世界发展简史和发展现状，并结合其近期研究提出了对 BIM 未来发展的思考。

《建筑遗产》创刊首发式暨办刊研讨会在同济大学举行

2016 年 3 月 7 日，《建筑遗产》创刊首发式暨办刊研讨会在同济大学建筑与城市规划学院举行。《建筑遗产》是由中国科学院主管、中国科技出版传媒股份有限公司与同济大学联合主办的我国历史建成物及其环境研究、保护与再生学科领域的第一本大型综合性学术期刊。该刊以中国科学院院士常青为主编、中国科学院院士郑时龄为学术委员会主任，汇集国内外建筑历史和建筑遗产保护领域知名专家学者的学术委员会和编委会。

7 日上午，首发式在同济大学建筑与城市规划学院钟庭举行。中国科技出版传媒股份有限公司董事长林鹏先生和同济大学校长裴钢院士作为主办方领导致辞。首发式后，嘉宾参观了"历史空间的未来——同济大学建筑与城市遗产领域研究与教育成果汇展"。下午，在主编常青院士和中国科技出版传媒股份有限公司期刊出版中心主任胡开华先生的共同主持下，期刊顾问、学术委员会委员、编委、特约组稿人代表和期刊编辑部代表及校内外专家、学者参加了办刊研讨。大家纷纷围绕期刊定位、办刊思路积极建言献策。专家们指出，中国的建筑遗产保护事业当下面临着发展的重大机遇，也存在着许多问题。《建筑遗产》的创刊，将成为一个学术交流和科学普及的重要平台，对中国的遗产保护实践产生重要影响。

图书在版编目（CIP）数据

中国式娱乐：主题乐园变身记 / 华东建筑集团股份有限公司主编. -- 上海：同济大学出版社，2016.6
（H+A 华建筑 . 5 辑）
ISBN 978-7-5608-6386-3

Ⅰ. ①中… Ⅱ. ①华… Ⅲ. ①游乐场—经营管理—研究—中国 Ⅳ. ① F719

中国版本图书馆 CIP 数据核字 (2016) 第 126866 号

策　　划	《时代建筑》图书工作室			
	徐　洁			
	华东建筑集团股份有限公司			
编　　辑	高　静	丁晓莉	杨聪婷	罗之颖
校　　译	陈　淳	李凌燕	周希冉	杨聪婷　姜　冰

书　　名　中国式娱乐：主题乐园变身记
主　　编　华东建筑集团股份有限公司
责任编辑　由爱华　　责任校对　徐春莲　　装帧设计　杨　勇

出版发行　同济大学出版社　www.tongjipress.com.cn
　　　　　（上海四平路1239号　邮编 200092　电话021-65985622）
经　　销　全国各地新华书店
印　　刷　上海双宁印刷有限公司
开　　本　889mm × 1194mm　1/16
印　　张　11.5
字　　数　581 000
版　　次　2016年6月第1版　2016年6月第1次印刷
书　　号　ISBN 978-7-5608-6386-3
定　　价　68.00元

本书若有质量问题，请向本社发行部调换　版权所有　侵权必究